Werner Krauss · Graciáns Lebenslehre

Werner Krauss

Graciáns Lebenslehre

KlostermannRoteReihe

Bibliographische Information der Deutschen Nationalbibliothek

Die Deutsche Nationalbibliothek verzeichnet diese Publikation in der
Deutschen Nationalbibliographie; detaillierte bibliographische Daten
sind im Internet über *http://dnb.dnb.de* abrufbar.

3., unveränderte Auflage 2013
2., unveränderte Auflage 2000
© Vittorio Klostermann GmbH · Frankfurt am Main · 1947
Alle Rechte vorbehalten, insbesondere die des Nachdrucks und der Übersetzung. Ohne Genehmigung des Verlages ist es nicht gestattet, dieses Werk oder Teile in einem photomechanischen oder sonstigen Reproduktionsverfahren zu verarbeiten, zu vervielfältigen und zu verbreiten.
Gedruckt auf Eos Werkdruck der Firma Salzer,
alterungsbeständig gemäß DIN ISO 9706
Druck und Bindung: docupoint GmbH, Barleben
Printed in Germany
ISSN 1865-7095
ISBN 978-3-465-04201-3

. . . und ein Plan macht ein Leben unterhaltend, man mag es lesen oder führen. — Jean Paul

VORBEMERKUNG

Diese Arbeit wurde 1943 unter besonderen Verhältnissen geschrieben. Der Verfasser war auf die ihm von wohlgesinnter Seite zur Verfügung gestellten Gracián-Ausgaben angewiesen. Sekundärliteratur war ihm nicht zugänglich. Wenn nach der Befreiung eine grundlegende Änderung nicht vorgenommen wurde, so geschah es in der Meinung, daß eine Darstellung der Lebenslehre Graciáns aus ihren eigenen Voraussetzungen auch ohne eine genauere philologisch-historische Koordinierung ein allgemeineres Interesse verdienen kann.

Benützte Ausgaben:

O = Oráculo manual
A = El Héroe   Madrid 1930 (Biblioteca de filósofos españoles)
D = El Discreto
I = El Criticón I ed. Romero Navarra Baltimore 1938
II = El Criticón II Huesca (por Juan Nogues) 1653 = ed. princeps
III = El Criticón III, Madrid (por Pablo Val) 1657 = ed. princeps
AA = Aguedeza y arte del ingenio
S = Selvas
FC = El Político, Fernando el Católico
CO = Meditaciones varias para la sagrada comunión
} = Obras II, Barcelona 1748
SC = Sermonario Clásico (M. Garcia Herrero) Madrid 1941

INHALT

I. WERK UND LEBEN 11

II. GRACIÁN UND DIE PSYCHOLOGEN 39

III. GRACIÁN UND DIE PSYCHOLOGIE DER NATIONEN 45

IV. GRACIÁNS ZEITBEWUSSTSEIN 72

Gracián und Machiavelli 72, Die entzauberte Fortuna 74, Die höfische Sphäre 78, Das Leben und die Wahrheit 81, Das Geschichtsbild: Niedergang und Kulturzuwachs 87, Der Kampf mit dem Vulgären 92, Die Erarbeitung der Kultur 97

V. ALTERSSTUFEN DES GEISTES UND STUFENGANG DER BILDUNG 100

VI. SITUATION UND AUFGABE DES MENSCHEN 107

Mitwelt, Selbsterkenntnis und Fremdverständnis 107, Die Person mit ihrer Welt 108, Die Wertspannung in den Dingen 113, Der Lebensstil, Methode und Strategie 119, Geltung der Sprache und Sprachstil 121

VII. DIE LEBENSKUNST 127

Das Gelände (Der Anfang und das Ende) 127, Der Widerpart und der Wille 129, Die Spielregeln 134

VIII. DIE TUGENDKRONE UND DIE KRONTUGENDEN 138

Der Mythos der Vollendung 138, Gemination und Wettstreit der Tugenden 139, Eminenzen und Perfektionen 142, Ursprung des Panegyrikums in der Predigt 143, Die transzendenten Eigenschaften 144, Verhältnis der Beimischung 146, Graciáns Maßbegriff 148

IX. AUSBLICK: DAS ENDE DES HUMANISMUS 155

I. WERK UND LEBEN

Die Jugend Baltasar Graciáns fällt in den Mittag der spanischen „Goldenen Zeit". Der 1601 im Aragonischen Geborene wird Ruhmeszeuge einer Generation von Genies, die berufen schienen, in wenig Jahren das spanische Universum in ein Theater der Künste zu verwandeln. Aus der Schule und Gefolgschaft der Lope de Vega, Góngora, Quevedo, Paravicini, Argensola schwärmten Plejaden von Geistern in jeglicher Richtung. Gracián erlebt noch die meisten und überlebt sie fast alle. Das ist das besondere Zeichen seines zeitlichen Antritts.

Er verbringt die Jugendjahre, unter der Obhut eines Onkels, in Toledo, der entthronten Residenz mit ihrem unverlierbaren Schimmer von vergangener Größe und der überlegenen Gebärde der Abwehr gegen das unaufhaltsame Emporkommen der plebejischen Nebenbuhlerin Madrid. Gracián setzt noch in seinem letzten Werk der gediegenen Weise der alten Hauptstadt ein Denkmal. Toledo: die steinerne Pracht, in der sich die Gesten der Jahrhunderte mit der verwegenen Einmaligkeit einer Naturanlage verbünden konnten. Ein Schaubild von unerhörter Einprägsamkeit für jede nur halbwegs empfängliche Seele. Doch gab es vielleicht am Anfang von Graciáns Jahrhundert auch sonst noch einiges Überleben in dieser verwitterten Kulisse einer abgespielten Geschichte. Was hatte Toledo für den Heißhunger eines zum literarischen Bewußtsein erwachenden Jünglings zu bieten? Vielleicht nur die Nähe des verhaßten Madrid?

Hoch gingen die Wellen hier nicht mehr. Doch gab es noch etwas Bewegung. Sogar eine Dramatikerschule machte in Toledo von sich reden. Lope de Vega hatte hier eine Zeitlang gewohnt und war nicht eben trostlos gewesen. Es ließ sich aber nicht leugnen, daß Toledo „*eigentlich nur sehr wenig tief angelegte und gehaltvolle Geister*" hervorgebracht hatte.[1] Immerhin wahrte die tausendjährige Hauptstadt noch ihre geistige Atmosphäre.[2] Sie wirkte noch ins Leben des Alltags durch das witzige Mundwerk ihrer Bewohner. Die katholische Königin hatte ja einstmals schon behauptet, sie käme sich nirgends so klein und geschlagen, so „dumm" vor, wie in Toledo. Und Gracián versteigt sich zu der Paradoxie, daß ein Weibsbild *„in Toledo mit einem Wort mehr sagt, als ein Philosoph in Athen mit einem ganzen Buch."* [3] Nicht Sevilla, wie es ein spanisches Reimwort will, [4] wird als einzige spanische Stadt in die Reihe der Weltwunder aufgenommen, sondern Toledo. [5] Gracián hat die hochragende Stadt mit den ekstatischen Augen Grecos gesehen: *„Was ist das für eine Stadt, die mit ihrer Spitze den Himmel zu bedrohen scheint? — Das wird Toledo sein, das mit dem Reichtum seines Geistes danach streben kann, die Sterne zu durchbohren, wenn auch sein Stern jetzt erloschen ist."* [6] Das Schicksal des unweigerlichen Absinkens in die bedrückende Lebensform der spanischen Provinz, der stufenweise Prozeß des Verfalls und der Schrumpfung machte die nahe und siegreiche Hauptstadt nur noch verhaßter: *„Mehr als je ist Toledo . . . ganz Hof und ganz Stadt, seitdem der Schwamm Madrid seine Hefe aufgesaugt hat."* [7] Residenz war Toledo als Sitz des spanischen Kardinals Primas geblieben. Toledo stellt daher noch immer, wie Gracián sagt, ein formales Zentrum Spaniens dar, wenn auch nicht mehr so sehr ein materiales.[8]

Das formale Prinzip ist für Gracián das geistig formende. Formal, metaphysisch und transzendent sind bei ihm Wechselbegriffe. [9] Und so wurde ihm Toledo, nicht anders als Greco es gemalt hatte, zu einer metaphysischen Vision der geistigen Herrschaft über das spanische Wesen.

In Wahrheit hatte natürlich Madrid schon lange Spanien erobert. Aber Spanien läßt sich so leicht nicht zur Liebe zwingen. Eine schnell aufstrebende Hauptstadt gewinnt keine Freunde, zumal wenn ihr rücksichtsloses und geschichtsfremdes Aufbegehren von den Stätten uralter Kultur und nationaler Überlieferung allzu befremdlich absticht. Aber Madrid war Schicksal geworden, und es läßt sich wohl denken, daß der junge Gracián durch die erregende Nähe der benachbarten Hauptstadt schon damals in seinen Neigungen bestärkt worden ist. Ein Werk wie „Arte de agudeza" bekundet jedenfalls den vertrauten und von Jugend her nie unterbrochenen Umgang mit zeitgenössischer, spanischer Dichtung. Auch die häusliche Atmosphäre, das Klima seiner Reifung, wirkte fördernd auf diese Richtung. Die Züge rührender Pietät in jenem intimsten und zugleich sprödesten Werk von Baltasars Feder bezeugen die geistige Regsamkeit des Vaters, des Onkels, der Schwester, der Brüder. Stilmuster aus ihren Predigten oder dichterischen Versuchen werden ungescheut den Geistesblitzen der größten Ingenios an die Seite gestellt.[10] Ein Denkmal der Dankbarkeit, in dem sich pietätvoller Ahnenstolz literarisch kritiklos aufrichtet.

Gracián ist wesentlich Literat — ein Bücherwurm, eine Leseratte, ein Mensch, für den es kein größeres Vergnügen gab, als „*jeden Tag ein neues Buch zu durchstöbern*".[11] Seine literarische Bildung war eklektisch. Die Verlockung, sich in poetischer Schöpfung zu sammeln, übte offenbar keine anhaltende Macht auf ihn, so erstaunlichen Reichtum die erhaltenen Verse (Ausschnitte aus einem hymnisch konzeptistischen Naturbild bergen.[12] Der Satz der neuaristotelischen Poetik, daß wahre Poesie sich immer auch in der Prosa entbinden könne, wird auch von Gracián beherzigt.[13] Aber erst mit dem Endwerk, mit dem allegorischen Roman „El Criticón", wird der Anspruch auf ein eigenes Kunstwerk erhoben.

Gracián ließ sich lange Zeit. Er ist erst als Sechsunddreißigjähriger mit einer eigenen Leistung hervorgetreten, und sein erstes, schmales Bändchen, der „Héroe", in vollkommener Meisterung einer kristallenen Diktion, schlägt sofort ein bleibendes Thema an: den Kult der großen Bewirker des geschichtlichen Lebens.[14] Die Maximen des ersten Werks ziehen in den späteren neue Kreise. Die Maxime, als eine subjektive Form der Wahrheit, behauptet sich erst in einem ausgebreiteten Feld von Erfahrung. Aber die Grundform ist fester Bestand, in dem sich ein Geist mit abgeschlossener Entwicklung kundgibt.

Ein so verzögerter Einsatz eines schon Vollendeten war für die schnellen Wachstumsverhältnisse jener spanischen Ära recht ungewöhnlich. Dieser Umstand allein könnte schon eine Sonderstellung Graciáns in seinem Jahrhundert begründen. Sein ungebrochener Wille in strengster Schulung ließ sich von der Verlockung vorschneller Schöpfung nicht blenden. Aus der hoffnungslosen Lage des Spätgeborenen, der den Glanz und das Elend einer ganzen Literatur umspannte und den Ruin so vieler poetischer Systeme und menschlicher Haltungen überlebte, strebte Gracián nach einem letzten Standort haltbarer Erkenntnis. So wird er zum Überwinder des entgeisternden „desengaño", zum Sieger über den illusionistischen Barock, in dessen langem Herbst all seine Bildungserlebnisse wurzeln. Gracián gehörte zu den wenigen Geistern, die noch genug vom unverlierbaren Wissen des Ursprungs behalten haben, um die Geltung des Lebens auch an seiner sinkenden Macht zu erkennen. Dieser Zug der Selbstbehauptung wurde verstärkt durch das doppelte Schicksal aragonesischer Herkunft und jesuitischer Formung.[15]

Aragon verhält sich zur kastilischen Mitte wie der Wille zum Herzen.[16] In seiner glanzvollen Geschichte, die der Katholische Ferdinand in die allspanische Geschichte überführte, war Aragon immer ein offenes Tor nach dem Osten. Spaniens italienische Sendung rührt aus der aragonesischen Erbschaft. Die spanische Mitte ist universalistisch – an der Peripherie denkt man konkreter in europäischen, kontinentalen Maßstäben. Gracián ist der erste spanische Geist von wahrhaft und bewußt europäischer Orientierung – darin ein Vorläufer der Aufklärung, daß er das Nationale als besonderen Umstand der Veranlagung würdigt und in eine höhere Synthesis des geistigen Lebens einführt.

Mit der Last seiner europäischen Erfahrung ist Aragon älter als Kastilien: *„Wenn man die Völker Spaniens den Lebensstufen gleichsetzt, so gehört den Aragoniern das reife Mannesalter."*[17]

Die zeitlebens betonte Heimattreue versteigt sich indessen niemals bis zum Ressentiment gegen den Führungsanspruch der Mitte. Aragon hat das Primat verwirkt durch die Verengung seines Herzens, die schon sein letzter und größter König beklagt hat.[18] Die Aragonier sind zieltreu bis zum Starrsinn und bis zur Engstirnigkeit.[19] Aber, wie Graciáns Onkel und Pflegevater bemerkte, *„Sie bestehen nicht mutwillig auf ihrer Meinung: da sie vielmehr immer die Partei der Vernunft ergreifen, gewinnt sie bei ihnen große Gewalt."*[20] Wenn es Graciáns Anliegen war, den Menschen und insbesondere den spanischen Menschen aus seiner „Krise" herauszuführen und neu zu machen, so mußte auch seine nationale Mitgift in einem neuen Bewußtsein ihrer integrierenden und werthaften Bestandteile zur Geltung kommen. Nationale Charakterzüge können per antonomasiam des Wesensbild einer Person zusammensetzen. So sagt Gracián von einem Inbegriff der Vernunft: „*Er war Kastilier im Wesenhaften, Aragonier in der Besonnenheit, Portugiese in der Urteilskraft und ein ganzer Spanier als Mensch von viel Gehalt.*"21 Der Lebensernst der Aragonier22 bildet neben der kastilischen Mitte einen Schwerpunkt besonderer Art, durch den sich das spanische Schwergewicht nordwärts verlagert. Für die begnadete, ausdrucksoffene Art des Südens, der geistig so lange führend gewesen war, hatte Gracián kein besonderes Verständnis.23 Einem unbeschwerten, naturgegebenen Formvermögen tritt nicht nur das Verlangen nach gehaltvoller Darbietung entgegen, sondern das Ansinnen, daß gerade die Form durch Ausarbeitung errungen werden müsse.24 Das beste, was sich über die Sevillaner sagen läßt, ist wenig: sie seien „Schönredner".25 Aragonien „*nennen die Ausländer das gute Spanien*"26, und es ist sehr bezeichnend, daß in einer Charakteristik des spanischen Wesens die eine Eigenschaft wiederkehrt, die immer als besonderes Kennzeichen der aragonesischen Haltung angesehen wurde: die Beständigkeit des Urteils und das Festhalten an der als wahr erkannten Meinung.27

Aus Toledo kehrte Baltasar, achtzehnjährig, in die Heimat zurück, um als Novize in die Gesellschaft Jesu einzutreten. 1628 hat er ein Lehramt in Calatayud inne, und 1635 legt er die vier Gelübde ab. Von Calatayud berichtet der Criticón eine hübsche und sehr aragonesische Episode. Ein Fremder geriet mit einem Bewohner dieser Stadt ins Gespräch und beschwerte sich darüber, daß er übers Ohr gehauen worden sei. „*Und darum – so fuhr er fort – heißt es, daß der größte Dummkopf in Calatayud mehr weiß als der größte Weise in meiner Vaterstadt. Hab ich nicht recht? – Sicher nicht — erhielt er zur Antwort. — Warum denn nicht? — Darum, weil es in Calatayud so wenig Dummköpfe gibt, wie weise Männer in Ihrer Vaterstadt.*"28

Die auf uns gekommenen biographischen Daten lassen nichts durchblicken von Graciáns innerer Geschichte. Eine Charakterbeurteilung spricht bei Würdigung seiner geistigen Anlagen von dem cholerischen und sanguinischen Temperament des Novizen.[29] Im übrigen kann man annehmen, daß der Zögling der Jesuiten seine Gedanken und Gefühle zu meistern vermochte und an keinem Rest von unerlösbarer Innerlichkeit laborierte. Frauen haben in diesem Leben keine erkennbare Rolle gespielt. Eine Freundschaft für Lebenszeit verband Gracián mit dem aragonesischen Humanisten, Numismatiker und hochmögenden Aristokraten, Inande Lastanosa, der nicht nur die Herausgabe der Graciánschen Frühschriften besorgt hatte, sondern auch an der Entstehung des letzten Werkes, des „Criticón", persönlichen Anteil nahm.[30] Soviel der Umgang mit diesem Mann für Gracián bedeutete, so ließ er sich nicht hindern, die antiquarische Kleinkunst, in der Lastanosas gelehrte Bestrebungen gefangen waren, für geistlos und krämerhaft zu erklären.[31] Es fragt sich, wieweit in einem tieferen Sinn Gracián der Freundschaft bedurfte und fähig war. Jedenfalls standen seine geistigen Bestrebungen nicht im Schutz eines besonderen Gruppenbewußtseins. Seine Vereinzelung machte ihn nicht einsam, denn sie bestand ja eben darin, daß seine Subjektivität sich durchgeläutert hatte und nur noch den Ausgangspunkt einer kritischen Auseinandersetzung mit allen von seiner Mitwelt bezogenen Positionen hergab.

Ohne Frage hat der Stil der jesuitischen Erziehung auch auf diesen Genius seine prägende Kraft ausgeübt. Gracián verdankt ihr den festen Grund der klassischen Bildung. Trotz schwerster Konflikte mit dem Orden, dessen Langmut durch die unerlaubte Herausgabe seiner weltlichen Schriften auf die Probe gestellt wurde, genoß Gracián bis ans Ende seines Lebens das höchste Vertrauen seiner Vorgesetzten. In Anbetracht dessen kann man nicht annehmen, daß Gracián nur als glänzender Außenseiter geduldet worden wäre. Vielmehr hat er es vermocht, der jesuitischen Geisteshaltung, die damals schon in der Kasuistik begraben war, durch die Leuchtkraft seines Stils, durch seine Kultur und sein unvergleichliches Formvermögen zu neuer und fortwirkender Anschaulichkeit zu verhelfen. Freilich sind auch gewisse Extreme dieser Haltung durch die aphoristische Vorliebe Graciáns in unliebsamer Weise zugespitzt worden.

Nachdem 1640 die zweite, politische Schrift, die Apotheose des Katholischen Königs, „Fernando Político", erschienen war, begab sich Gracián für ein halbes Jahr in die Hauptstadt. Der Weg nach Madrid war ihm gebahnt durch ein königliches Wort des Beifalls für seinen „Héroe".[32] In Madrid öffnet ihm außerdem die Freundschaft mit dem Dramatiker Hurtado de Mendoza, dem Privatsekretär Philipps IV., alle Tore. Trotzdem findet Gracián Anlaß, gegen die aufgeblasene Hofkamarilla Klage zu führen.[33] In Madrid hat Gracián Predigten gehalten, die für das gebildete Publikum ein Ereignis waren. Ein Widerhall ihres Stils findet sich vielleicht in dem später veröffentlichten geistlichen Traktat „Comulgatorio"[34], jedenfalls aber in der Predigt des Ordensbruders Manuel de Najera[35], dessen Panegyrikum auf den Heiligen Francisco de Javier er in der Sammlung seiner Stilmuster auszieht.

1643 leitet Gracián das Jesuitenkolleg von Tarragona als Rektor. Bei einer Predigt in Valencia ließ er seine — offenbar zu wenig zahlreich erschienenen — Zuhörer wissen, sie würden demnächst von ihm einen Brief aus der Hölle verlesen bekommen. Obwohl dieser Trick schon seine Tradition in der Homilie besaß, war der Orden doch nicht gewillt, ein solches Spiel mit den Gefühlen der Gläubigen hinzunehmen, und er zwang Gracián, sich öffentlich Lügen zu strafen. Ob die unfreundliche Erwähnung Valencias und seiner Bewohner im „Criticón" mit dieser peinlichen Erinnerung zusammenhängt, steht dahin. Zwischen Aragoniern und Valencianern bestand schon immer die Antipathie aus der nachbarlichen Verbundenheit ihres politischen Schicksals.

1646 sieht man Gracián in einer neuen Rolle. Als Feldkaplan nimmt er an der Schlacht von Lérida teil, in der die mit den aufständischen katalonischen Separatisten verbündeten Franzosen aufs Haupt geschlagen wurden. Gracián wurde ein erheblicher Teil an dem glücklichen Ausgang des Treffens beigemessen. Man nannte ihn den Vater des Sieges, da er durch seine Ansprachen die Truppen zum äußersten Mut entflammt haben soll.[36] Trotz dieser patriotischen Episode ist sein Urteil über die Katalonier von Wohlwollen getragen.

Eine von Jugend auf betriebene literarische Bemühung faßte sich in einer beschreibenden Systematik der Stilmittel zusammen, die 1642 unter dem Titel „Arte de Agudeza" und 1648 in erweiterter Gestalt als „La Agudeza y Arte de Ingenio" erschien. Es kann kein Zweifel sein, daß dieses heute am wenigsten beachtete und vernommene Werk [37] Gracián am nachhaltigsten beschäftigt hat. Den Stoff seiner Stilbetrachtung lieferte die spanische Dichtung des 16. und 17. Jahrhunderts, sowie die zeitgenössische Predigt. Schon Ximénez Patón hatte in seiner „Elocuencia española" (1621) knappe Paradigmen aus diesen beiden Sprachbereichen herangezogen... Aber während seine Arbeit in den grammatischen Kategorien der Antike verhaftet war, erfand Gracián für sein umfangreiches stilistisches Material eine stilkundliche Nomenklatur, in der die Figuren der Rede sich als Bewegungsformen der Begriffe schon erkennbar machten.

Für einen solchen stilwissenschaftlichen Ansatz bot in der Tat die zeitgenössische Predigt den rezenten Stoff — in ihr erreichte die Prosa ihren fortgeschrittensten Stand. Um die Mitte des 16. Jahrhunderts hatte Antonio Guevara noch feststellen können: *„Vor 38 Jahren habe ich mich an den Hof des Kaisers (Karls V.) berufen lassen, und ich habe hier alle Dinge fortschreiten sehen bis auf die Predigt, die immer bei ihrer Weise bleibt."* [38] Die spanische Predigt tritt im Verlaufe des 16. Jahrhunderts unter die Herrschaft der humanistischen Eloquenz — im 17. nimmt sie an jedem Wandel der Stile teil. Konzeptisten und Kultisten überbieten sich in modischen Stilmustern, und die Gemeinde verwandelt sich zuweilen in einen literarischen Areopag. [39]

Gracián wollte in seinem Werk ergründen, welche Stilmittel der lebendige Geist in den Zusammenhang der Rede einzusetzen hatte. Es entstand eine Logik eigener Art, die nicht in den abstrakten Kategorien der Grammatik festlief, sondern im Stil den Lebenspunkt der Sprache ergriff. Die Lehre des Stils erweist sich im Grunde als ein Sonderfall der Lehre des Lebens, die im „Discreto" (1646) und im Handorakel (Oráculo manual, 1647) vorgelegt wurde. Die Kunst, aus einem gesammelten, aber undurchdringlichen Vermögen Spannung zu erregen, ist ein Stilgesetz, mit dem die Grundregeln einer militanten Lebensführung übereinstimmen. In diesen beiden aphoristischen Werken erscheint der Strahlenglanz des Helden zerlegt. Die Privilegien einer begnadeten Natur, die der „Héroe" zusammenfaßte, werden jetzt in suggestiven Formulierungen zur Aneignung dieses Menschenbildes an den Leser als Attribute der Lebensklugheit herangetragen.

In Graciáns aphoristischen Werken ist die Grunderfahrung verantwortet, daß die Wahrheit nicht ohne Waffnung durchdringt. Da das Leben seinen Kampfcharakter vollständig entfaltet, reduziert sich die ganze Moral auf die taktischen Regeln zur Behauptung inmitten einer allgemeinen Bedrohtheit. Man betritt, wie Joaquín Costa sagte, bei Gracián ein *„Gelände, in dem Abgründe aufgähnten und Schlangen wimmelten, wo man keinen Schritt vorwärts tun kann, ohne vorher zu sehen, wo man den Fuß hinsetzt."*[40] In dieser Lage hat der Mensch keine Zeit zur Umkehr und zur Sammlung: er ist sofort in die Entscheidung geworfen, und er befindet sich unter dem fortwährenden Zwang der Stellungnahme. Jeder Zug, den man tut, löst eine feindliche Gegenwirkung aus, den Gegenlauf hinterhältiger Kräfte, die man sofort berechnen und entwaffnen muß. Auch die idyllischen Leerräume laden nicht mehr zur Flucht: es sind Sumpfgelände voller Fallen und Gefahren. Man kann sich den gegebenen Existenzbedingungen nicht entziehen. Der Lebensraum, den Gracián beschreibt, ist durchwaltet von einem Wettlauf der Kräfte. Das Machtstreben befriedigt sich nicht im Besitz eines abstrakten Machtanspruchs, wie ihn das Geld bietet, sondern ist fortgesetzt darauf angewiesen, Stellungen zu beziehen, bzw. sich in Deckung zu begeben. Zuviel Besitz ist in diesem Run ein lästiges Gepäck. Der Kampf um die Macht ist nicht die ökonomische Konkurrenz der späteren bürgerlichen Epoche — die Ursituation des Menschen ist vielmehr hier diejenige eines Stellenjägers, der im Umkreis der höfischen Mitte sich vordrängt. Gefragt ist keine besondere Kenntnis der Geschäfte. Aus der Kunst der Menschenbehandlung ist alle Macht zu gewinnen. Die Psychologie der Hypnose, der Faszination ist der Schlüssel zu ihr. Es kommt nicht darauf an, wie man sich in einer Stellung bewährt, nur darauf, daß man sie gewinnt und verteidigt. Das ist, wenn man so will, eine Hochstaplermoral, die Moral des Schelmen, des spanischen „Pícaro" (die in einer jüngeren spanischen Arbeit tatsächlich als das ethische System Graciáns angesehen wurde), eine Versorgungsmoral als Korrelat einer hypertrophen Verwaltung in dem ausgehöhlten Riesenreich, in dem Habsburgs Sonne unterging. Jeder strebsame Mensch mußte versuchen, sich hier einzuschalten, wollte er nicht den Weg des Ritterromans, den Weg Don Quijotes gehen. Der Schelmenroman ist die spanische Wirklichkeit geworden. Aber freilich ist eine Schelmenmoral allein noch keine dauernde Bürgschaft zum Erfolg.

Der spanische Pícaro, wie er in den Schelmenromanen dargestellt wird, kommt niemals auf einen grünen Zweig, weil er unfähig ist, seine Erfahrungen in einer Planung der Zukunft zusammenzufassen. Seine Reflexion ist nutzlos, seine Erfahrung vergeblich. Ein religiös verklärter Pessimismus bleibt das letzte Wort dieser Art des Welterlebens.

In Graciáns Menschenkunde sind die Möglichkeiten der Behauptung und des Durchdringens unvergleichlich höher angesetzt, und dies entspricht natürlich dem gehobenen Standort, auf dem den Kämpfenden die Palme des Sieges winkt. Graciáns Lebensregeln gelten für jedermann, aber doch unter ausdrücklicher Ausschaltung der „mechanischen" Berufe, d. h. der arbeitenden Klasse, die keine Aufstiegsmöglichkeit in die Gentry besaß. Der Schelmenroman dagegen wählte als kreatürlichen Standort mit Vorliebe das niedrigste soziale Niveau, um von hier aus die Heillosigkeit der Weltschäden zu demonstrieren.

In Graciáns Weltbild ist ein Schwebezustand denkbar, in dem man sich über einem als bodenlos wahrgenommenen Dasein behauptet. Eine so optimistische Sinngebung konnte der Gesellschaft, in die Gracián hineingeboren war, allerdings nur von außen zugesprochen werden. Die Bejahung des Eigennutzes und aller selbstischen Werke verknüpft sich mit einer zielstrebigen Vorstellung der Menschenwelt, einem Strebezusammenhang, in dem jeder Teil sinnvoll ist und die höhere Entfaltung der Kräfte auf den primitiveren Lebensinstinkten aufbaut. So wird schließlich alles auf das Walten einer rationalen Grundkraft zugeordnet, und von diesem Zentrum aus zu leben, das war das Geheimnis jener jesuitischen Spiritualität, die mit jeder Schwierigkeit fertig wurde und die Durchdringung der Welt ohne Schaden der Seele in Angriff nehmen konnte.

Tiefere Schatten liegen über dem berühmtesten Werk, dem allegorischen Roman „El Criticón", dessen dritter und letzter Teil ein Jahr vor Graciáns Tod (1658) erschien. Wohl behalten die einmal formulierten Gedanken auch jetzt ihre eigentümliche Konstanz. Wie der „Héroe" in den „Discreto" einging, so ist der „Discreto" in die erbreiterte Fraktur des „Criticón" verarbeitet worden. Aber die Stimmung im Ganzen ist doch merklich verändert.

Für das Verhältnis dieses letzten und abschließenden Werkes zu den früheren Aphorismensammlungen ist die Erklärung des Zensors Lizentiaten J. Longo beachtlich. Dieser, dem die Druckbogen des II. Teils wie üblich, ohne Autorenvermerk eingereicht worden waren, gewahrte sofort *„die Hand des Verfassers anderer Bücher, die mit großem Beifall ihren Weg durch die Welt gemacht haben und in der Bibliothek des größten Fürsten* (d. h. Philipp IV.) *mit viel Gefallen gesehen wurden."*[41] Im Vorwort zum III. Teil verweist Gracián den über den Umfang seines Romans erschrockenen Leser noch einmal auf die anderen, kürzeren Werke, die er ihm zu bieten hat.[42] Tatsächlich finden sich alle die charakteristischen Einsichten und Formulierungen, die sich von einem Werk zum andern wiederholten, in dem dichten Gewebe des allegorischen Romans einverwoben. Offenbar war Gracián bestrebt, nunmehr den inneren Zusammenhang seiner Thesen in einem breit ausgeführten Gemälde der moralischen Welt aufleuchten zu lassen. Wenn der „Criticón" insofern keinen Zuwachs an Erkenntnis bergen konnte, so erscheint doch jetzt die größere Nachdenklichkeit über einem beschatteten Lebensbild sich fühlbar abzuheben von dem Wagemut und der Selbstgewißheit der früheren Werke.

Unleugbar gab es in den Jahren vor dem Erscheinen des I. Teiles Ereignisse mehr als genug, um die spanische Seele zu verdüstern. Kriege, die aus der letzten Volkskraft bestritten und ohne wirkliche Hoffnung unternommen, zu dem bekannten Ergebnis von Münster führten und Spanien doch nicht zur Ruhe kommen ließen. (1648 empörten sich die Randvölker Kataloniens und Portugals.) Das System der „validos" (Günstlingsherrschaft) hatte gänzlich Schiffbruch gelitten, und es änderte nichts, daß Philipp IV. sich zeitweise aufraffte, um mit besserer Begabung seinen eigenen Minister zu spielen. Ein Geschlecht von Epigonen hielt die Maße einer Vergangenheit fest, an denen die Ungunst der Zeiten umso sichtbarer wurde. Gracián hatte alle diese Verhältnisse in seinem Roman verzeichnet. Sie lassen darin breite Spuren.

Gracián fühlte sich nunmehr, am Schluß seiner literarischen Laufbahn, auf eine neue Ausdrucksrichtung verpflichtet. In den Maximen war der Standpunkt eines hellhörigen Publikums miteinbezogen und mitverarbeitet gewesen. Sie waren für Wissende geschrieben.

Die Maximen erhalten etwas Hintergründiges daher, daß sie einem bestimmten Kreis mit einem bestimmten Niveau von Lebenserfahrung zugesprochen werden und von diesem die Autorität ihrer Formulierung und den Anspruch einer allgemeinen Verbindlichkeit erhalten. Sie akkreditieren ihren subjektiven Gehalt durch die unberührbare Objektivität ihrer Form. Das Ausschnitthafte von Welterfahrung, das in ihnen zur Sprache kommt, bezeichnet ihre letzte Orientierung am Leben, das immer nur von einem Standort her beleuchtet werden kann. Sie widerstreben, mehr thematisierend und verdichtend als erklärend und entwickelnd, einer Entäußerung in einem abgerundeten System.

Graciáns Maximen bewegten sich auf dem Gratweg, der den Abgrund des Irrtums und der Dummheit nur gelegentlich aufdämmern ließ. Der Aufbau des Romans erlaubte es, die exklusive Weise der Maximen auf eine größere Breitenwirkung zu stimmen. Hier ist eine ungeheure Bestandsaufnahme der geistigen Welt und nicht die kühle und gedrängte Bilanz einer Lebenslehre, die alle Verirrungen nur als lauernde Gefahren andeutet. Die negativen Zustände überwiegen noch mehr. Die Maxime machte nur Grenzen sichtbar, zwischen denen der Lebensmut seine Entscheidungen treffen muß. Im Roman liegt alles ausgebreitet. Die Extreme stellen ihre Reiche nebeneinander: Laster und Tugend, Wahrheit und Täuschung. Den zur Vollendung sich durchklärenden Helden bleibt es nicht erspart, alle Etappen des Wahns und der Torheit als Prüfsteine ihres Werts zu durchmessen. Ihre gegensätzliche Erfahrung hält einen doppelten „Spiegel über die Straße des Lebens" (Stendhal).

Aber die Frage bleibt offen, was Gracián veranlassen konnte, sich in dieser Weise zu explizieren. Als Moralphilosoph erfreute er sich der höchsten Schätzung bei der Elite seiner Zeitgenossen; dieser Zweig seiner schriftstellerischen Tätigkeit konnte auch vor seinem Orden verantwortet werden. Der Abstieg in die literarische Arena brachte nicht endenwollende Schwierigkeiten über seine letzten Lebensjahre. Der dämonische Trieb zur Literatur war in der geschürzten Form der Aphorismen und in der unablässigen Sammelarbeit für „Arte de Agudeza" gefesselt geblieben, aber beide Gestaltungsweisen verrieten die Macht, die dem Literarischen über dies Leben gesetzt war. Sollte der Standpunkt überlegener Kritik nicht einmal mit der Hingabe an die drängende Schöpfung vertauscht werden können? Sollte dieser Geist, dem alles Halbvollendete, alles Steckengebliebene und Dilettantische verhaßt war, nicht zum abschließenden Ausdruck seiner in kargen Formulierungen verhaltenen Einsichten gelangen? Seine letzten Lebensjahre, vielleicht in der Vorahnung eines vorzeitigen Endes, standen unter dem Zwang, das begonnene Werk auf jede Weise zur Vollendung zu bringen. Es mußte alles so gerundet werden, daß durch die Lösung am Ende der ganze Verlauf sich noch einmal zusammenfaßte.[43]

Allerdings wurde durch diesen späten Einbruch ins Bereich der schönen Literatur der Grundcharakter von Graciáns Geisteshaltung nicht angetastet. Souveräne Verachtung der Belletristik ließ sich sehr wohl mit einer Anleihe an die Ablaufform der Prosafiktionen vereinen. Dafür gab es schon eine große Anzahl von Beispielen allegorischer Prosaromane, die sich mit verklärender Absicht über ihren Stoff erhoben. Der Renaissanceroman, dieser späte Abkömmling der griechisch-byzantinischen Fiktionen, hatte seinen Stilkreis schon längst durchmessen, und den Bruch mit seiner erzählerischen Unbefangenheit, den Sündenfall in die Allegorie, vollzogen. Gracián hat hier grundsätzlich keinen neuen Weg beschritten, aber er hat den in diesem Umfang seit Dante nicht mehr gewagten Versuch unternommen, eine Gesamtschau der geistigen und moralischen Welt durch die Entwicklungstendenz des Romans zu entfalten. Fremde Anregung verschmähte er auf keinem Punkt seiner Darstellung. Vor ihm lagen die Wunderwerke Lukians, die Allegorien Alciats und Boccalinis, Vélez Guevaras humoristisch-romanesker „Diablo cojuelo" und vor allem die Visionen und magischen Beschwörungsszenen in den Nachtstücken Quevedos. Aber auch Cervantes hat für die Genesis des „Criticón" entscheidende Reminiszenzen hinterlassen.

Graciáns Roman beginnt mit der Anklage, die der schiffbrüchige Crítilo gegen das Leben schleudert. Das ist der traditionelle Ansatz der griechisch-byzantinischen Prosaepen, in deren Überlieferung auch alle Einzelelemente des modernen Romans stecken. Crítilo entdeckt in der Wildnis Andrenio, einen an den Brüsten der Natur erzogenen Jüngling. Der neue Telemach und sein Mentor werden von einem Kreis zum andern geschoben. Sie durchreisen Spanien, Deutschland, Frankreich und Italien. Sie lernen den Menschen in allen Verschanzungen seines Lasters kennen. Die Genealogie seiner Moral enthüllt sich ihnen in Begegnungen mit Sinngestalten von einer schauerlichen Eindringlichkeit: Kentauren, Schattenmenschen, Zwergriesen mit auf- und abschwellendem Körper (die Gelegenheit), Frauen mit einer welken und einer jugendschönen Gesichtshälfte (das Gedächtnis), Menschen, die bis zum Rand mit Gehirn gefüllt sind (Verstand), auf deren Köpfen überall Augen sprießen (Argos), oder die zwei Gesichter tragen und sich so bewegen, daß man nicht weiß, ob sie sich nähern oder entfernen. Ein ganzes Repertorium emblematischer Figuren lauert auf dem Lebensweg der beiden Helden, auf dem sie die Laufbahn der ganzen Menschheit zurücklegen müssen. Sie lernen alle moralischen Endzustände kennen, in denen der Mensch verklärt wird oder sich heillos enttäußert. Ihr Drang nach dem Glück wird erst erfüllt, als sie in Rom, gewitzigt, geläutert und gestorben, ins Nachleben der Fama eingehen dürfen.

Aber Andrenio läßt sich auf dieser Wanderschaft, die das Leben bedeutet, nicht wie ein Lamm von seinem Hirten treiben. Seine Menschennatur steckt tiefer in der Sinnlichkeit, und diese bildet sich ihr eigenes System der Wertungen und des Urteils. Mehrmals gabeln sich die Wege der beiden Wanderer. Die Verschiedenheit ihres Standpunkts gibt der Vielfalt des Erlebten eine doppelte Richtung, die sich in den Diskussionen mit neuen Figuren erbreitert und auszweigt. Es ist dasselbe Verfahren, das den Quijote zu jenem einzigartigen Spiegel einer menschlichen Auseinandersetzung über das Wesen und die Wirklichkeit aller Dinge gemacht hat.

Crítilo ist ein Don Quijote ohne Wahn und Andrenio ein Sancho Panza ohne Torheit. Der Gegensatz des „Realisten" und des „Idealisten", von Weltfrömmigkeit und Kritiklust entzweit sie ebenso in ihren Gesprächen wie in ihren Erlebnissen. Andrenio gleicht dem Sancho, obwohl der Goldgrund des Mutterwissens aus ihm nicht mehr leuchtet. Die Luft ist scharf und einsam geworden für die beiden Graciánschen Weltenwanderer. Crítilo geht als reines Vernunftwesen durch die Welt, so wie Cervantes' Held in all seinen lichten Augenblicken. Aber so wenig Andrenio den ganzen Sancho umfassen kann, so wenig ist Crítilo ein vollständiger Don Quijote. Don Quijote hatte sich ja gerade dadurch vertraut und sympathisch gemacht, daß ihn sein Wahn aus seiner Klasse und aus seinem vorgesehenen Lebenskreis heraustrieb, um in einer andern, nur noch im Gedächtnis und in der Phantasie bestehenden Klasse unsterblich zu werden. Zur Sympathie und zur Vertrautheit gehört es immer, daß man den begegnenden durchschaut nicht so sehr in dem, was er ist, sondern in dem, was er vertritt, daß man die Zeichen seiner Lebewelt zu erraten bekommt. Die Allegorie muß hier nach ihrem eigenen Stilprinzip versagen. Die beiden wurzellosen Bildungsreisenden erregen so wenig Mitgefühl für ihre Person (so denkwürdig ihre Erlebnisse auch anmuten), daß der Tod ihnen schließlich den Lebensfaden zerschneidet, mit der Begründung, sie hätten es lange genug getrieben und *„die ganze Welt schon mit ihrem Treiben verdrossen und ermüdet!"* Andrenio ist viel leichter zu befriedigen als Crítilo. Er sucht in allen Dingen seinen Genuß, und ein Gut wird erst durch ein Besseres für ihn entwertet. Das ist die Philosophie der Gleichschaltung, oder, wie Crítilo urteilt, die Philosophie der Dummheit.44 Aber Andrenio besitzt auch die verschmitzte Bosheit, mit der Sancho das so fein entwickelte Taktgefühl seines Herrn beleidigt. Auf dem Endabschnitt ihrer Reise nach Rom erfreuen sich beide Wanderer der kundigen Führung eines höfischen und gebildeten Cicerone. Andrenio unterbricht seine Rühmung des unvergleichlichen Reichtums der italienischen Kultur. „Nur etwas finde ich hier schlecht" — so wendet er stockend ein. Der Italiener nimmt alle Einwände vorweg, die üblicherweise gegen seine Heimat vorgebracht werden: den übertriebenen Luxus, das larvierte Heidentum, die Unfreiheit und Kleinstaaterei einer Nation, die alle anderen Völker in die Schule ihrer politischen Weisheit nehmen möchte. Oder das Italien, das die Welt mit seinen *„ungenützten Erfindungen und Chimären"* angesteckt habe? Andrenio schüttelt jedesmal den Kopf. Was ihm an Italien mißfällt, sind die vielzuvielen Italiener. *„Wenn es die nicht gäbe, so wäre Italien ohne Widerrede das beste Land der Welt."* 45

Nicht weniger gewichtig ist die Parallele zu Cervantes' Endwerk, dem Abenteurerroman von Persiles und Sigismunda. Wie hier die aus dem Norden nach Portugal verschlagenen Paare, Spanien und Frankreich durchziehend, die Wallfahrt nach Rom antreten, so endet auch die Lebensreise Crítilos und Andrenios, nachdem sie Frankreich gründlich kennen lernten und Deutschland nur flüchtig berührten, in Rom, als dem Ziel der Verklärung. 46

Gracián brauchte keine literarische Anregung zu verschmähen, um den Baugedanken seiner moralischen Welt in allen Einzelheiten durchzusetzen. Eine Erscheinung wie Cervantes war indessen für ihn überhaupt nicht mehr faßbar. Eine ernsthafte Auseinandersetzung erübrigte hier nicht nur der zeitliche Abstand. Der zum äußersten gespannte Gegensatz der Gestaltungsweise und der künstlerischen Ziele ließ ein Verständnis nicht mehr erwarten. Wenn schon der zerebrale Humor Quevedos auf Gracián wie der Schnupftabak wirkte, *„mehr genüßlich als bekömmlich, mehr zum Lachen als zum Nutzen"* 47, wenn selbst die hochgeschraubte Verskunst Góngoras die „*sittlichen Unterweisungen*" mit dem „*Ernst der Gegenstände*"' vermissen ließ [48], so versank das anspruchslos vorgetragene Menschenbild des Cervantes vollends in ein Bereich von namenloser Belletristik. Hätte sich für Gracián eine Stellungnahme überhaupt verlohnt, so hätte er gewiß den Irrtum einer späteren Cervanteskunde vorweggenommen und hinter dem „Brio" der Erzählung, hinter dem sinnlichen Glanz einer beseligten Prosa und der vollkommenen Aufzehrung der gedanklichen Spur in der dargelebten Fülle welthaften Wesens das Walten einer von Bildung und Wissen unbeschwerten Naturbegabung vermutet. Für Gracián diente alle künstlerische Darstellung nur, um die „*Anatomie*" des Gedankens (dies ist eins seiner bezeichnenden Lieblingswörter) sichtbar werden zu lassen.

Unablässig fordert dagegen Cervantes die Versöhnung des Menschen mit seinem Schicksal, das Einvernehmen mit der Bedingung, unter dem ihm das Dasein Gesetz ward. Es gibt keinen denkbaren Standort außerhalb der geschöpflichen Bedingung. Diese „Rückkehr" zum Ursprung des Wesens vollzieht sich unter beständigen Kämpfen und durch die Entlarvung einer ganzen Reihe von mißglückten Identifizierungen, Fehlleistungen des Selbstbewußtseins — aber die richtig vollzogene Einigung gewährt dem Menschen einen geschöpflichen Frieden und verpflichtet ihn auf einen gleichsam metaphysischen Zustand, in dem das Sein und das Dasein sich umarmen. Die poetische Form dieses Zustands ist das Idyll, und an ihrem abgeschlossenen Frieden brechen sich immer wieder die stürmischen Wellen des Geschehens. Die Bewegung von Cervantes' Erzählung ist durchsetzt von idyllischen Pausen, von Erlebnissen und Begegnungen mit Menschen, die den Frieden eines verklärten Alltags gefunden haben. Einkehr und Rückkehr sind nicht nur für die Technik der Erzählung Phasen der Beruhigung, sondern der wesentlichen Zustände, in denen alle Dynamik sich aufzuheben trachtet.

Gracián ist ein Hasser und Verdächtiger aller idyllischen Zustände, alles quietistischen Verweilens. Die Welt, wie er sie erlebt, trägt die Züge der Hinfälligkeit und Gebrochenheit. In ihr ist kein Haftpunkt für die Erneuerung der menschlichen Seele.

Selbst im Verzicht würde man nur verzagen. Der Mensch hat auf seiner Wanderung keine Parenthesen des Glücks zu gewärtigen. Was ihm Bestand gibt, ist nur die unablässige Spannung des Kampfes, in der Auseinandersetzung mit der lockenden Gewalt fragwürdiger Verhältnisse. Was wir begehren, entflieht uns wie ein Schatten. Dem subjektiven Gesetz der Wertbildung, die ihren Preis an die Schwierigkeit des Erreichens heftet, entspricht die Wahrnehmung der Flüchtigkeit des Begehrten. Das Glück steckt nicht im Verzicht, sondern in der Spannkraft des durch jede Enttäuschung zu einem höheren Ziele geleiteten Strebens. Das Maß des Spannungsvermögens kennzeichnet die großen Seelen. Die Fama, das Sich-über-leben, ist die Erfüllung des Lebens, dessen charakteristische Transzendenz in jedem Einzelzug aufbricht.

Es ist kein Zufall, daß die Spannung einen so grundsätzlichen Rang in Graciáns Ästhetik angewiesen erhielt —: *„Es ist eine grosse Auszeichnung eines genialen Kunstverfahrens, den Geist des Lesers in der Spannung zu erhalten und sich nicht sogleich zu erklären"*. Dieses Verfahren beginnt mit der Setzung einer Behauptung (concepto), *„sie blendet die Erwartung und hält sie in der Spannung und Begierde, zu sehen, wohin die Rede treibt, was eine sehr subtile Meisterschaft ist, und schließlich endigt sie in einer unvermuteten Erwägung"* (ponderación).[49] So entstehen die *„Labyrinthe der Rede, welche ein geistiger Theseus mit der kostbaren Haspel eines unfehlbaren Scharfblicks durchmißt und überwindet."* Ein so subtiles Verfahren heißt *„Leistung (desempeño) und könnte eine siegreiche Leistung heißen, denn obgleich der Verstand von einer Perplexität belagert, und dem Fortgang der Rede alle Schritte benommen wurden, bringt sie es doch zuwege, unterstützt von Geistesgegenwart die außergewöhnliche Lösung zu finden."*[50] Es ist nun sehr bedeutsam, daß Gracián dieses Prinzip der Spannungserregung vom Redestil auf die Komposition des ganzen Kunstwerks übertragen hat: *„Dies ist auch das hauptsächliche Verfahren, welches die Epen, Romane, Komödien und Tragödien gefällig und unterhaltend macht. Die Ereignisse werden dargestellt und die Knoten der Handlung geschürzt, und zwar so, daß sie zuweilen keine Lösung mehr zu haben scheinen. — Aber hier zeigt*

sich die Meisterschaft der Kunst und die Kraft des Erfindungsvermögens: im Auffinden eines außergewöhnlichen, aber der Wahrheit nicht widersprechenden Mittels, um einen Ausweg aus dem verzwickten Labyrinth zu finden." 51
Die Kunst, Spannung zu erregen, gilt schließlich als eines der Meisterstücke der zu den Höhen des Lebens berufenen Geister. Durch berechnende Abwesenheit glänzen, seine Schwächen ebenso wie seine Kraft in einer unendlichen Vielfalt von Talenten verstecken, das sind Graciánsche Rezepte, um sich dem fremden Zugriff geschickt zu entziehen. Die „Unergründlichkeit" und die „Unerschöpflichkeit" einer Natur muß sich unablässig gegen den zudringlichen Versuch erwehren, ihre geheime Triebfeder erforschen zu lassen und damit ihre souveräne Freiheit zu gefährden. Spannung erregen, heißt hier sich in einer Unbestimmbarkeit verhalten.

Äußerlich gesehen wirkt die Spannungstechnik des Graciánschen Romans durch eine „impressionistische" Darstellungsweise der ins Blickfeld geratenen Wesen, der plötzlich gesichteten Gebäude und Städte. Es handelt sich entweder um nie gesehene, unerhörte, sinnfremde Erscheinungen, oder um solche, die der Erwartung widersprechen. Das letztere ist der Fall, wenn zum Beispiel die gipfelnde Behausung der nach mühsamem Aufstieg erreichten Virtus statt eines Palastes ein schlichtes und graues Gebäude darstellt, oder wenn Fortuna, statt blind zu sein, mit scharfen Augen in die Welt sieht. Spannung wird entweder erregt durch den rätselhaften Eindruck, dessen Bedeutung erst die aufklärenden Kommentare eines berufenen Geleitmannes erhellen können, oder aber durch das vorgängige Gerede, dem die erwartete Erscheinung dann zumeist ein Dementi entgegensetzt. Die vorläufig getroffene Kennzeichnung dieser Darstellung als „impressionistisch" erweist sich damit als unhaltbar. Denn der Impressionismus hält ja die Erscheinung in seiner sinnhaften Unerklärlichkeit fest. *„La bêtise c'est de conclure"* — sagt Flaubert. Der erste Eindruck bleibt bestehen, weil in ihm die Welt ihr bewegtes und aller erklärenden Bemühung widerstrebendes Wesen kundtut.

In Graciáns Welt werden die Spannungen gelöst, aber jede Lösung wird durch Momente einer neuen Spannung wieder aufgehoben. Das Leben im Ganzen ist spannend, bis zu seiner letzten Verklärung.

Nur die beiden Lebenswanderer können nicht Spannung erregen. Das Interesse an ihnen ist völlig aufgefangen durch das Interessse an ihren Erlebnissen. Sie gleichen einem Traum-ich, an den Rand des Geschehens gerückt, auch da, wo sie sich selbst als Mitspieler in die Erlebnisse hineinverstrickt sehen. Das ist das Verfahren aller allegorischen Romane: des mittelalterlichen Rosenromans, des spanischen „Libro de buen amor" usw. Das Subjekt der Handlung ist nicht mittätig, sondern auf den Punkt der reinen Anschauung formalisiert. Nur dadurch kann sein Erleben ohne Einmischung seiner Interessen zu einer objektiven Darstellung gelangen, aber freilich auch ohne die Anteilnahme an seinem Schicksal zu erregen. Daß Crítilo und Andrenio durch den Fortgang ihrer Erlebnisse wachsen und reifen, berichtet der Autor. Der Leser nimmt es zur Kenntnis; er erfährt es nicht dadurch, daß die Wandlung am Wesen der Erfahrenden durch zwingende Bildkraft einleuchtet!

Es liegt nahe, daß niemand die spannungserregende Gabe der Undurchdringlichkeit in solchem Maß besitzt, wie der Psychologe. In ihm ist ja das Wesen der Welt zur Geistesmacht zusammengefaßt. Dieser Eindruck der Allseitigkeit und der Unergründlichkeit haftet nicht nur an den einzelnen Seelenführern, sondern über dem ganzen Prozeß der sich nach einem bestimmten Plan ablösenden Erscheinungen. In ihrem Gestaltwechsel wiederholt sich der Stufengang der Wissenschaften, so wie ihn Gracián konzipierte. Am Anfang steht Argos, das Wissen, das die Tore der Sinnlichkeit braucht, am Ende in geistigster Ausprägung ein Vertreter der politischen Wissenschaft, dieser neuesten Disziplin, der Gracián einen Platz über der Moralphilosophie anweist, den letzten, unterhalb der Theologie zu vergebenden Rang, im Vorsprung vor allen anderen weltlichen Wissenschaften.

Die Kunst der Seelenforschung gesellt sich zu Crítilo und Andrenio durch weite Strecken in verschiedenen Entwürfen und Verwandlungen ihres Wesens, unter verschiedenen Namen, Gesichten und Gestalten. In der I. „Crisis" des II. Buches ist es der Mann, der lauter Augen hat, ein Argos, in der II. „Crisis" des III. Buches tritt ihnen der „Acertador", der alles richtig bestimmende, zur Seite. Er geleitet sie aus dem „*Teich der Laster*" in die „*Stadt der Wahrheit*". Aber auf der Flucht vor einem Ungeheuer verlieren ihn Crítilo und Andrenio aus den Augen. Die Fortsetzung ihrer Erlebnisse läßt sie einen neuen Führer gewinnen, der ein tieferes Durchdringungsvermögen auf die einfachsten Formeln bringt. Er nennt sich den „Entzifferer". Er liest die Wahrheit der menschlichen Herzen wie leuchtende Buchstaben ab, dank der Kenntnis eines geheimen Schlüssels, mit dem seine Dechiffrierkunst das Verborgene aufschließt. Viele Phänomen erhellen sich für Crítilo und Andrenio im Lichte dieser Hermeneutik. Aber als der Entzifferer sich anschickt, einen Volksbetrüger, der in aller Öffentlichkeit sein Wesen treibt, zu entlarven, da faucht dieser Schwaden von Tarnnebel aus seinem lügengewohnten Mund. Ein dichter Rauch von Ansichten und Meinungen hat die mittägliche Klarheit eingenommen: „*damit verloren alle ihren Halt und ohne zu wissen, wem sie folgen sollten und wer noch die Wahrheit sagte, ohne einen Menschen zu finden, an den sie sich mit Sicherheit anlehnen konnten, verlegte sich jeder auf seinen Weg des Meinens, und die Welt war ein einziger Auftrieb von Sophisterei und Launen.*"52 Inmitten dieser subjektiven Vernebelung ist der Entzifferer spurlos verschwunden. Crítilo, der seine Deutungskünste mehr als je benötigt, ist unglücklich über diesen Verlust. Aber zu ihrem Heil erbarmt sich ihrer ein neuer, überlegener Kenner des Menschenherzens. Anspruchslos tritt er den beiden zur Seite, und erklärt ihnen, was sie eben als Zeugen miterlebten: eine Phase in dem Wettkampf „zwischen Betrug (engaño) und Witzigung (desengaño)", wobei „desengaño" zum Unglück der Menschen bisher stets den kürzeren gezogen habe. „*So wenig geachtet ist dieses heilsame Prinzip, daß selbst Ihr in stundenlangem Umgang es nicht erkanntet.*" Der Entzifferer war nichts anderes als „Desengaño". In der nachträglichen Beurteilung seiner entlarvenden Tätigkeit scheiden sich wiederum die Geister Crítilos und Andrenios. Dieser haßt ihn als einen Spielverderber, jener aber bewundert seine

Dechiffrierkunst als eine der wichtigsten Künste für das menschliche Leben. Hier kann sich der neue Weggenosse eines Lächelns nicht erwehren. Auch er ist Fachmann in Psychologie, aber seine Wissenschaft vermißt sich in ganz andere Tiefen als die des Entzifferns. Sie bleibt nicht an der Oberfläche der Dinge haften, um Aussagen über ihr Inneres zu machen. Seine Zauberkunst dringt ins Innere jeder Natur. Wieder wendet sich Andrenio schaudernd ab von einem Wissen, das als Prinzip der Störung alle Lebensfreude vergiftet. Aber diesmal ist er selbst auf die Hilfe des kundigen Begleiters angewiesen. Seine Gedankenlosigkeit machte ihn zur Beute eines Ungeheuers, das ihn vor den Augen seiner hilflos zurückbleibenden Kameraden in eine Burg ohne Türen entführt, eine Räuberhöhle im modernsten Stil. Hier hausen und gedeihen Betrüger und dunkle Ehrenmänner verschiedenster Prägung. Der kundige Zauberer steht nicht an, sich und Crítilo Eingang zu verschaffen. Er braucht in diesem Fall nur das Vorgehen der höfischen Emporkömmlinge und Schmarotzer nachzuahmen. Um ungestört ihren Lüsten zu frönen, haben sich die meisten ganz oder zeitenweise unsichtbar gemacht. Ihrem Beispiel war Andrenio gefolgt, dem es in dieser Gesellschaft verdächtig gut zu gehen scheint. Crítilo ist verzweifelt, seinen Lebensgefährten auf so schmähliche Art zu verlieren. Aber der Zauberer findet auch hier einen Ausweg. Dieselbe Macht, die sich den Eingang in das Schloß erzwang, muß auch zu seinem Ausgang führen und damit die Zerstörung des kunstvollen Aufbaus herbeiführen: die Gedankenmacht. In der Tat, kaum hat sich ein Spalt der Wahrheit geöffnet, als das ganze Lügenwerk in sich zusammensinkt und Andrenio, mitsamt den Genossen seiner Schande, seiner sichtbaren Gestalt wiedergegeben wird. Indessen haben die entlarvten Verräter in begreiflicher Wut den Verräter ihrer Geheimnisse umringt, und dem hart Bedrängten bleibt nichts anderes übrig, als sich auf Flügeln seinen Angreifern zu entziehen. Wieder haben Crítilo und Andrenio einen bedeutsamen Führer durch die Lebenskunst verloren. Aber das Schicksal gewährt ihnen bald Ersatz, in einer Persönlichkeit, die ganz aus Verstand (seso) gemacht ist. Dieser geleitet sie zu den Verkaufsständen der Klugheit, wo die kostbare Mitgift nach Maß und Gewicht verabreicht wird. So gestärkt, könnten sie geradewegs ihr letztes Ziel (Rom — das Glück — den Nachruhm) erreichen, wenn nicht auch diese höchste Gabe durch das Eingehen in die Leiblichkeit dem Verderben ausgesetzt wäre. Rauch umnebelt ihren Verstand — der cartesianische „Auftrieb der Lebensgeister" ist am Werk — und so werden sie auf neue Umwege abgelenkt und verleitet. Entgegen dem Rat ihres verständigen Führers mischen sie sich in den Streit des stumpfen Lebensgenusses, von einem „insensible" vertreten, und der eitlen Einbildung, die ein „fantástico" verkörpert. Es handelt sich um ein unendliches, aber ganz unblutiges und höchst lächerliches Duell. Auf die Frage nach ihrem Streitgrund erfahren die beiden zu ihrer Verblüffung, daß der „insensible" mit dem „fantástico" um die Führerstellung bei Crítilo und Andrenio ringt. Der Zweikampf wird dadurch entschieden, daß Crítilo dem eitlen Ehrenjäger nachzieht, Andrenio dem behaglichen Quietisten. Crítilo gelangt in ein phantastisches, mit Hunderten von Kaminen hochragendes Ehrenschloß. Andrenio läßt sich niederziehen in ein liebliches, von Wochenendhäusern bedecktes Tal, allwo die Anhänger des Primitivitätskults verweilen und das immer tiefer absinkt bis zur Höhle des Nichts. Nach dieser Trennung vereinen sich die beiden von neuem, weil jeder mit seiner gemachten Erfahrung unzufrieden war. Der Erreichung ihres letzten Ziels steht jetzt nichts mehr im Weg. Für den Marsch nach Rom wird ihnen ein letzter Führer und Cicerone von abschließender Weisheit zuteil: der geläuterte Höfling. In ihm übertrifft sich der Scharfsinn von Argos, die Hermeneutik des Entzifferers und die Einfühlung des Zauberers.[53] Denn Rom ist „*die Werkstatt aller großen Individuen*". [54] Im Wesen dieses „Cortesano" umfassen sich die beiden Nationen, die in Graciáns Weltbild zur Führung der Menschheit berufen sind: er ist „*ein Spanier, in eine italienische Seele versetzt*".[55]

Wie Gracián in diesen wechselnden Geleitrollen die Etappen eines geistigen Führungsanspruches darstellte, so erschließen sich alle Bereiche der Werterfüllung erst nach mühseligen Irrungen und Wirrungen. Die Stadt Honoraria, welche die beiden Wanderer auf der Mitte ihres Wegs berühren, wird — dies ist ihr größtes

Geheimnis — von der Ehre gar nicht bewohnt. Eine mächtige Brücke führt über den Fluß des Gelächters, in den sich die Ehrgeizigen mit der sprunghaften Inkonsequenz ihres „Aber" (pero) stürzen. Die Häuser der glänzenden Stadt sind aus Glas errichtet. Aber bei näherem Zusehen erweist sich kein Gebäude als heil. Überall sind Sprünge. Momus, der Dämon der Lästerung, wirft heimlich Steine nach allen Seiten. Statt seiner beschuldigt man den lieben Nachbarn. Die üble Nachrede ist in Honoraria ein Lebenselement. Man bewirft sich gegenseitig mit Kohlenstücken, und wenn man die Schwärze im Brunnen abwäscht, erreicht man nur, daß die alten Flecke, die Spuren vergangener Schande, wieder zum Vorschein kommen. Als Gegenspieler des Momus wirkt der nicht weniger verderbliche Dümmling (Bobo), der die Unehre zum Lebensprinzip erhebt.

So mühsam der Weg zur wahren Ehre, so aussichtslos ist Crítilos in immer neuen Annäherungen erstrebte Begegnung mit Sofisbella, der Weisheit (sie existiert nicht mehr auf Erden, sondern nur noch in der Idee), und so bedrohlich ist die Erreichung der auf einen Berggipfel verbannten Virtus. Ihr Wesen wurde systematisch verfälscht in dem in einer Talmulde am Berghang gelegenen Kloster Hipocrindas, wo alle Laster im Schatten der Heuchelei gedeihen. Wenn schließlich sich eine kleine Gesellschaft doch zum Höhenaufstieg bereitfindet, so ist ein seltsamer Umstand daran schuld. Gerade die ungeheure Verbreitung des Lasters führt zu einer unerwarteten Rehabilitierung der Tugend. Die unbeschränkte Freigabe des Lasters gibt ihr den Preis der Seltenheit, an der sich jeglicher Wert beziffert, und so setzt sich ein modischer Zug zur Höhenwanderung nach dem lange unbetretenen Berg in Bewegung. Unter schrecklichen Anfechtungen durch wilde Tiere vollzieht sich der mühevolle Aufstieg. Der Eintritt in das enttäuschende, schmucklose Gebirgshaus muß unbemerkt von der gigantischen Superbia gelingen, mit der kein Sterblicher sich kämpferisch messen soll. Aber auch Virtus bedeutet nicht das volle, von Crítilo und Andrenio begehrte Glück! Um sie dahin zu geleiten, gibt ihnen Virtus als wehrhafte Helfer die vier Kardinaltugenden mit auf den christlichen Weg.

Die Transzendenz aller moralischen Zustände gibt sich auch dadurch zu erkennen, daß die berühmten Sinnfiguren wie Fortuna, Tod, Alter, Zeit bei ihrer mit Spannung erwarteten Begegnung ein ganz anderes Gesicht zeigen, als es ihnen das Herkommen der Mythologie beilegt. „Das ist nicht mehr üblich — alles ist heute sehr verwandelt" — sagt dann Gracián.56 Die Überraschung ist das Gesetz des Erlebens beim Durchgang durch seine Welt. Das Alter wird angekündigt, auf dem Kampfpfad der savoyischen Alpen, durch Herannahen eines Wesens, dem man nicht ansieht, ob es kommt oder geht: Janus als Vorbote der Doppelnatur des Alters, in dem Vollendung und Verfall zugleich beschlossen liegen. Auch die Göttin des Todes zeigt ein doppeltes Antlitz von Leben und Sterben. Die Prozesssion, die ihr vorangeht, besteht nicht aus Gerippen und Gespenstern, sondern aus lauter dicken, geschmückten, zufriedenen Menschen: ein Sinnbild dafür, daß die meisten nicht an Auszehrung und an Armut, sondern an ihren Lüsten sterben. Wie Fortuna im folgenden Abschnitt, so fühlt sich die Todesgöttin jetzt bemüßigt, ihre Tätigkeit gegen den üblichen Vorwurf der unberechenbaren Grausamkeit in Schutz zu nehmen. Wenn sie nach langen Experimenten davon abging, den Menschen nach Verdienst zu bestrafen, und ihre Opfer nunmehr aus der beliebigen Fülle herausgreift, so war es gerade die dabei gemachte Erfahrung, daß nur ein blindes Schicksal den Menschen gerecht trifft. Gracián befindet sich hier auf dem Weg zur aufklärenden Entmythisierung. Die Gestalten des Verhängnisses sind Ausgeburten aus dem menschlichen Unwissen: ihre Rätsel sind die Rätsel der menschlichen Brust.

In der moralischen Welt existieren aber nicht nur die über sich selbst hinausweisenden Verkörperungen eines sittlichen Willens, sondern in ungeheurer Überzahl die Zustände der Verirrung, des Lasters und der Torheit, in denen sich das Wesen des Menschen verwirrt und gegen alle Einsicht in einer Endform abschließt. Im Laster stagniert der Fluß des Lebens. Für Crítilo und Andrenio, die in der Spannung des Lebens Stehenden, bilden diese Möglichkeiten der Versumpfung und des Verfalls keine dauernde Gefahr. Die hier waltende „monströse" Unstimmigkeit der Anlagen, das zerrüttete Gleichgewicht, die gestörte Harmonie und nicht zuletzt der Widerspruch solch offenkundiger Unvollendung mit der Endgültigkeit eines willentlich festgehaltenen Zustands zwingt die beiden Wanderer, sich halb bedauernd (Andrenio) oder mit Grauen (Crítilo) zu lösen, um ihren unendlichen, d. h. erst in der Unendlichkeit abschließbaren Lebensweg durch neue Erfahrung zu bereichern. Wo sie in einen dieser Lasterkreise geraten, bleiben sie, als Zuschauer, von dem jeweils hier herrschenden Gesetz der Verwandlung mitbetroffen: sie reagieren aus ihrer besonderen Veranlagung beifällig (Andrenio) oder kritisch (Crítilo). Nur einmal bedurfte es einer geistigen Gegenkraft, um den entführten und bezauberten Andrenio zu befreien. Mag sich Andrenio manchmal nur ungern losreißen, die Kraft, die auch sein Leben zum Fortschritt bewegt, gestattet ihm kein Verweilen. Ein Markstein seiner Entwicklung ist es, wenn er im III. Teil, mit dem Proviant des „seso" (Gehirn, Verstand) ausgestattet, sich von der Versuchung des Quietismus aus eigener Einsicht freimacht.

Auf dieser lebenslänglich ausgedehnten Wanderschaft gibt es so viele Standorte, daß die Wahrheit selbst standortgebunden erscheinen könnte und unter verschiedenen Gesichtspunkten in verschiedene Meinungen auseinanderzufallen droht. Dies führt weiterhin zu der Frage, die nicht nur eine Darstellung Graciáns, sondern die Auslegung jedes literarischen Kunstwerkes beschattet und von Anfang her mit einer starken Hypothek belastet: mit welchem Recht will man die Meinungen eines Autors aus den Meinungen seiner Gestalten vernehmen, und wenn ein solches Recht besteht, wo wäre dann im Kreuzfeuer so vieler Meinungen die Stellung seiner übergreifenden Wahrheit zu gewahren?

Gracián gibt dem Leser ein solches Recht — darüber kann kein Zweifel bestehen, und es ist rein unmöglich, sein moralisierendes Grundanliegen in den Wind zu schlagen und als bloße Verbrämung des spielerischen Kunsttriebs abzutun. Aber ebenso einleuchtend ist es, daß die Wahrheit unter so verschiedenen Konstellationen auch verschiedene Aspekte aufweist. Das gilt nicht nur für das ausgeführte Lebensbild des „Criticón", sondern auch für die früheren Aphorismenwerke, in denen ja der Autor sein subjektives

Dafürhalten in eine Form von objektiver Geltung gebunden hatte. Man kann zwar feststellen, daß die Maximen fast vollzählig im „Criticón" ihren Stellenwert gefunden haben, aber man bemerkt auch jetzt umso deutlicher ihre inneren Widersprüche. So spricht z. B. Gracián von der „*gottgefälligen Hinterlist*" der „santa astucia", zu der ein Christ verpflichtet sein kann, während in anderen Zusammenhängen „astucia" als Verkehrung der „prudencia" verworfen wird. [57] Mehr an der Oberfläche haftet die widerspruchsvolle Einschätzung gewisser weitentfernter Nationen, wie sie zwischen dem „Discreto" und dem „Criticón" auffällt. Rußland gilt hier als das Land der „astucia", der Tücke [58], während dort der Bildungsreisende zum Besuch des anmutig liebenswürdigen Moskovien" („la amena Moscovia") [59] angehalten wurde.

Schon innerhalb des aphoristischen Werkes tritt der grundlegende Gegensatz in der doppelten Wertung von Kampflust und Friedfertigkeit, des Ehrgeizes und einer jedem Anlaß ausweichenden Zurückgezogenheit zum Vorschein. Es ist klar, daß solche Widersprüche sich ganz einfach von den verschiedenen Situationen her auflösen lassen, für welche ein Urteil jeweils gedacht ist. Aber hat nicht Gracián das Sprichwortwissen gerade wegen seiner Situationsbedingtheit verschmäht und als Äußerung des vulgären Meinens einer seitenlangen rationalistischen Widerlegung unterworfen? Die formelle Verwandtschaft der Aphorismen, die das Element seines Werkes ausmachen, mit den „Refranes" nötigte ihn, hier eine kritische Scheidewand aufzurichten. [60]

Für die noch unter Erasmus' Einfluß stehenden Späthumanisten, wie Mal Lara, war das Sprichwortwissen eine Quelle der Weisheit: sie zu fassen war die Aufgabe einer „Filosofía vulgar". Sprichwörter galten als „*kleine Evangelien*" [61], deren Ausdeutung und liebevolle Kommentierung sich verlohnte. Cervantes setzte die Weisheit des Volks in die fruchtbare Polarität zu der schöpferischen Leistung eines gebildeten Verstandes. Zwischen Don Quijote und Sancho Panza wogt endloser Streit hin und her, aber es läßt sich schließlich nicht verhehlen, daß die beiden Geister sich gegenseitig behexten, daß Don Quijote am Ende dem lebenheckenden Zwang der Sprichwortrede verfällt, so wie Sancho

Panza sich zu einer quijoteähnlichen Diskretion durchklärt. Quevedo war, was Cervantes nicht sein wollte, Satiriker. Quevedo belegte die Refranes mit seinem sarkastischen Bann, doch bleibt für ihn wie für jeden Satiriker die Torheit das Element seiner Schöpfung.

Erst Gracián befindet sich in der mürrischen intellektuellen Abwehr gegen die wirre Vielfalt eines beliebigen Behauptens! Die Situationen, in denen das Sprichwort sich birgt, sind von ganz anderer Art als die Grundsituationen, in denen sich seine Aphoristik ermächtigt. In ihr können verschiedene Etappen und Verhaltungen des Lebens zum Ausdruck kommen, nicht aber die Fülle der bunten, z. T. rein orts- und saisongebundenen Empirie. Die Situationen der Maxime sind nicht empirisch. Sie orientieren sich nicht an der Vielfalt des Lebens, sondern an seiner Stufung, an den grundsätzlichen Haftpunkten des Daseins. Ihre Kasuistik beschreibt Fälle, hinter denen die großen Entscheidungen lauern. So wie ja auch die Abschnitte des „Criticón" in „Crisis" zerfallen, d. h. in Erlebnisse, aus denen moralische Entscheidungen entspringen müssen. Die Wahrheit zeigt in einzelnen Thesen nur einzelne ihrer Aspekte, aber sie legt sich aus im ganzen Prozeß einer Lebensbewegung: die Idee des Lebens ist der Plan ihrer Entwicklung.

II. GRACIÁN UND DIE PSYCHOLOGEN

Gracián verdankt seinen modernen Ruf vor allem der psychologischen Vorliebe des 19. und 20. Jahrhunderts. Doch, — mit welchem Recht darf sich die Psychologie auf Gracián berufen? Psychologie tritt ja nicht einfach in die Erbschaft von allem Wissen um die menschliche Seele. Umfang und Tiefe der Erfahrung, analytischer Geist und formulierender Scharfsinn sind entscheidende Merkmale echter Menschenkenntnis. Sie kommen zu allen Zeiten vor. Die Zugehörigkeit eines Denkens zur Psychologie ist von hier aus nicht zu entscheiden. Die psychologische Fragestellung bezweckt wohl die Erfassung seelischer Tatbestände, jedoch in einer besonderen Sicht, in der sondernden Betrachtung eines abgeschlossenen Zusammenhangs, in den das seelische Leben als Gegenstand eines eigenen Erkenntnisverfahrens abrückt. Psychologie ist also alles weniger als die Umfassung aller bisher geglückten Erkenntnisse über das menschliche Wesen. Sie beschränkt sich darauf, inmitten der Ausbreitung einer verdinglichten und spezialisierenden Kultur die unauflösbaren Restbestände des Seelischen zu ergreifen und in den Nexus der Wissenschaften einzuarbeiten. Ihr Entstehen ist einfach die Antwort darauf, daß die anderen Wissenschaften seelenblind geworden waren.

Kant hatte die Stellung der Psychologie mit großer Vorsicht ausgemittelt und ihr *„ein Plätzchen in der Metaphysik"* verstattet, obgleich *„sie schon durch die Idee derselben davon gänzlich ausgeschlossen"* wäre. Denkbar war indessen nur eine „empirische Psychologie". Der Begründer der positivistischen Wissenschaftslehre, Comte, war konsequent genug, um die Psychologie aus seinem System zu verbannen. Das betrachtende Subjekt kann nicht zugleich betrachtetes Objekt sein: an die Stelle der Psychologie tritt daher folgerichtig die Soziologie. Unterdessen hatte die experimentelle Psychologie den Beweis erbracht, daß sie auf ihrem beschränkten Gebiet mit einem streng naturwissenschaftlichen

Induktionsverfahren zu arbeiten verstand. Die Unergiebigkeit dieser Richtung, ihre grundsätzliche Blindheit gegenüber allen eigentlich seelischen Phänomen führte im Verlauf des Ablösungsprozesses von der positivistischen Wissenschaft zu der Entdeckung, daß den seelischen Erscheinungen nur Introspektion und Intuition gerecht werden könne. Das Verhältnis zu den Geisteswissenschaften, die sich ihrerseits zu konstituieren begannen, blieb dabei völlig in der Schwebe. Der Erkenntnisanspruch der Psychologie, gestützt auf ein neues Verfahren zur Erschließung der Tiefe und der Innerlichkeit, wuchs ins Unermeßliche – bis die Entdeckung der Intentionalität aller psychischen Vorgänge und die daran gelehnte Beschreibung der außerpsychologischen Verstehensprozesse von neuem Grenzen setzte, in denen sich die wissenschaftliche Psychologie nie mehr ganz erholen konnte. Die Psychologie war nun mit einem Mal in die Defensive zurückgedrängt. Von allen Seiten wurde ihr Besitzstand streitig gemacht. Aber diese schon vor einem Menschenalter eingetretene Wendung fand außerhalb ihrer wissenschaftlichen Geltung bis heute fast keine Beachtung. Der Grund ist leicht ersichtlich. Man gab eine Stellung nicht leichterhand preis, in der die ersehnte Übereinstimmung einer wissenschaftlichen Methode mit dem Verfahren des außerwissenschaftlichen Menschen endlich erreicht zu sein schien. Das Leben ist naturgemäß immer wissenschaftsfeindlich. Nun aber fand man in der Psychologie die jedermann angeborene Erkenntnisweise, die dem „Technizismus" und der „Lebensfremdheit" der Wissenschaft kein Opfer zu bringen brauchte. So kam es zu einer wahren Inflation des Psychologischen, und die Menschenkunde wurde in alle mögliche „charakterologische Disziplinen" eingebettet. In der Psychologie lag ja die Vorahnung einer Philosophie des Lebens. Ansätze dafür fanden sich schon bei Schopenhauer und Nietzsche. Man konnte fordern, daß diese erneuerte Psychologie *„wieder als Herrin der Wissenschaften anerkannt werden möge."*[1]

Um es noch einmal zusammenzufassen: Die Konstituierung einer eigenen psychologischen Wissenschaft war offenbar gerade dadurch möglich geworden, daß der moderne Wissenschaftsgeist sich aus all den Gebieten zurückgezogen hatte, in denen früher immer die psychischen Momente mitsprachen, in denen der Mensch wie in der Naturphilosophie und Geschichtswissenschaft vergangener Jahrhunderte ein Abbild seiner eigenen Ordnungen vorfand. Der Sieg des mathematisch-naturwissenschaftlichen Weltbilds über die Humanitäten hatte den inneren Menschen gebietsfremd gemacht in der Welt. Der Mensch war sich selbst zum Fremdling geworden, und seine eigene Bemühung setzte seitdem ein, um dieses exterritoriale Wesen im Weltverständnis „irgendwie" mitzubetreffen. Die Neugier des Psychologen wurde gestachelt durch eine Erkenntnis, die nach der Mitte einer ausgebreiteten Unendlichkeit zustrebt, durch den Kitzel des Machtverlangens, mit etwas Unergründlichem ins Reine zu kommen. Die Psychologie fühlt sich durch das Geheimnis einer vor sich selbst verborgenen oder enteräußerten Seele gerufen. Die Weise ihrer seit Nietzsche geübten Beschreibung hat daher immer den Charakter einer Entlarvung. Sie glaubt sich im Besitz eines Schlüssels, um die Geheimschrift der Welt zu entziffern. Das ist der Weg der schematischen Typologie, die ebenso in einem wahnhaften und abergläubigen wie in jedem empirischen System der Wißbegierde und dem Machtverlangen schmeichelt.

Gracián gibt seinen beiden Helden einen solchen „Entzifferer" (descifrador) als Begleiter mit durch das Maskentreiben der Einbildung. Seine Chiffrierkunst dringt mit ihren emblematischen Schlüsseln in jede Erscheinung.[2] Sie legt mit einem einzigen Kennwort die innerste Absicht bloß.[3] Grammatische Figuren geben mit einem Schlag das Bewegungsgesetz von ganzen Menschengruppen zu erkennen. Der Entzifferer kennt Menschen, die nur Diphthonge sind, bei denen die Mischung der Teile so gründlich verfehlt ist, daß sie nur lose oder in widerspruchsvoller Einheit zusammenhängen. Und neben der verunglückten Harmonie dieser Monstren gibt es die eingeklammerten Existenzen, die Parenthesenmenschen, *„die nichts binden und lösen, sondern nur den Weltlauf verwickeln"*, diese Ausgeburten der geschöpflichen Verlegenheit. Der Entzifferer ist kein anderer als der Gott der *Desillusion* (desengaño).[4] Über ihn sind die Meinungen geteilt. Für den abgeklärten Geist Crítilos ist er ein „*Sohn der Wahrheit*" — für Andrenios noch fester dem Dasein verhafteten Sinn ein „*Stiefvater des Lebens*". [5] Die Desillusion verallgemeinert eine Grunderfahrung. Die Wahrheit, die sie am Menschen antrifft, bleibt an der Oberfläche der Allgemeinheit hängen. Andrenio und Crítilo brauchen einen neuen Führer, um in tiefere Schichten der menschlichen Seele vorzudringen: den „zahorí", den magischen Herzerkenner, der mit dem schnell umgreifenden Blick der Intuition das Wesen der Menschen ergründet. Im stolzen Bewußtsein eines bisher nie geübten Vermögens wird der magische Seelenführer zum Fürsprecher der Fortschrittslehre. [6] Der Verlust an Gewißheit in einer undurchsichtig gewordenen Welt wird durch den Zuwachs der Erkenntnismacht ausgeglichen. Die schematische Psychologie mit ihrem deduktiven Verfahren drang nicht ins Innere der Seele. Erst der seherische Blick erfaßt den Menschen in seinem Bewegungsantrieb als das aufbauende Prinzip einer Wahrnehmungswelt, die sich ihre Farben zu den Dingen auslegt. [7] Solche Kennerschaft „*ermißt den Umfang von größter Tiefe. Man versteht sich vollkommen darauf, ein seelisches Vermögen herauszupräparieren. Man braucht eine Person nur zu sehen, um sie zu verstehen und in ihrem Wesen zu treffen. Mit spärlichem Beobachtungsmaterial, ein großer Entzifferer der verborgensten Innerlichkeit! Er merkt scharf, hat ein feines Begreifen und ein sicheres Urteil: er entdeckt alles, alles gewahrt er, alles erreicht er und alles versteht er.*" [8]

Kein Wunder, daß die Psychologen hier Morgenluft wittern! Immer wieder spricht Gracián von den „zahoríes del corazón", den *magischen Deutern des Herzens*. Sie brauchen keinen Spalt, um ins Innere zu gelangen. [9]

Gracián teilt mit Machiavelli die Leidenschaft der Analyse, oder, um das ihm teure, damals modische Wort zu gebrauchen, der „*seelischen Anatomie*". [10] Es ist die spezifische Operation der Urteilskraft, die „Anatomie der Seele" zu betreiben. Menschen mit sicherer Urteilskraft vermögen „*auf diese Weise ein Subjekt bis ins Innerste zu zergliedern und es dann nach seinen Eigenschaften und nach seinem Wesen zu bestimmen.*" [11] Intuition dagegen überspringt die einzelnen Phasen und setzt sich schlagartig in den Besitz des Innersten. Die Dinge wollen von ihrem Wesen her ergriffen werden. [12] Bloßlegen seelischer Vorgänge erschöpft sich aber in keiner selbstgenügsamen Tatsachenwissenschaft, sondern verhilft ihnen zur Steuerung an die Oberfläche des Bewußtseins. Eine psychologische Theorie gewinnt sich erst in der pädagogischen Praxis. Elend und Glanz liegen so nahe in der menschlichen Welt, daß oft nur ein falscher Einsatz für ein Leben oder über einen Charakter entscheidet. Die große Chance des Lernens bilden die Fehler der andern. Dagegen gehört es zum Wesen der Vollendung, daß sie sich „unergründlich" macht und dem bestimmenden Zugriff geflissentlich ausweicht. Ein anderes Verfahren ist hier am Platz als bei der Analyse von Fehlern. Die Beschreibung beschränkt sich auf ein andeutendes Evozieren: sie greift nicht, — sie sucht zu umfassen mit einem für alle Unendlichkeiten geöffneten Sprachvermögen.

Andere Geister haben vielleicht zur selben Zeit in tieferen Lagen der menschlichen Seele geschürft (Pascal) oder ihr beschränkteres Wissen zur Einheit des Systems gebracht (wie Vives, Huarte de San Juán, Descartes) oder durch ihre blasierte Haltung in dem Glanz einer rein beschreibenden Haltung den Anschein unbedingter Sachtreue wahren können. Das ist der Fall des Herzogs von La Rochefoucauld, der offensichtlich vielerorten an seinen spanischen Vorgänger anknüpft. Wenn Gracián beispielsweise den Rat gab, den Leidenschaften kurz vor Toresschluß zu entsagen [13], so heißt es in La Rochefoucaulds Maximen monumental: nicht w i r verlassen die Leidenschaften, vielmehr sind es die Leidenschaften, die u n s verlassen! Zweifellos faßt die geschliffene Eleganz dieses skeptischen Spruchs nur die eine Seite der menschlichen Wahrheit. Das Streben nach Dauer bleibt ja, auch wenn die Leidenschaft wegging. Mit seiner ewig wiederkehrenden Doppelthese, daß alles Streben auf Eigenliebe und alle Eigenliebe auf Schwachheit beruht, kreist La Rochefoucauld um den Befund des erlösungsbedürftigen Menschen, um den Menschen, der ohne die Gottesliebe ins Nichts absinkt. Diese negative Theologie gehört ins Vorgelände von Port Royal, wo sich die Christlichkeit des Menschen noch einmal grundsätzlich festmachen konnte. Aber Gracián blieb nicht bei der halben Wahrheit stehen, bei dem Bedürfnis nach Dauer, das in der irdischen Knechtschaft der Leidenschaften verschmachtet. Der Mensch hat es in der Hand, sich selbst zu befreien. Für Gracián ist die Analyse nicht das letzte Wort (das dann zum Stichwort eines zürnenden oder gnädigen Gottes werden könnte). Seine Lebenslehre nimmt sich vor, den Menschen inmitten der Unbeständigkeit in der Richtung der Dauer zu versetzen, ihn flott zu machen für ein Überleben über die Schwäche, und zwar aus eigenster Kraft, mit denselben menschlichen Mitteln, deren Fehlanwendung die Schuld bei jedem Unglück erklärt. Gracián stellt die Seele auf sich selbst, und er weiß einen ersten Beitrag zu der bänglichen Frage an ein unwirtlich gewordenes, ungesichertes Leben: wie werde ich erfolgreich? — Das war mehr als genug, um seinen Ruhm bei der Moderne in einer dauerhaften Weise anzulegen. Diese Wendung ließ Gracián als Vorgänger einer psychologischen Sicht auf den Menschen erscheinen. Sie beweist nicht die größere Bedeutung, Tiefe oder den Vorsprung seiner Lehre vor den Lehren seiner Zeitgenossen, denen das Glück versagt blieb, ins Zwielicht einer Modernität zu geraten.

Die moderne Vorliebe für Gracián gilt hier nur als ein Wink für ein ausführlicheres Eingehen auf die Neigungen seines Geistes — sie gibt eine erste Bestimmung für den Vorgang einer Emanzipation der menschlichen Seelenkräfte, der, geschichtlich gesehen, verknüpft ist mit der Emanzipation des politischen Wesens, und als eine politische Setzung erstmals von Machiavelli gewagt worden war.

III. GRACIÁN UND DIE PSYCHOLOGIE DER NATIONEN

Wie Homer, wie Dante, so wollte auch Baltasar Gracián seine Helden, die beiden Wanderhelden der romanhaften Riesenallegorie „El Criticón", auf ihrem kritischen Gang durch die gefährliche Welt nicht ohne Beistand lassen. Crítilo und Andrenio, dieses ungleich geartete Paar, in dem sich Vernunft und Natur verbündet, muß das Leben der ganzen Menschheit an sich erleben. Aber die Menschheit kann in der von Rätseln starrenden Welt Graciáns der sachkundigen Führung nicht wohl entraten. Allerdings hat der Wandel der Zeit und des Stils auch das Gesicht und die Wirkung der schützenden Genien verändert. Die Begleiter, die Gracián zur gegebenen Stunde seinen beiden Weltreisenden beigibt, kommen und gehen, man weiß nicht woher und wohin und von welcher Bestimmung getrieben. Plötzlich hängen sie sich, wie längst vertraute Bekannte, in ein Gespräch, und mit ihrem Augurenlächeln sinken augenblicklich die bisher undurchdringlichen Nebel. Sind es verkleidete Engel? Nein! Mit dem blasierten Ausdruck des Besserwissens fühlen sie sich, wie nie ein Bote Gottes, im Genuß der wissenden Selbstmacht. Sind es Falschmünzer der Weisheit? Es sind die Experten eines neuen Zustands der Welt, dem die Theologie und die Metaphysik nicht mehr beikommt: einer Welt, die den Höherstrebenden in immer neuen Begegnungen hinhält und in endlose Auseinandersetzung qualvoll verwickelt. Aber wie könnte man dieser peinlich haftenden Welt entrinnen? Vorwärts schreitend entflieht man den Schrecken des Hades. Auf der Straße des Lebens führt keine Flucht zur Befreiung. Hier ist der Zwang des Begegnens Gesetz, und jede Erscheinung tritt solange mit bedrohlichem Nachdruck vor die Wanderer hin, bis sie erkannt und durchschaut ist. Hinter den Phänomenen liegen die lauernden und verkappten Intentionen des Willens, und das fortgesetzte Versteckspielen des Lebens, das bald in absprechenden Hieroglyphen erstarrt, bald in babylonischer

Sprachverwirrung aufgärt, kann nur ein kühler und alles umgreifender Blick entlarven. Wissen wird daraufhin geprüft und danach gewogen, ob es den Kampfcharakter der Welt überlegen in Betracht zieht. Erst mit der Psychologie ist das Wissen zur Waffe geworden. Unbeschwert um Metaphysik, durchschaut sie die Wirkungsweise der Menschen und Dinge. Sie vermag es, in einer Vielheit das Besondere zu finden und an seiner bestimmenden Kraft zu erkennen. *„Die Nation eines Menschen kann sie beim ersten Ansehen ermitteln."* [1] Es ist kein Zufall, daß die Psychologie sich gerade mit dieser Kunst an die Graciánschen Helden heranmacht. Fast in allen Werken Graciáns, vor allem in den drei Teilen der romanhaften Allegorie, geht dieses Thema (man würde heute von vergleichender Psychologie der Nationen sprechen) in immer neue Variationen über. Und es sind nicht nur die unerschöpflichen, teilweise breit ausgesponnenen Episoden einer populären Völkerpsychologie – das ganze Werk ist in die Erlebnisräume der großen Nationalkulturen eingegliedert, und jeder Abschnitt faßt die entscheidenden Züge der jeweils erlebten Nation mit kritischer Strenge zum Abschluß zusammen. In der Graciánschen Psychologie der Nationen wirken häufig dieselben Gesetze wie in der Psychologie der Personen. In der Tat sind Nationen für Gracián kollektive Gebilde, in höchster Verantwortung stehend, durch die das Gesicht der Kultur in ihrer Prägung bestimmt ist. Dabei fällt es auf, daß im Querschnitt der menschlichen Ordnungen gegenüber der horizontalen Lagerung von Nationen die vertikale fast völlig zu kurz kommt. Ständische Stufung ersetzt ein Nebeneinander der Funktionen und beruflichen Einstellungen, deren Unterschiede die metaphysische Lage der Menschen nicht mehr betreffen. Durch das Verwischen der hierarchischen Grenzen treten natürlich die Scheidelinien zwischen den nationalen Gruppen noch viel stärker in die Erscheinung, und es sieht so aus, als ob sie das einzig gliedernde Prinzip darzustellen hätten, das überhaupt noch in die Menschheitsgeschichte hineingreift.

Gracián steht hier fast schon am Ende einer weitverzweigten Überlieferung. Bei der Ausmalung der Volkscharaktere liegen die zahlreichen Spuren dieses seit der Frührenaissance immer wieder behandelten Themas vor ihm. Oft genug übernimmt der Autor fast unbesehen die Muster, die sich wie Ornamente in seine Prosa einfügen. Oftmals läßt er sich auch in eine „Topik" fallen, die darum nicht weniger Irrtümer durch die Zeit schleppt, weil sie unablässig wiederholt und stets in apodiktischer Form gesagt sind. Aber was noch viel merkwürdiger berührt: auch wo Gracián sehr wohl eigene Erfahrungen besaß, tritt der Quellenwert des Selbsterlebten fast immer hinter die Autorität des literarischen Vorbilds zurück. Gracián bleibt auch da ein Eklektiker, wo seine eigene Wahrheit oder eine von ihm gemachte Einsicht mitspricht. Was er Neues zu sagen hat, bringt er zum Ausdruck durch eine geschickte Neugruppierung der gegebenen Elemente oder durch die Übertragung festgelegter Gedankenglieder auf neue Bedeutungssphären. Nicht alles ist Gold, was in dieser aphoristischen Kunst aufglänzt. Aber alles Gold Graciáns ist auch nicht glänzend. Seine Leistung bleibt, auch wo sie neuernde Züge trägt, so tief in den Rahmen des Überlieferten eingelassen, daß man gezwungen ist, diesen Autor stets in der ganzen Verfügung über die vor- und mitgegebene Literatur zu umfassen.

Eine mit lebhaften Strichen entworfene Typologie der Nationen war im Zeitalter der Renaissance das klare Ergebnis einer fortwährenden Auseinandersetzung, Spannung und Reibung zwischen den zu Interessenverbänden schnell ausgewachsenen Staaten. Der natürliche Reichtum der Spielarten spiegelt sich in der schier unübersehbaren Differenzierung nationaler Charaktere. „Natura, per troppo variar è bella" — sagten damals die Italiener. Überschwengliche Freude am Reichtum des Seins spricht aus den ironischen, aus den burlesken oder in karikierender Absicht vorgebrachten Anekdoten über die Volkscharaktere. Die in Nationen zerklüftete Menschheit gleicht dem ununterbrochenen Maskenball der zu ihrem eigenen Ergötzen verkleideten Menschheit. Die Erregung dieses Weltgefühls zittert noch in der Skepsis eines Montaigne, der sich gerade auf die unvereinbaren Widersprüche der von einem Breitegrad zum andern geänderten nationalen Wertungen berufen möchte.

Montaignes Vision der Welt war verführerisch genug, um auf

die verschiedensten geistigen Richtungen zu wirken. So hat der Protestant Henri Etienne die Beweise für die Unbeständigkeit aller zeitlichen Lebensformen noch einmal aus diesem Gesichtskreis bezogen: „*Um von dem Unterschied zu reden, der zwischen uns und unseren Nachbarvölkern besteht, sehen wir nicht, daß sie in der Lebensweise, in ihrer Tracht, in der Praxis ihres Alltags durchaus nicht mit uns übereinstimmen? Würde man in Frankreich einem hochgestellten Mann in grün bekleidet begegnen, man müßte glauben, daß er etwas zu viel Luft im Gehirn hat. Offenbar ist aber diese Kleiderfarbe in mehreren Orten Deutschlands durchaus normal . . . In Frankreich und auch anderswo würde eine Frau sich der Verachtung aussetzen, die mit bis zur Hälfte entblößten Brüsten in der Stadt herumlaufen würde. In manchen Orten Italiens, vor allem in Venedig, ist eine solche Parade gang und gäbe. Und was die Frauen betrifft, so wissen wir, daß in Frankreich und anderswo sie die Einkäufe auf dem Markt besorgen. In Italien machen das aber die Männer, die ihre Frauen in Ruhestand versetzen. Auch ist in Frankreich zwischen gebildeten Herren und Damen der Kuß erlaubt und schicklich, mögen sie miteinander verwandt sein oder nicht. In Italien würde ein solcher Kuß Anstoß erregen und gefährlich sein.*"[2]

Der Vielfalt und dem Wandel menschlicher Entwicklungsrichtungen in Sprache, Sitte, Nationalität hält eine erneute Christlichkeit und nicht ohne innere Verbindung mit ihr der philosophische Rationalismus das wiedergewonnene Bild der menschlichen Wesenseinheit entgegen. Aber die vergangenen Impulse wirken in der Breite des Bildungsbewußtseins – trotz Descartes und Pascal – noch lange weiter. Die Vision einer mannigfaltig gegliederten Welt erhält sich in der Idee harmonischer Ordnung. Der Zusammenhang einer lebendigen Humanität verleiht der Skala nationaler Verschiedenheit erst jenen unverkenbaren Ton aus enthusiastischer Weltverbundenheit, den auch die bittersten Erfahrungen der Bürger- und Religionskriege nicht mehr völlig zudecken konnten.

Auf der Höhe des humanistischen Zeitalters war die christlich universale Welt in den seltenen Gaben und vielfachen Erbanlagen eines großen Fürsten einmal Gestalt geworden. Karl V. vereinigt durch Blutmischung, durch Erziehung und die nacheinander sorgsam ausgebildete Intimität im Umgang mit seinen Völkern die Wesenszüge der verschiedenen abendländischen Kulturnationen. Alle Sprachen seiner Untertanen mit gleicher Geläufigkeit meisternd, hat er für jede die richtige Einschätzung ihres besonderen Charakters. In der kaiserlichen Atmosphäre ist der Ausspruch entstanden, daß man spanisch mit dem lieben Gott, italienisch mit seinem Fürsten, französisch mit seiner Liebsten und deutsch am besten mit seinen Feinden spreche.[3] Zahlreiche Episoden, wie sie besonders der unermüdliche Anekdotenjäger Brantôme hinterbracht hat, zeigen, mit welchem Scharfsinn der Kaiser den geistigen Beitrag seiner einzelnen Völker beurteilt.[4]

Der Wettbewerb der Kulturnationen war ein Wettstreit um den humanistischen Vorrang, um die legitime Vertretung einer universalen Erbschaft. Dieses Nationalgefühl verschmilzt gegen Ende des 16. Jahrhunderts mit dem sogenannten „Vulgärhumanismus", der die antike Nachfolgesendung besonders in der modernen Sprachgesinnung herausstreicht und die erbitterte Fehde zwischen den verschiedenen nationalsprachlichen Ansprüchen auf ein bemerkenswertes Niveau des Diskutierens emporzieht. Keiner dieser nationalen Typologien ist der Gedanke fremd, daß die konkrete, geschichtliche Menschheit durch den funktionellen Zusammenhang ihrer nationalen Glieder sich darstellt. Die Grundlagen dieses organologischen Weltbildes rührten aus der Naturphilosophie und Temperamentenlehre von Hippokrates oder von Galen.

Charaktere sind demzufolge elementare Mischverhältnisse, und der Einfluß des Klimas erklärt die jeweilige Vorherrschaft eines den nationalen Maßstab bestimmenden Typus. Neben diesen systematischen Begründungsversuchen gibt es im 16. und 17. Jahrhundert eine Unzahl von beliebig zusammengestellten Typenkatalogen: Streiflichter auf die bunte Mannigfaltigkeit der geschichtlich wirksamen Humanität. Die Idee der Nation, auch wenn sie die eigene ist, ergibt stets nur einen Grenzwert, so daß die einzelnen Nationen als ergänzungsbedürftig erscheinen. Die Dauerrivalität zwischen Frankreich und Spanien hat auf beiden Seiten der Pyrenäen eine riesige nationalvergleichende Literatur hervorgebracht, die in dem nicht ohne Brillanz unternommenen Versuch des Carlos Garcia gipfelt, den bis dahin unaufhebbaren Gegensatz zwischen den beiden Nationen in ein fruchtbares Verhältnis der Ergänzung zu verwandeln. Grundgedanke dieser 1619 aus einem politischen Anlaß verfaßten Schrift [5] ist die Darstellung eines naturgewollten Antagonismus zweier durch Nachbarschaft und politisches Schicksal auf einander angewiesener Nationen, die gerade in dieser alle Lebensgebiete beherrschenden Polarität ihres Wesens den Anreiz für eine glückliche Verbindung wahrnehmen könnten. Baltasar Gracián wird an diese Gedanken anknüpfen, er wird allerdings die Lehre von der natürlichen Anziehung durch eine ebensolche von der unwiderstehlichen Abstoßung ergänzen und, aufgereizt durch ein paar weitere Jahrzehnte außenpolitischer Erfahrung, mit jener ergänzenden These die Friedenserwartungen seines Vorgängers in unüberbietbarer Schärfe widerlegen.

Das Gefühl der universalen Gliedschaft und Verbundenheit ist ein unzertrennbarer Bestandteil des humanistischen Nationalbewußtseins gewesen. Selbst bei größter Lautstärke seiner Äußerungen konnte daher eine nationale Suffizienz, wie sie dem modernen Nationalismus anhaftet, gar nicht aufkommen. Dagegen drängt das Nationalbewußtsein in jedem Land die geschichtliche Forschung zur Aufstellung einer Ursprungstheorie, oder wenn es not tat, zu ihrer Erfindung, um den Anspruch der kulturellen Priorität und einer Vorzugsstellung im Wettbewerb der Nationen zu verfechten.

Mit der wissenschaftlichen Auszeichnung der Philologie im Zeitalter des Humanismus hängt es zusammen, daß das N a t i o n a l bewußtsein sich immer stärker durch ein S p r a c h bewußtsein bekundet.

Eines der faszinierendsten Probleme ist für das 16. Jahrhundert das Verhältnis von Sprache und Politik. Nur die Italiener hatten hier nicht mitzureden, denn ihre Sprache war aus dem Erlebnis der Literatur geboren, weswegen Bembo und seine Schüler das Axiom aufstellen, eine Sprache hätte nur dann das Recht auf diesen Namen, wenn die Dichter an ihr gestaltet hätten. Anders lagen die Verhältnisse in Frankreich und Spanien. Alle Versuche einer Sprachreform wurden in Spanien mit der ausgesprochenen Absicht unternommen, die Weltreichpolitik mit einem geschärften Instrument zu versehen. Der Franzose Claude Seyssel bemerkte 1509, die Römer hätten das Lateinische als das sicherste Werbemittel für ihre politische Durchdringung verwendet, während Fauchet den Vorrang des politischen Faktors feststellt: „les grands Royaumes et Empires sont causes de faire estimer et apprendre les langues".

Mit dem Sieg eines neuen Sprachbewußtseins entstand das Bedürfnis, den Vorrang jeder einzelnen Sprache aus ihrem legitimen Verhältnis zu der Universalsprache herzuleiten. Diese Situation ist der Ausgangspunkt der modernen Philologie überhaupt, denn sie bringt die Genesis der Sprache grundsätzlich ins Blickfeld. Die Konformität mit der „Ursprache" wurde bald im Sinne einer Stilverwandtschaft gesehen, bald durch gewagte historische Deduktionen ermittelt. Wenn französische Humanisten wie Budé, Périon und Henry Estienne, in Italien Trissino die innere Konkordanz ihrer Sprachen mit der griechischen behaupteten, so meldet sich auch in Kastilien der Anspruch auf diese Verwandtschaft. Diego Gracián erklärt in seiner 1533 in Alcalá erschienenen Übersetzung der Apophthegmata Plutarchs: „*Eigenart und Sprachstil des Griechischen entspricht weit mehr dem Kastilischen als irgend einer anderen Sprache. Vielleicht wird meine Schreibweise einigen Lesern dieses Buches hart und schwer eingehen, aber sicher nicht denen, die doch griechische Originale gelesen haben.*" 6

Der Weg zu den Ursprüngen führte ebenso oft zur soliden Erkenntnis wie in luftige Phantasien. Der deutsche Historiker, Sprachgelehrte und Lyriker Morhof, ein Kollege des berühmten Thomasius, begnügt sich nicht damit, die Urverwandtschaft der antiken Sprachen mit dem Deutschen zu behaupten, sondern er sieht in unserer Muttersprache ganz einfach die Quelle des Griechischen und Lateinischen. Philologische Einzelheiten, die mit einem beachtlichen Aufgebot von Gelehrsamkeit vorgebracht werden, sind bei Lichte gesehen dieselben, die eine andere Theorie für den gemeinsamen, indogermanischen Ursprung all dieser Sprachen ins Feld führt.[7]

Seltsame Wege gingen die Philologen, um die griechische, hebräische oder aramäische Urverwandtschaft ihrer Sprache, die Herkunft ihrer Nation von den Trojanern, Chaldäern, Germanen, oder was für Völker sonst gerade in der Mode waren, zu beweisen.[8] Im Eingehen auf die jüngere Entwicklung zerstreuten sich aber die Nebel der Phantasie, und der Blick blieb überall frei für das historische Primat, das Italien für die Entfaltung der humanistischen Nationalkulturen besitzt. Durch die Anerkennung des italienischen Vorrangs verlängert sich und verbreitert sich die Renaissance in der Zeit und im Raum.

Franzosen und Spanier suchen den geistigen Vorsprung Italiens dadurch zu erklären, daß in ihren Ländern ausschließlich militärische und politische Aufgaben zu lösen waren und gerade die besten Köpfe von jeder kulturellen Tätigkeit abgelenkt hätten. Das ist eine Entschuldigung für die Zurückgebliebenheit dieser politisch hochentwickelten Nationen und zugleich ein Antrieb, das lange Versäumte durch die Mehrarbeit einer begnadeten Generation nachzuholen.

Franzosen und Spanier betreten jetzt den Weg, den die italienische Sprache schon bis zur Vollkommenheit zurückgelegt hatte. Man erkennt jetzt reuig: Nur von Gnaden der Dichtung kann eine Sprache ihre Sendung erfüllen. Charakteristisch für diese große Wandlung ist die Ansicht eines spanischen Humanisten aus den zwanziger Jahren des 17. Jahrhunderts: Es käme einer Entwürdigung der Muttersprache gleich, wenn man ihre Werdekraft mit dem Expansionsverlangen der spanischen Staatsmacht verkopple. Daß den Mauren und den früheren Untertanen der indianischen Könige die spanische Sprache aufgezwungen wurde, sei weder ihr Verdienst, noch überhaupt im spanischen Interesse gelegen. Dagegen gereiche es derselben Sprache zu höchstem Ruhm, daß sie auch außerhalb ihrer politischen Einflußsphäre gelernt und gesprochen würde und daß der spanische Sprachunterricht heutzutage zu den Humanitäten gehöre.[9]

Seit der Wende des 17. Jahrhunderts kann man in verschiedenen Schichten einen Rückschlag gegen die Vorherrschaft der Philologie erkennen. Wohl war die Renaissance in ihrer Grundrichtung eine philologische Bewegung gewesen, aber der Humanismus fand bei sich selbst die Gegengründe gegen die Monopolstellung der philologischen Wissenschaft, und diese Art der Beweisführung wird später mit dem grundsätzlichen Mißtrauen einer rationalistischen Philosophie gegen jedes sprachgebundene Denken zusammenfließen. Durch den Einbruch der Nationalsprachen in das Gehege der bisher ausschließlich lateinisch geschriebenen Wissenschaften wurde nicht nur die Vorzugsstellung der klassischen Sprachen erschüttert, sondern die Philologie überhaupt betroffen und ihr Anspruch, die Gesetze des Denkens zu wahren, unhaltbar gemacht.

Schon am Ende des 16. Jahrhunderts rührte ein spanischer Humanist, Juan Huarte y San Martín (den Lessing übersetzte) zum Protest gegen die unverdiente Spitzenstellung der philologischen Fächer im akademischen Bildungsbetrieb seiner Zeit und seines Landes. Die Charakterkunde dieses andalusischen Arztes, unter dem Titel „Prüfung der Geister" (Examen de los ingenios), 1575 erschienen, will das Gedächtnis aus seiner durch die neuplatonische Renaissance gehobenen Position verdrängen. [10] Zwischen Gedächtnis und höherer Vernunft bestehe nicht nur ein Wesensunterschied, sondern auch ein Wertunterschied, und zwar natürlich zuungunsten der nur dienenden Verstandesfunktion der „memoria". Huarte gibt seinem durch persönliche Erfahrungen verstärkten Abscheu gegen die Philologenzunft einen unzweideutigen Ausdruck. Die Gedächtnisarbeit der Philologie fällt nun gänzlich zurück gegenüber den schöpferischen Leistungen des Verstandes, der die Spitze am Dreieck der menschlichen Seelenvermögen bildet. Und es will dann beachtet sein, wie Huarte in der Abgrenzung gegen den durch Vorherrschaft der „memoria" philologisch orientierten Norden sich bemüht, die überlegene Sendung eines philosophischen Spaniens zu behaupten.

Der Einfluß der Huarteschen Anthropologie auf die unmittelbare Nachwelt ist schwer bestimmbar. Die Kritik an der Überschätzung der philologischen Bildung ging auf den Rationalismus über. So erklärte Thomasius: *„Der Mensch ist nicht auf der Welt der spra-*

chenhalber / und die Sprachen machen für sich keinen gelehrten Mann, sondern die Sprachen sind erfunden, daß die Menschen dadurch ihre Gedancken einander eröffnen sollen / und die Gelehrsamkeit besteht nicht in den zierlich gesetzten Worten / sondern in wahrhaftigen und mit der Sache selbst übereinstimmenden Gedancken. Danach hero ist das ein gemeiner Fehler in der gewöhnlichen Lehrart / daß man auff denen Schulen nur umb die Lateinische und Griechische Sprache bekümmert ist / die Wissenschaften selbst aber / im gleichen den Tugend-Weg und die Zucht durch taugliche Methode der Jugend beyzubringen vergißt." [11]

Es fällt auf, daß auch Graciáns Nationaltypologie, die fächerartig alle vergangenen Motive aufschlägt, dieses eine und einst so entscheidungsvolle Thema des sprachlichen Nationalbewußtseins vollkommen zurückdrängt, obwohl gerade Gracián sich lebenslänglich mit Sprachproblemen beschäftigt hat. Bei Gracián ist indessen noch keine Rede von einer rationalistischen Überwindung einer pluralistischen Weltauffassung, die das geistige Eigengewicht und den Sonderbeitrag der Nationen so stark betonte. Graciáns Gedanken bleiben im Einklang mit seinen spanischen und katholischen Gefühlen. Durch die jüngsten Religionskriege war wiederum an die spanische Nation der Auftrag einer katholischen Restauration herangetragen, ihre Sonderstellung in der Heilsgeschichte noch einmal bekräftigt worden. In der volkstümlichen Literatur übersteigert sich das nationale Selbstbewußtsein bis zur leidenschaftlichen Glut der Kreuzzugsepik, und entsprechend verschärfen sich die haßerregenden Züge an den Vertretern der ketzerischen Verirrung. Zwischen Nord und Süd wird ein Abgrund aufgerissen. Solche Wertungen sprechen in ungebrochener Naivität aus zahlreichen spanischen Komödien des 17. Jahrhunderts. Da die Theaterautoren dem Geschmack der Masse schmeichelten, bestätigt sich das Gesetz von neuem, daß die Stärke des Nationalbewußtseins von oben nach unten zunimmt.

Rationalistische Verneinung der nationalen Vielfalt und populäre Divinisierung der nationalen Selbstgefühle liegen ganz außerhalb des Gesichtskreises von Graciáns Kulturbewußtsein. Dennoch entsteht auch bei ihm zuweilen der Eindruck einer gewissen Ambivalenz. Hat sich nicht in den Nationen die Menschheit mit Fleisch und Blut verkörpert? Aber es will dann auch wieder scheinen, als würde die Humanität sich, die Sprache der Nationen sprechend, nur verkleiden und mit ihrem scheckigsten Narrenkleid kostümieren. Diese lockere Auffassung liegt schon über den zahlreichen nationalen Charakterlitaneien. Solche Figuren tauchen sehr häufig im 16. Jahrhundert auf. Ein bezeichnendes Beispiel gibt Du Bellays weltschmerzlerisches Regretgedicht LXVIII. Du Bellay findet, wie in einer spätaufklärerischen Wendung der Deutsche Graf Keyserling, daß „die Nationen einfach scheußlich" seien. Eine wird nach der andern abgestempelt, aber die Litanei des französischen Plejadedichters setzt sich fort bis zum Selbsthaß und bis zur Verwerfung des eigenen dichterischen Wesens.12

Kataloge mit nationalen Attributen gibt es in allen Literaturen des 16. und 17. Jahrhunderts, und auch dem 18. waren sie nicht ganz fremd, wofür als Beispiel Cadahalsos Bemerkung über den literarischen Stil der Nationen dienen kann: „*Die Spanier schreiben immer nur die Hälfte von dem, was sie in ihrer Einbildung haben. Die Franzosen schreiben mehr, als sie denken. Die Deutschen sagen alles, aber so, daß man nur die Hälfte davon versteht, und die Engländer schreiben überhaupt nur für den eigenen Hausgebrauch.*"13 In den dramaturgischen Anweisungen findet sich meist eine stichwortartige Charakteristik der fremdnationalen Typen: so empfiehlt der Ästhetiker Cascales, „*die Griechen eitel, die Italiener übermütig, die Sizilianer spitzfindig, die Franzosen frivol, die Niederländer friedfertig und gütig, die Spanier arrogant und die Afrikaner hinterhältig*" zu zeichnen. Außerdem dürfe der dramatische Dichter die Stammesunterschiede innerhalb einer Nation nicht vergessen, also z. B., „*den schlichten und gemessenen Charakter der Kastilier, das geschwätzige und anmaßende Wesen der Andalusier*".14

Für unser Gefühl sind derartige lapidare Urteile, die das Wesen der Nation mit einem einzigen Beiwort streifen, eher zu den Vorurteilen zu rechnen. Auch wird man an Schopenhauers verdrossenen Ausspruch erinnert: „*Übrigens überwiegt die Individualität bei weitem die Nationalität, und in einem gegebenen*

Menschen verdient jene tausendmal mehr Berücksichtigung, als diese. Dem Nationalcharakter wird, da er von der Menge redet, nicht viel Gutes ehrlicherweise nachzurühmen sein. Vielmehr erscheint nur die menschliche Beschränktheit, Verkehrtheit und Schlechtigkeit in jedem Lande in einer anderen Form, und diese nennt man den „Nationalcharakter". Von einem derselben degoutiert, loben wir den andern, bis es uns mit ihm ebenso ergangen ist. 15

Für den Aufbau der späthumanistischen Welt besitzt indessen der nationale Faktor eine Bedeutung, die Gracián lebhaft empfindet. Zwar muß das Streben nach echter Persönlichkeitskultur, wie sie Crítilo und Andrenio auf ihrer lebenslänglichen Wanderschaft allmählich zureift, alle die sondernden Züge des Nationalen und des Individuellen allmählich umgreifen und überwinden; jedoch besteht zwischen dem Nationalen und dem Individuellen noch nicht die in Schopenhauers spätaufklärender Philosophie angesetzte Differenz. Den Nationalcharakteren gehört im Aufbau der Individualität nicht nur ein unteres Stockwerk. Die Nationen teilen das Schicksal der Individuen. Sie sind, genau besehen, die schicksalsbedingten Ausprägungen des Individuellseins. Nationale Kennzeichen werden oft einfach für die Kristallisierung der individuellen Charaktere verwertet. Die nationale wie die individuelle Wertskala gliedert sich bald in der stufenweisen Verdunklung des Lasters, der Torheit, des Irrtums, bald legt sie einen strahlenden Tugendkranz um die Welt.

Spanien ist das Land des Übermuts (soberbia), Frankreich das der Begierde (codicia), in Italien herrscht die Lüge (mentira), in Deutschland die Trunksucht (gula), in England der Wankelmut (inconstancia), in Polen die Einfalt (simplicidad), in Griechenland die Treulosigkeit (infidelidad), in der Türkei die Barbarei (barbaridad), in Rußland die Hinterlist (astucia), in Schweden die Heimtücke (alevosidad), in der Tartarei die Rechtlosigkeit (injusticia), in Persien die Wollust (delicias), in China die Feigheit (cobardía), in Japan die Tollkühnheit (temeridad) und unter den Eingeborenen der neuen Welt die Faulheit (pereza).16 In Spanien muß man sich gegen die Bosheiten vorsehen (malicias), in Frank-

reich gegen die Gemeinheit (vilezas), in England gegen die Treulosigkeit (perfidias), in Deutschland gegen die Grobheit (groserías) und in Italien gegen die Gaunerei (embustes). 17 Die Trunksucht *„hat es zwar in Spanien noch nicht zu Gnaden gebracht, aber in Frankreich ist sie Herr geworden, in Flandern Exzellenz, in Deutschland Durchlauchtigste Fürstin, in Schweden Hoheit, aber in England Majestät". 18*
Aber in einem andern Zusammenhang erscheint auch das Wesen der Nationen in neuem Glanz. *„Es ist Europa das schmucke Antlitz der Welt, ernst in Spanien, lieblich in England, kühn in Frankreich, verständig in Italien, frisch in Deutschland, gelockt in Schweden, liebenswert in Griechenland und dräuend in Rußland."* 19 Das Gesicht des Erdteils legt sich in seinen nationalen Zügen aus. Und der Vergleich des aus Nationen gegliederten Weltorganismus läßt sich noch viel weiter treiben. In der Waffenkammer des Mutes wird eine jede mit dem ihr zustehenden Teil bedacht. *„Die ersten waren die Italiener, denn sie waren zuerst gekommen, und forderten den Kopf für sich. Ich werde ihn euch überlassen, sagte der Mut: Ihr werdet das Volk der Regierungskunst sein, und in der Welt mit jeder Hand herrschen. Unruhig drängten sich die Franzosen dazwischen, und begierig, die ganze Herrschaft an sich zu reißen, forderten sie beide Arme. Ich fürchte, sagte da der Mut, wenn ich euch beide gebe, werdet ihr die ganze Welt in Unruhe versetzen. Ihr werdet tätig sein, ein Volk, das seinen Arm gebraucht; ihr werdet auf keinem Punkt nachgeben, ein Übel seid ihr für eure Nachbarn ... Weiter überlasse ich das Gesicht den Engländern! Ihr werdet lieblich sein wie die Engel, aber ich fürchte, daß ihr, wie die schönen Frauen, einem Calvin, einem Luther und selbst dem Teufel das Gesicht zukehrt. Vor allem hütet euch, daß kein Fuchs euch sieht, denn er wird euch gleich schmeicheln mit einem schönen Antlitz ... Den Irländern vermache ich die Leber. Den Deutschen den Rumpf: Ihr werdet Leute mit schmuckem Körper abgeben, aber seht euch vor, daß ihr ihn nicht mehr achtet als die Seele ... Die Flamen und Holländer bekommen den Bauch, gesetzt, daß ihr ihn nicht zu eurem Gott macht. Die Brust die Schweden, die Beine die Türken, die sich ja*

darauf verlegen, allen Beine zu machen, und, wo sie einmal den Fuß hinsetzen, da nehmen sie ihn nie wieder zurück. Die Eingeweide sollen die Perser haben, ein Volk von gutem Innern. Die Afrikaner die Knochen, damit sie etwas zu nagen haben nach ihrer Art; den Rücken die Chinesen, das Herz die Japaner, denn sie sind die Spanier Asiens, und schließlich die Wirbelsäule die Neger."

Nur die Spanier kamen zu spät. Sie waren damit beschäftigt, die Gäste aus ihrem Haus zu vertreiben, d. h. während andere Völker ihre nationale Staatlichkeit ausbauten, mußten sich die Nationen der pyrenäischen Halbinsel mit den Mauren herumschlagen. Als die *„Erstgeborenen des Mutes haben die Spanier einen Anspruch auf das Herz, aber es ist schon vergeben, und es gibt keine zwei Herzen. Der Mut gibt ihnen den Rat, es dem alten Rom gleichzutun, und mit seiner besonderen Ermächtigung sich gegen alle anderen Völker zu kehren. Das lassen sich die Spanier nicht zweimal sagen. Es gibt seitdem kein Volk, das ihre Schläge nicht zu spüren bekommen hätte."* [20]

Nicht umsonst steht das spanische Volk außerhalb dieser organologischen Vergleichsreihe. In ihm ist der Beruf zu etwas Übergreifendem, Jenseitigen angelegt. „Superbia" ist das Laster dieser Nation. Die räumliche Auswirkung dieses Besitzes von Seele läßt den Spanier zum Kampf gegen alle Nationen antreten. Ja, Spanien ist in der Meinung Graciáns so etwas wie die Seele der Welt, und darum findet auch Gracián an dem spanischen Menschen vor allen andern echte Menschenwürde.

Die Gleichsetzung der seelischen Charaktereigenschaften mit den Teilfunktionen des gegliederten Leibes war ein beliebtes Thema der Renaissanceanthropologie gewesen. [21] Hinter dem Vergleich steckt die Anschauung, daß in jedem Teilglied eine bestimmte geistige Kraft ihren Sitz hat, daß der Körper zugleich einen überleiblichen Zusammenhang bildet. Die metaphorische Übertragung dieser Auffassung vom menschlichen Mikrokosmos auf den universalen Makrokosmos war im Zug derselben Weltdeutung immer begründet. Durch den charakteristischen Beitrag der Nationen gliedert sich der Kosmos zu seiner beziehungsreichen Vielgestalt.

Gegenüber den früheren Anläufen zu einer solchen Betrachtung haben sich offensichtlich die Grenzen des Weltbilds beträchtlich hinausgeschoben. Gracián kannte diese Länder, die er so souverän charakterisiert, natürlich nicht von eigener Anschauung! Die Erfahrung der Kolonialkriege und der fernöstlichen Missionen [22], die Diplomatie, die ihre Netze immer weiter ausdehnte, und des letzten Dreißigjährigen Krieges standen ihm aus einer reichen Literatur zur Verfügung. Bei allem Streben nach Objektivität will sich der Standpunkt der katholischen Kulturmitte in keiner Weise verleugnen: von daher erhält das Urteil über die protestantischen Völker eine spezifische Färbung. Dabei ist es ein eigentümlicher Zug, daß auch Gracián noch das mittelalterliche Wohlgefallen an dem somatischen Typus der blonden Rassen besitzt, um dann im Licht der auf diesen Gebieten durchgedrungenen Häresie den Abfall der Seelen um so krasser hervorzukehren. [23]

Die ausführliche Auseinandersetzung mit Deutschland und den Deutschen erhält von daher ihre stark beschatteten Züge. Sie ist darüber hinaus ein deutlicher Spiegel der Erfahrungen des dreißigjährigen Krieges, eine moralische Bilanz und psychologische Erklärung dessen, daß der Führungsanspruch des Deutschen Reiches gänzlich verloren gehen mußte. Aber Graciáns Ehrgeiz ist hier noch weiter gespannt. Er versucht über Deutschland, wie über Frankreich und Spanien, sub specie aeternitatis zu richten. Sein Urteil entspringt aus einem Kurzdialog zwischen dem immer weltoffenen Andrenio und dem besinnlichen Crítilo, einem dialektischen Frage- und Antwortspiel, in dem literarischen Formanklang an die in Spanien so beliebten Echogespräche. [24] Andrenios fragend geäußertes Lob spricht aus der Empfindung der Sinne. Aber gerade diese Thesen haben es in sich, die Negation in der Crítilo angeborenen Urteilskraft auszulösen. Die scheinbaren Vorzüge sind die Fallen, in denen das gebrechliche Wesen des Menschen sich verfangen hat.

Die Härte des hier vollzogenen Urteils wird einigermaßen gemildert durch die Tatsache, daß auch die französische und spanische Nation, vor das Forum der Vernunft gezogen, gewogen und zu leicht befunden wurde. Ein Hinweis in all diesen Schilderungen, wie wenig das Wesen des Menschen in den Grenzen einer naturhaften Anlage vollendbar erscheint.

Auch Deutschland hat für den geweckten und weltoffenen Sinn eines Spaniers aus dem 17. Jahrhundert seine großen Verlockungen. Schon Cervantes hatte — allerdings durch den Mund eines Morisken — das Lob der Gewissensfreiheit gewagt.

Der Crítilo und Andrenio auf einem Abschnitt ihrer Wanderung beigegebene Seelenkenner (acertador) unternimmt es, die Kontroverse über das Thema Deutschland und die Deutschen in Gang zu bringen.

Nach ihrem Austritt aus der Picardie (III, 76) waren die Wanderer auf ihrem Weg nach Italien über Deutschland gekommen. Sie kennen also das Land aus eigener Anschauung. Freilich tragen ihre Erlebnisspuren auf diesem Abschnitt ihrer Reise bei weitem nicht das eigentümliche Kolorit, das Gracián über die französische, spanische und italienische Etappe auszugießen verstand. Begegnungen mit Landeskindern[25], Anspielungen auf die Kultur und die Geschichte der drei romanischen Nationen erinnern immer daran, daß alle allegorischen Erscheinungen auf einen realen Kulturhorizont abgestimmt werden sollten. Der Rahmen der Deutschlandreise bleibt dagegen fast unausgeführt. Keine Begegnung mit einem authentischen Deutschen wird darin festgehalten. Obwohl Crítilo am Schlusse ausdrücklich von den vier Nationen spricht, bei denen alle wesentlichen Einrichtungen der menschlichen Kultur anzutreffen seien[26], bleibt Deutschland von dem Wettstreit der drei romanischen Nationalgeister vollständig ausgeschlossen. Der große Ausblick auf Deutschland hat nicht zuletzt die Aufgabe, diesen fehlenden Beitrag aus den Mängeln des deutschen Geisteszustandes und der deutschen Lebensverfassung zu erklären. Graciáns Befangenheit in den Grenzen der romanischen Kulturwelt ist keine bewußte Beschränkung, sondern durch seine Überzeugung zu verstehen, daß die entscheidenden Taten des Menschengeistes sich in den Mittelmeerländern abspielen würden. Deutschland ist für ihn im Grunde nicht mehr als eine archäologische Erinnerung an das Imperium.[27]

Schon einmal hatte Crítilo den Anlauf zu einer Bilanz seines Deutschlanderlebnisses genommen. Aber die Erscheinung eines Flüchtigen hatte ihn abgelenkt. Erst auf dem Gipfel der Alpen, als Deutschland hinter ihm liegt, kommt er zu jenem eigenartigen Rückblick.28

Dieses „*fraglos größte Land Europas*" hat bei Andrenio die größte Sympathie gefunden — bei Crítilo die geringste. „*Darum lebt man in der Welt nicht von einer Meinung allein*" — mit diesen Worten legt sich der „Acertador" ins Mittel. Und zu Andrenio gewandt: „*Was hat denn dir an Deutschland am besten gefallen?*"

Andrenio: Alles von oben bis unten.
Acertador: Du willst wohl sagen: Ober- und Niederdeutschland?
Andrenio: Jawohl.
Acertador: Ohne Frage ist der Name Deutschlands eine Definition, heißt es doch Germanien von „germinando", weil es alles hervorbringt und erzeugt, weil es die fruchtbare Mutter ist von Lebewesen und Lebensmitteln und von allen erdenklichen Gütern des menschlichen Lebens.
Crítilo: Ja, gewiß viel von räumlicher Ausdehnung (extensión) und nichts von innerer Spannung (intención).
Andrenio: Nun, es ist ja nicht nur ein Land, sondern eine Vielheit von Ländern, die es vereinigen. Denn, wenn man genau zusieht, so ist jeder Potentat fast ein König für sich, jede Stadt eine Residenz, jedes Haus ein Palast, jede Burg eine Festung (ciudadela) und das ganze Land ein Zusammenhang volkreicher Städte, glänzender Residenzen, prachtvoller Kirchen, schöner Bauten und uneinnehmbarer Festen.
Crítilo: Eben das, finde ich, verursacht den größten Ruin des Landes und sein vollständiges Verderben. Denn je mehr Potentaten, desto mehr Köpfe und je mehr Köpfe, desto mehr Launen, und je mehr Launen, desto mehr Zwistigkeiten. Und wie Horaz sagte, das Delirium der Fürsten ist das Martyrium der Untertanen.29

Andrenio: Aber du kannst mir nicht abstreiten: Die Fülle und den Wohlstand des Landes. Schau, so wohl bestellt ist es mit allem, daß wenn Spanien das reiche, Italien das edle heißt, Deutschland als das Land des Überflusses gelten muß. Welcher Reichtum an Brotfrucht, Vieh, Fischen, Wild und Obst! Wie ergiebig die Schätze der Erde (minerales)! Wie ist das Land mit Bäumen gekleidet, mit Wiesen verschönt! Durchzogen von gewaltigen Strömen, und alle sind sie schiffbar, so daß Deutschland mehr Flüsse besitzt als andere Länder Bäche, mehr Seen als andere Quellen, mehr Paläste als andere Häuser und mehr Residenzen als andere Städte.

Crítilo: Gewiß! Ich gebe dir recht. Aber eben darin sehe ich den Krebsschaden (destruición) des Landes. Seine eigene Fülle wird ihm zum Verderben, denn sie läßt nur Holz ins Feuer der fortgesetzten Kriege tragen, in denen das Land sich verzehrt, und sie unterhält viele starke Armeen, was andere Länder, besonders Spanien, sich auf die Dauer nicht leisten können.

Acertador: Aber kommen wir einmal auf die schönen Bewohner zu sprechen. Wie steht ihr zu den Deutschen?

Andrenio: Sehr gut! Ich fand lauter liebe Leute[30], sie sind von meinem Naturell, und die anderen Völker täuschen sich, wenn sie Alemannen animalisch nennen[31], und ich wage zu behaupten, daß sie die größten Menschen Europas sind.

Crítilo: Ja, die größten an Wuchs, aber nicht in anderer Hinsicht. Jeder Deutsche hat zwei Körper eines Spaniers. Jawohl, aber nur ein halbes Herz. Wie stattlich gewachsen, aber ohne eine Seele. Wie frech und wie kühl dabei.[32] Wie tapfer, und darüber hinaus – wie brutal![33] Wie schön, aber ohne Eleganz![34] Hochgewachsen, aber nicht hochgesinnt! Blond, und das bis auf die Zunge![35] Und was für Kräfte sie haben, aber keinen Elan (brior). Sie sind Riesen von Leib und Zwerge von Seele. Sie sparen an der Kleidung, aber nicht am

Essen, sie kargen bei der Ausstattung ihrer Betten und bei der Einrichtung ihrer Wohnungen, aber maßlos sind sie beim Trunk. Freilich, das ist bei ihnen kein Laster, sondern eine Notwendigkeit! Wie sollte auch so ein deutscher Riesenkörper ohne Wein auskommen? Es wäre dann wirklich ein Körper ohne Seele. Der Wein gibt ihm die Seele und das Leben. Sie sprechen die älteste Sprache von allen und die barbarischste zugleich. Sie sind neugierig, die Welt zu sehen, und wären sie's nicht, so gehörten sie nicht zu ihr. Es gibt dort große Techniker (artifices), aber keine großen Gelehrten. Bis in die Fingerspitzen haben sie Feingefühl — besser sie hätten es im Gehirn. Kein Heer kann ohne sie auskommen, so wie kein Körper ohne den Bauch. Es glänzt ihr Adel, aber würde nur ihre Frömmigkeit ebenso glänzen, — ihr Unglück ist es, daß, während andere Völker Europas die erlauchte Wiege erlauchter Patriarchen von Gründern frommer Orden waren, Deutschland im Gegenteil...."

Wie später die Kritik des spanischen Menschen, so kommt auch die Kritik an Deutschland nicht zu Ende. Ein Aufruhr unterbricht die Rede, die freilich aus dem Geist des spanischen 17. Jahrhunderts leicht ergänzt werden könnte. Es ist, als ob Gracián ein letztes ungesagt lassen wollte, ein letztes, das freilich nicht die Liebe war.

Die Vielgestalt der Welt ist nicht schwerpunktlos, aber Deutschland vermochte ihr nicht mehr diese Mitte zu geben. Die eigentlich entscheidende Auseinandersetzung spielt sich in einer anderen Ebene ab, wo die Kultur und die Humanität die Menschheit mit sichtbaren Idealen beglückt hat in dem von den großen romanischen Nationen gebildeten Dreieck.

Zwischen Spanien und Italien besteht, wenigstens vom spanischen Standpunkte aus, eine große Anziehung; zwischen Spanien und Frankreich, die Abstoßung aus einem unversöhnlichen Gegensatz. Das Thema der spanisch-französischen Kontroverse hatte Carlos García gründlich behandelt und zwar anläßlich der mit

Ludwig XIII. eingegangenen Friedensverhandlungen und der ehelichen Verbindung der beiden Königshäuser in der festen Erwartung, daß ein Ausgleich zwischen den verschieden eingestellten Nationen möglich und fruchtbar werden könnte.[36] Gracián kann diesen Optimismus nicht mehr teilen.

Die Synthese der zu weit gespannten Gegensätze kann kein glückliches Ergebnis haben. Wo sie dennoch von einem gallomanen Spanier angestrebt wird, da kommt nichts heraus als ein „*Diphthong*" von einem Menschen, ein Charakter im unvermittelten Zwiespalt seiner Mischung.[37] Bei ihrem Übertritt ins Französische bemerken Andrenio und Crítilo sofort: Die Pyrenäengrenze ist die gleichsam gottgewollte Scheide zweier unversöhnlicher Charaktere.[38]

„*Kaum hatten sie den Fuß auf französischen Boden gesetzt, als sie auch fühlbar den Unterschied in allem erkannten, in der Atmosphäre, dem Klima, der Luft, dem Himmel und der Erde; aber noch viel deutlicher den Gegensatz der Bewohner im Genius, im Geist, in den Sitten, Neigungen, Naturbedingtheiten, Sprache und Tracht.*"[39] Die Franzosen sind: „*die Antipoden der Spanier*".[40] Die beiden Nationen „*stehen in einer natürlichen Antipathie gegeneinander, gegensätzlich in allem, im Kleiden, Essen, Gehen, Sprechen, in ihrem Genius und ihrem Geist.*"[41] Was zuerst in den Blick fällt, ist der Unterschied von herzlicher Heiterkeit hier und gemessenem Lebensernst dort.[42] Dieser Gegensatz spricht letzten Endes zugunsten der Spanier: „*Immer war die Melancholie die Speise der Diskreten ... sie kennen die Übel und alles, was ihnen zum Glücklichsein fehlt. Die Weisen fühlen die Schicksalsschläge tiefer, und da sie tiefer veranlagt sind, macht ihnen jedes Erlebnis größeren Eindruck. Ein Tropfen des Zufalls genügt, um ihnen die Freude zu verwässern, und außer dem, daß sie wenig zum Glück begabt sind, bereiten sie sich selbst durch ihr vieles Verstehen Unzufriedenheit. Darum suchet nicht die Heiterkeit im Gesicht der Weisen – aber das Lachen – das werdet ihr im Gesicht des Toren finden.*"[43] Wenn die Antithese hier so sehr zuungunsten der Franzosen verläuft, so ist der übliche Vorwurf der Frivolität doch wohl nicht das einzige Kennzeichen, das Gracián am Wesen des französischen Menschen findet. Seine Bemühung ist es, auf der Linie der objektiven Wahrheit zu bleiben. Es ist begreiflich, daß die ganze Richtung, die der französische Geist in seinem großen Jahrhundert befolgte, der Verständnisbereitschaft eines spanischen Jesuiten unüberwindliche Schwierigkeiten entgegenstellte. Eigentlich ist es nur die ritterliche Haltung des Adels, die ihn zu offener Anerkennung veranlaßt [44], und auf der anderen Seite die nicht verhehlte Erkenntnis einer vollständigen Überlegenheit in der Einstellung der Franzosen zu den neuen und schicksalhaften Gegebenheiten der Wirtschaft. Wenn die Franzosen die Spanier und ihre reichen Kolonien beneiden, so müsse dem entgegengehalten werden, daß Spanien, dank der von Frankreich geschickt geleiteten Flucht seiner Edelmetalle, auf dem besten Wege sei, eine französische Kolonie zu werden. [45] Freilich fehlt bei Gracián, wie bei all seinen Zeitgenossen, die letzte Einsicht in die unabsehbaren Folgen dieser Verstrickung, und so kann er sich schließlich doch damit trösten, daß der spanische Mensch ein inneres Gold in seinem Herzen trage. [46]

Aber diesmal stammt nur der erste Anstoß zur Auseinandersetzung von einem geistigen Führer, „dem Mann mit den hundert Herzen". Crítilo formuliert, in eine Art von Selbstgespräch verfallend, die fraglichen Ruhmestitel der französischen Nation vor sich selbst, um sie dann selbst durch ein tiefergreifendes Urteil samt und sonders zu verwerfen.

„Ihr werdet gewiß, (so sagte der Mann mit den hundert Herzen) Frankreich mit liebendem Herzen verlassen? — Sicherlich (so antworteten ihm die beiden), wenn schon die gebürtigen Franzosen Frankreich verlassen und die Ausländer es nicht mehr aufsuchen. — Ein großes Land! (sagte der mit den hundert Herzen). — Ja, (erwiderte Crítilo) wenn es sich auf sich selbst beschränken würde. Wie reich an Menschen? Aber nicht an Männern! Wie furchtbar? Aber nicht an wesentlichen Dingen! Wie offen und gefällig? Aber von Winden verheert, woher die Eingeborenen ihre Leichtfertigkeit haben! Wie gewerbefleißig? (industriosa) Aber nur im niedrigen Handwerk! (mecánica) Wie arbeitsam? Aber wie vulgär! Das verpöbeltste Land, das man kennt! Wie kriegerisch

sind doch und wie kühn seine Bewohner? Aber immer unruhig die bösen Geister Europas zur See und auf dem Land! Sie sind wie der Blitz beim Anfang einer Unternehmung, und bei der Durchführung versinken sie in Ohnmacht. Sie sind lenksam, jawohl, aber leichtfertig, geschäftig, aber verächtlich und zu Diensten für alle andern Nationen bereit. – Sie unternehmen vieles und führen wenig durch und bewahren gar nichts: alles greifen sie an und alles geben sie aus der Hand. Daß sie geistreich sind und lebhaft und schlagfertig? Ja, aber ohne echten Gehalt, Dummköpfe findet man nicht unter ihnen, und auch keine Gelehrten; niemals erheben sie sich über ein Mittelmaß. Es sind sehr höfliche Leute, aber wenig zuverlässig, haben doch nicht einmal ihre größten Könige Schutz vor dem meuchelmörderischen Messer. Sie sind ebenso fleißig wie habgierig. Man kann nicht leugnen, daß sie große Könige gehabt haben, aber die meisten brachten ihnen nur wenig Nutzen. Sie haben ein glänzendes Auftreten gehabt, um sich zu Herren der Welt zu machen, aber wie kläglich ist ihr Abtreten? ... Sie kommen mit ihren Waffen gelaufen, um allen zu helfen, die sich ihrer bedienen. Sie sind in Wahrheit die Zuhälter aller Länder, in denen Ehebruch und Ketzerei blühen (provincias adulteras), sie sind profitlich in solchem Maß, daß sie eine Unze Silber höher schätzen als einen Zentner Ehre. Am ersten Tag sind sie Sklaven, am zweiten Herren, am dritten unleidliche Tyrannen: Sie gehen von einem Extrem gerne zum andern, ohne Übergang, heute voller Menschlichkeit, morgen die Unverschämtheit in Person. Sie haben große Tugenden und so große Laster, daß man nicht leicht herausbekommen kann, was bei ihnen die Herrschaft hat ..."[47]

Es ist immerhin bemerkenswert, daß Gracián wie im Falle Deutschland das Schlußwort offen ließ. Nicht nur, weil gerade unter dem Anspruch einer objektiven Verstehensbereitschaft die Vermessenheit der richterlichen Haltung vermieden werden mußte – Licht und Schatten sind hier so sonderbar vermischt, daß ein abschließendes Werturteil sich verbietet. Die Bilanz der ganzen Betrachtung liegt vielmehr in dem noch einmal festgestellten französisch-spanischen Urgegensatz verborgen: *„Und schließlich sind die Franzosen die Antipoden der Spanier."* Daher erhält die Charakteristik Frankreichs ihr eigentümliches Gewicht aus einem Vergleich mit dem Zwiegespräch über Spanien, dem sich Crítilo und Andrenio zuvor beim Überschreiten der Pyrenäen überlassen hatten. Die von Carlos García aufgebrachte Formel der spanischen Introversion und der französischen Extraversion rückt damit noch einmal in ihre ganze polare Weite.

„*Was hat dir Spanien für einen Eindruck gemacht* — *fragte Andrenio* — *Lästern wir ruhig eine Weile darüber, hier, wo uns doch niemand hören kann.*

Crítilo: *Und selbst, wenn man uns hörte: die Spanier sind zu großmütig, als daß sie uns unser Gerede zum Verbrechen anrechnen würden. Sie sind nicht so mißtrauisch wie die Franzosen; sie haben ein weites Herz.*

Andrenio: *Sage mir also, was hast du dir für einen Begriff von Spanien gebildet?*

Crítilo: *Keinen übeln.*

Andrenio: *Also einen guten?*

Crítilo: *Auch nicht.*

Andrenio: *Demnach, weder gut noch übel?*

Crítilo: *Das sage ich auch.*

Andrenio: *Wie denn?*

Crítilo: *Einen bitter-süßen Eindruck.*

Andrenio: *Findest du Spanien nicht sehr trocken, und findest du nicht, daß daher die Spanier eine solche Trockenheit des Gemüts und ihren melancholischen Ernst besitzen?*

Crítilo: *Schon. Aber Spanien ist doch auch mit seinen Früchten begnadet, und alle spanischen Dinge sind voller Substanz. Nur von drei Dingen heißt es, man muß sich sehr in acht nehmen, und die Ausländer am allermeisten.*

Andrenio: *Nur von dreien? Und das wären?*

Crítilo: *Vor dem Wein, der benebelt, vor der Sonne, die verbrennt, und vor den Monaten der Frauen, die betören.*

Andrenio: *Findest du nicht, daß Spanien sehr gebirgig und darum wenig fruchtbar ist?*

Crítilo: Jawohl, aber darum gesund und gemäßigt. Denn wenn es eben wäre, so würde es im Sommer unbewohnbar sein.

Andrenio: Es ist aber sehr schwach besiedelt.

Crítilo: Aber darum ist auch ein Spanier so viel wert wie hundert von anderen Nationen.

Andrenio: Spanien ist nicht sehr lieblich.

Crítilo: Es fehlt ihm nicht an sehr reizenden Tälern.

Andrenio: Es ist durch zwei Meere abgeschnürt.

Crítilo: Aber es ist auch verteidigt und gekrönt durch vorzügliche Häfen und mit Fischen reich versehen.

Andrenio: Aber es scheint auch, als wäre Spanien vom Handel mit den übrigen Ländern und der Welt so gut wie abgesperrt.

Crítilo: Es müßte noch besser abgesperrt sein, denn alle suchen Spanien auf und saugen ihm das Beste aus, was es hat. England seine Markenweine, Holland seine feine Wolle, Venedig sein Glas, Deutschland seinen Purpur, Neapel seine Seide und Frankreich seine Pferde.

Andrenio: Und was hast du über seine Einwohner für ein Urteil getroffen?

Crítilo: Da wäre vor allem zu sagen, daß sie solche Vorzüge haben, als wenn sie keine Fehler hätten, und daß sie solche Fehler haben, als hätten sie keinen überragenden Vorzug.

Andrenio: Du kannst mir nicht bestreiten, daß die Spanier sehr tapfer sind (bizarros).

Crítilo: Ja, aber daher entspringt ihr Hochmut. Sie sind sehr verständig (juiciosos), aber weniger geistvoll (ingeniosos). Mutig, aber langsam... Sehr großmütig, aber dabei verlieren sie sich selbst. Sparsam im Essen und mäßig im Trinken, aber verschwenderisch in der Kleidung. Sie umarmen alle Fremden, aber die eigenen Landsleute achten sie nicht. Körperlich sind sie nicht sehr groß gewachsen, aber sie haben einen großen Mut, *sie sind keine leidenschaftlichen Patrioten, in der Fremde bewähren sie sich am besten. Sie halten sich immer nahe an die Vernunft, aber sind starr an ihr Urteil gebunden.* Sie sind nicht sehr fromm, aber zähe in ihrem Glauben und durchaus die erste Nation Europas, verhaßt, weil man sie beneidet."48

Auch dieses Gespräch wird nicht zu Ende geführt. „*Sie hätten noch mehr gesagt*", wenn nicht das Auftauchen eines neuen Passanten Crítilo und Andrenio bei ihrer vulgären Lästersprache, wie es heißt, unterbrochen hätte. Der letzte Wert eines Menschen (und mag er ein Spanier sein) ist durch die Kennzeichnung seiner Nationalität überhaupt nicht auszumachen, und Spaniens Beitrag zu einer gesteigerten Geltung des menschlichen Wesens liegt für Gracián ja gerade darin, daß der Spanier mehr Personenwürde besitzt als irgend ein anderer Europäer.

Die spanischen Stämme49 und die spanischen Städte50 werden mit kurzen Strichen gezeichnet, wie dies schon Cervantes zuvor versucht hat. Entscheidend ist aber die Ergänzung der spanisch-französischen Polarität durch die spanisch-italienische Affinität. Auch diese Affinität spannt sich über einen Gegensatz, der aber die spanische Seele mit einem schöpferischen Anreiz verlockt. Man müßte die spanische Zähigkeit und Geduld mit der Weisheit (sagacidad) Italiens verbinden!51 Und gerade die spanische Geduld muß es ertragen, daß die Spanier, die „*Italien bereichern (!), ehren, in Frieden und Ruhe halten*", von den Italienern verachtet, verabscheut und unablässig verleumdet werden, während die Franzosen dieses Land „*in ständiger Unruhe halten, es peitschen, mit Füßen treten, plündern, jedes Jahr von neuem durcheinander bringen und sein vollständiges Verderben sind*" und trotz all dem von den Italienern mit Begeisterung anerkannt werden. Gracián kam um die Tatsache nicht herum, daß sich die Spanier in Italien wenig Freunde gemacht haben. Mit einem boshaften Vergleich beschließt er diese peinliche Betrachtung: „*Italien ist wie eine höchst ehrenhaft* (d. h. mit Spanien) *verheiratete Frau, die, statt ihrem Gatten die Treue zu halten, dem Zuhälter nachläuft, der sie täglich mit Ohrfeigen und mit Fußtritten traktiert, sie anspeit, sie* *ausraubt, auszieht und in jeder Weise mißhandelt."*52 Das Dreiländergespräch endigt in dieser Pointe. Das Verhältnis zwischen den romanischen Nationen hatte sich in solchen Formeln auslegen lassen: „*Die Italiener übertreffen die Spanier im Wesen, sie sind nicht so niedrig wie diese und nicht so hochmütig wie jene; an Geist sind sie den Spaniern ebenbürtig, und an Urteilskraft sind sie den Franzosen überlegen, so daß sie die große Brücke zwischen diesen beiden Nationen bilden.*"53

Wie aber, wenn den Italienern Amerika in die Hände gefallen wäre, was hätten sie nicht alles daraus gemacht.54 Dieses überlegene Kulturvermögen ist es, das Gracián an der unerwiderten Neigung ebenso festhalten läßt wie einst die Römer am Kult des griechischen Menschen, der von ihnen kaum Notiz nahm. Gracián sieht Italien aus der doppelten Perspektive seiner römischen Vergangenheit und der fortwirkenden Lebensmacht der Renaissance. Alles ist durchgeformt in diesem Land. Die Natur ist veredelt und Kunst geworden.55 Unterdessen ist Spanien so geblieben, wie es aus der Hand des Schöpfers kam.56 Kein Wunder, daß das italienische Bildungserlebnis noch immer die stärkste Lockung auf die spanische Seele ausübt. „*Der Spanier mit der italienischen Seele*" (español inserto en italiano) bleibt, trotz mangelnder Gegenliebe, ein Wunschbild für Gracián (war es nicht schon einst von den Borgias verwirklicht worden?), während „*der Spanier mit der französischen Seele*", (español inserto en francés), wie ihn das 18. Jahrhundert in allen Spielarten ausprägen wird, sein Urteil im voraus wegbekommt.

Graciáns Nationalpsychologie fügt sich in den Rahmen eines traditionellen Weltbildes, dessen Blickrichtung durch die Gleichsetzung des spanischen Schicksals mit dem Anliegen der Gegenreformation und mit dem habsburgischen Interesse unverrückbar festlag. Das Bündnis der spanischen Seele und des spanischen Willens mit dem italienischen Geist und mit der italienischen Kultur war nicht nur eine Wünschbarkeit, sondern die Reminiszenz an ein Stück vergangener Wirklichkeit, in der sich für Gracián alle Möglichkeiten des abendländischen Humanismus erschöpften. In dem italienischen Geistesleben seines Jahrhunderts bemerkte er nicht die Spuren des Niedergangs, sondern nur die gewahrte Kontinuität mit den großen Impulsen der Renaissancebewegung. Die inzwischen eingetretene Verschiebung des kulturellen Schwerpunkts nach dem Nordwesten des Kontinents blieb außerhalb von Graciáns Gesichtsfeld. Nur auf dem wirtschaftlichen Gebiet gewahrte er das Entstehen eines neuen Führungsanspruchs. Doch war dieser Faktor noch weit entfernt, seine verhängnisvolle Bezugskraft zu offenbaren. Gewiß ließ sich Gracián darüber nicht täuschen, daß der Stil der Geschichte und das Format der sie verkörpernden Menschen gesunken war. Aber dieses Spätbewußtsein aus einem Früherlebnis der Dekadenz gibt Gracián den stärksten Antrieb, an der Grenze des Humanismus noch einmal das Vollkommene zu versuchen. Und gerade für diesen letzten Versuch einer abschließenden, humanistischen Weltbetrachtung gewinnt der Beitrag der Nationen eine überraschende Geltung. In der Psychologie der Nationen ist der Reichtum des Individuellen entfaltet. Durch ein geglücktes Mischungsverhältnis und die richtige Temperierung dieser vielfältigen Eigenschaften entsteht jene geheimnisvolle Macht über die Menschen, die der höfische Übermensch in der freien Bestimmbarkeit durch alle welthaften Stile ausübt. Die Reise Crítilos und Andrenios durch die national gegliederte Kulturwelt ist zugleich eine Reise durch das menschliche Leben, die Entwicklungsgeschichte des natürlichen Menschen zur universalen Vollendung.

IV. GRACIANS ZEITBEWUSSTSEIN

Gracián und Machiavelli

Der gewaltige Anstoß Machiavellis bedeutete einen nicht minder folgenschweren Einbruch in die anthropologische Überlieferung, als ihn dasselbe Zeitalter durch die Erschütterung des anthropozentrischen Weltbilds erfahren hatte. Während aber der Verlust der kosmischen Mittelstellung des Menschen[1] die überlieferte Weltordnung nicht so unmittelbar zu gefährden schien, berührte die Abkehr des geschichtlich Handelnden von aller menschlichen Satzung in der Folgezeit nicht mit Unrecht als die brutale Enthüllung dieser geistigen Wende. Machiavelli hat Schule gemacht, aber bis zum 20. Jahrhundert wagte sich niemand offen zu seiner Lehre zu bekennen. Die Geschichte des Machiavellismus treibt jahrhundertelang in der Gegenströmung eines theoretischen Antimachiavellismus einher. Das gilt bekanntlich auch noch für den Hohenzollern Friedrich II. Der politische Kampf blieb weltanschaulich orientiert. Man stritt sich nach wie vor um Prinzipien, denen Machiavellis politische Erfahrungswissenschaft allen Boden entzogen hatte.

Die Jesuiten haben den Kampf mit Machiavelli durch Mariana in ihre Bahnen gelenkt.[2] Sie konnten nicht dulden, daß der Staat sich der geistlichen Führung entzog und in einem Eigenbereich der Begründungen souverän machte — insofern befehdeten sie die positive Staatlichkeit der französischen „Politiques", die das Königtum aus der Entzweiung der Religionskriege herausgetragen hatten und wegen ihrer mit weltanschaulicher Vorurteilslosigkeit gepaarten Zielstrebigkeit in den Verruf des Machiavellismus geraten waren.[3] Doch in derselben Zeit, d. h. am Ende des 16. Jahrhunderts, hatten sich schon alle Feinde der Jesuiten auf das Schlagwort geeinigt: der Geist des Ordens stehe mit dem Widergeist des Machiavelli im heimlichen Bunde. Diese Behauptung schlug den

Tatsachen scheinbar ins Gesicht. Was konnten die Verfechter des Naturrechts bis zur äußersten Konsequenz, dem Tyrannenmord, mit dem kühlen Pragmatismus des „Principe" gemein haben? Ein Schlagwort, offenbar geboren aus einer einmaligen, politischen Situation, wie sie die berühmte Satire „Ménippée" in Frankreich festnagelt. Aber im Schlagwort versteckt sich nicht selten eine halbe Wahrheit.

Einige Jahrzehnte später wagt der spanische Jesuit Gracián die ungescheute, wenn auch unausdrückliche Annäherung an gewisse Maximen Machiavellis zu vollziehen. Es war das gerade die Zeit, als mit dem Erscheinen von Pascals „Lettres Provinciales"' dem Orden ein Schlag versetzt wurde, von dem er sich niemals völlig erholen konnte. Die Tragweite des jansenistischen Angriffs war umso größer, als diesmal nicht eine politische Zufallskonstellation gemeint war, in der sich der Orden verdächtig gemacht hatte, sondern der wichtigste Beitrag ihrer Lehre zur modernen Menschenkunde: die Kasuistik, der Probabilismus. Hier war die machiavellische Erbsünde des modernen Denkens unverkennbar am tiefsten eingedrungen. Der sittliche Empirismus, der Probabilismus orientierte sich in der Tat an den Vorzugsgesetzen des Lebens, um diese mit den Vorzugsgesetzen der christlichen Moral zu verrechnen. Wäre das Ambiente kasuistischer Traktate nicht so drückend (wie es das in einer Beichtpraxis wohl sein muß), so hätte man eher den kühnen Ansatz einer beschreibenden Sittenlehre an dieser Methode gefeiert. Und wenn die Ausarbeitung der menschlichen Willensfreiheit den Jesuiten besonders am Herzen lag, so scheint sich damit ein neuer Zusammenhang mit Machiavelli und seinem „fare da se" zu ergeben. Machiavelli hatte bekanntlich die Widersprüche der Erkenntnislehren, die um das verlassene Feld der Scholastik stritten, durch den Hinweis entschieden, daß nur aus eigener Tätigkeit gesicherte Wahrnehmungen für das Erkennen Gewicht bekommen. Die volle Tragweite dieser Wendung tritt erst im Licht des modernen Arbeitsbegriffs zum Vorschein. Die Wirksamkeit des voluntaristischen Pols blieb zunächst auf eine Sphäre beschränkt, in der sie nur gefesselt erscheinen konnte: auf die höfisch-politische Existenz, auf die beispielhafte Repräsentanz selbstbewußten Menschentums und in der Attraktion durch ihre souveräne und gottbegnadete Mitte.

All diese Zusammenhänge wirken im Menschenbild Graciáns ineinander. Daß Gracián demselben Helden huldigte wie Machiavelli, dem katholischen König Ferdinand, ist etwas mehr als das Zeugnis einer immer betonten aragonesischen Heimattreue. Eine Bewunderung, zu der sich von selbst die schon von Machiavelli gebrauchten Argumente der Rechtfertigung und Verherrlichung dieses Fürsten einstellen mußten. Allerdings bedeutet die Begründung des spanischen Weltreichs für den späten Erben etwas anderes als das hinreißende Schauspiel der Machtzusammenballung, mit dem der letzte aragonische König seine Zeitgenossen und die folgende Generation im Bann hielt.

Ferdinand wird Vorbild eines universalen Menschentypus, wenn man zuvor das Beispiel höchster Geistesgegenwart an diesem Fürsten bestaunte, dem die Fortuna ihre Geheimnisse als Listen anvertraut hatte. Die Entlarvung des Glücks, die Anverwandlung einer mythischen Macht an den menschlichen Willen ist ein Motiv, in dem sich der Verfasser des „Principe" mit dem späteren Bewunderer des „Héroe" begegnet.

Die entzauberte Fortuna

Fortuna hat auch bei Gracián ihre Macht nicht völlig verloren. Crítilo und Andrenio lernen ihre Wirkung vom Augenschein kennen.[3a] Im Vorhof dieser Göttin tut sich das übliche Gerede. Der gelindeste Vorwurf ist ihre Blindheit. Andere behaupten, daß Fortuna, durch Bosheit vergiftet, nur noch dem Auswurf der Menschheit Vorschub leistet.[4] Man muß ihr den Puls genau fühlen. Erfolgreich ist nur, wer sich das Glück zum Studium gemacht hat und dann unter seiner Einwirkung handelt.[5] Auch das Glück hat seine Gesetze. Es ist ein Tempel, den man niemals auf der Seite des Eingangs verläßt.[6] Man muß sein Glück kennen.[7] Denn sonst wird das Glück zur Richtschnur der Lebensführung, genau so, wie nach dem Dammbruch der Vernunft die Einbildung die Herrschaft über ein Leben an sich reißt.⁸ Es gibt kaum dauerndes Glück ohne die Mitgift des Verdienstes. Das schlägt die Brücke zu der christlich entzauberten Fortuna. „*Katholisch gesprochen und vernünftig gesprochen ist sie die erhabene Mutter der Zufälle und die erhabene Tochter der höchsten Vorsehung, deren Wirkungen sie stets begleitet, fordert oder freigibt.*"⁹ Ihre Wechselfälle sind nicht mehr unberechenbare „*weibliche Launen, sondern Entscheidungen einer höchst gerechten Vorsehung.*"¹⁰ Auch im Criticón gibt sich Fortuna als die „Tochter der Vorsehung" aus.¹¹ Sie wirkt als das ausgleichende Gegenprinzip zur Natur. Wo diese versagt, beschenkt sie, und wo die Natur ihr Füllhorn ausschüttet, zieht sich Fortuna zurück, um den Bedachten vor Übermut zu bewahren.¹² So erklärt sichs, daß die meisten mit Reichtum gesegneten Menschen die Dummheit der Welt gepachtet haben, daß schöne Frauen meist unglücklich lieben.¹³ Wandelbar ist Fortuna, weil sie allen etwas schuldet.¹⁴ An der Glückswaage ist als erste Hilfskraft die Billigkeit (equidad) beschäftigt.¹⁵ Durch dieses Verfahren einer ausgleichenden Gerechtigkeit macht Fortuna, (die nicht blind ist, sondern Luchsaugen hat) die Wirksamkeit der Vorsehung sichtbar.

Mit der Unterordnung der Fortuna unter die „Providentia" hat Gracián ein immer naheliegendes Motiv der christlichen Tradition übernommen. Dante z. B. nennt Fortuna eine göttliche Kraft, die unberührt von den Klagen und Lästerungen des Menschen ihres Amtes waltet (Inferno VII, 92—95). Wie die Sonne ihr Licht über die Erde verteilt, so wurde sie eingesetzt, um die Teilnahme an den irdischen Gütern durch das Prinzip ihres beständigen Wandels auszugleichen. (Ebenda, 73 ff.)

Die Verknüpfung des Fortunabegriffs mit dem der christlichen Vorsehung lenkt das jesuitische Denken in die gewohnten Bahnen. Hat nicht das Gnadenwerk die Vorsehung an den freien Willen vermittelt? Fortuna befindet sich, einer Parabel des „Discreto" zufolge, in charakteristischer Gesellschaft: im Hause der Virtus: „*Den meisten geht es schlecht, weil ihnen recht geschieht*".¹⁶ Und abschließend: „*Es gibt nicht mehr Glück oder Unglück, als einen verständigen oder unverständigen Sinn.*"¹⁷ Fortuna ist nicht mehr ein mythischer Block, ein heidnisches Sperrgut in einer christlichen Welt, sondern ein hilfsbereites Wesen aus einer Unberechenbarkeit, an der das Vermögen der Beobachtung seine letzten Kräfte spannt. Die Grenzen ihrer Macht sind ihr selbst bekannt. Fortuna weiß, *„daß der höhere Geist des Weisen den Sternen sehr überlegen ist"*.[18] Dem Mythos der Fortuna widerfährt derselbe Prozeß einer rationalistischen Entlarvung wie in einem späteren Abschnitt des Criticón dem Tod, „Muerte", der „Schwiegermutter des Lebens".[19] Beide rechtfertigen ihr unverstandenes Wesen vor der Lästerrede der Menschen. Glück und Tod ist in der Menschenbrust durch Wahn und Aberglauben verwoben. Aber durch Virtus wird der Weg zum Überleben der Fama geöffnet. Die zentrale Bedeutung der Fortuna für den Lebensbegriff Graciáns ergibt sich aus dem inneren Zusammenhang von Glück und Tod: Die Todesgöttin erscheint, genau besehen, wie eine Neuverkörperung der launischen Glücksmacht, deren Überwindung den Lebenswanderern zur Aufgabe gemacht wird.

Die Fortuna ist im Weltbild der Renaissance kein Begriffsgespenst, sondern eine drängende Wirklichkeit, die ein neuer Lebensstil in der Sinnsprache einer ausgeformten Überlieferung vorfand.[20] Graciáns eigene Welterfahrung war, wie diejenige seiner italienischen Vorgänger, wesentlich einem höfischen Umkreis verhaftet: Hier war auch das Glück noch eine Lebensmacht, deren Walten man täglich verspürte und abergläubisch anerkannte. Glanz und Elend der Günstlingslaufbahn, das vollständige Revirement, das mit jedem Regierungswechsel einen Schub von bisher hoffnungslos verbitterten Prätendenten plötzlich an die Sonnenseite gelangen ließ, die Verknüpfung höfischer Einflußübung mit politischer Macht und unmeßbaren, finanziellen Vorteilen — das sind Erscheinungen, die zur absolutistischen Lebensordnung gehören. Das Auf und Ab der Fortuna ist ein häufiges und immer wieder sich aufdrängendes Thema höfischer Erfahrungen und höfischer Kommentare. Gracián hat dieses Motiv in einer unvergeßlichen Episode gestaltet. Auf dem Weg zur Kaiserpfalz[21] schließt sich dem Crítilo und Andrenio ein Wanderer an, der *„nichts von einer menschlichen Person und eigentlich auch nichts Menschenartiges hatte, sondern nur der Schatten eines Menschen war ...*

Andrenio fragte ihn: Bist du nun, oder bist du nicht, und wenn du bist, wovon lebst du? — Ich bin (antwortete es) ein Schatten, und wundere dich nicht ... Die meisten in der Welt sind ja nur dazu geboren, das Lebensbild mit Schatten zu versehen, und nicht mit Lichtern oder plastischen Linien. Was ist auch ein jüngerer Bruder anderes als ein Schatten des Erbhofbesitzers ... Glaubt mir, sie sind allzumal Schatten ... Wer aber Glück hat, lehnt sich an einen guten Baum ... und darum gehe ich auf die Suche nach einem großen Mann, um dann sein Schatten zu sein und um dann die Welt beherrschen zu können. — Was? Du willst die Welt beherrschen? — erwiderte Andrenio. — Natürlich! Ist es doch vielen, die viel weniger und überhaupt nichts waren, schließlich doch gelungen, alles in die Hand zu bekommen. Ich weiß genau, daß ihr mich bald auf der Höhe des Thrones sehen werdet ... Wenn ich jetzt nur ein Schatten bin (sombra), eines Tages werde ich alles ü b e r s c h a t t e n (asombro)." [22]

Darauf ziehen die drei in die Kaiserstadt ein. Im Gedränge der neuen Erscheinungen haben sie ihren Schatten aus den Augen verloren, als sie plötzlich von der Höhe her seine Stimme vernehmen und alsbald Zeugen eines eindrucksamen Schauspiels werden. Vor dem Schatten ist ein herkulischer Mensch zu Füßen gefallen und ein Glied nach dem andern entsinkt ihm: *„So fielen alle Stücke eines großen Mannes zu Boden, und die Umstehenden waren entsetzt, einen Haufen menschlicher Glieder auf dem Boden zu sehen.... Aber der Schatten las sie alle der Reihe nach auf und legte sie sich eins nach dem andern zu. So wurde eine gemachte Persönlichkeit aus ihm, ein Mann von Macht und Geltung, und er, der zuvor nichts gleichsah, und nichts vermochte und für nichts angesehen wurde, war jetzt mit einem Schlage ein Riese geworden, der alles vermochte."* [23] Solch ein Schaustück war für die höfische Zeit nichts Ungewöhnliches. Um die Mitte der Höfe drängt sich das Höchste und Niedrigste in beständigem Wechsel zusammen; hier wird ein beständiger Anschauungsunterricht erteilt, zu dem sich auch die außerhöfische Lebensweise hergeben muß. Denn am Hof steigt das Leben zu seiner größten Macht. Das Höfische läßt sich daher noch nicht durch das spätere Urteil betreffen, mit dem Kant „unser ge-

liebtes Hofleben" in den Unernst aufhebt: „*Niemals kann wahres Vergnügen da stattfinden, wo man es zur Beschäftigung macht.*"24 Für Gracián ist der Hof nicht nur ein rauschendes Fest am Rande des wirklichen Lebens, eine Stätte der organisierten Lustbarkeiten und der systematischen Arbeitsscheu. Der Begriff der Arbeit und des Lebensernstes hatte seine strenge Form noch nicht angenommen, und der Hof blieb zunächst ein Schwerpunkt für alles bedeutende Geschehen, eine sammelnde Mitte, so abstoßend auch das hier vorgeführte allzumenschliche Schauspiel berührte. Die Flucht vom Hof war in jenen Zeiten ein erwägenswertes und auch häufig erwogenes Projekt — jedoch war sie gleichbedeutend mit der Flucht aus dem Leben.

Die höfische Sphäre

Gracián konnte hier an eine lange und dichte Reihe literarischer Vorbilder rühren. Wurzel der ganzen Sippe ist das berühmte Werk des Grafen Castiglione, „Il Cortigano", das in Spanien konzipiert worden war und hier in der biegsamen Übertragung Juan Boscáns Heimatrecht erlangte. Aber gerade der Vergleich mit diesem glänzendsten höfischen Spiegel des Renaissancezeitalters macht die veränderte Stellung Graciáns deutlich. Castiglione schrieb selbst als Hofmann. Das höfische Wesen veredelt sich durch den zarten Hauch eines christianisierenden Platonismus. Die Überzeugung bleibt trotz aller Anfechtungen bestehen, daß der Hof selbst die Stätte einer solchen Selbsterziehung und sittlichen Läuterung der Menschennatur sein kann, daß der neue Typus der Herrschaft auch eine neue, moralische Vorbildhaltung verkörpert.

Eine solche Meinung wäre im Zeitalter Graciáns nicht mehr haltbar gewesen. Für ihn ist der Hof nur noch ein Wirkungsfeld, auf dem sich Beobachtungen anstellen lassen. Eben darum konnten die kleinen Schriften Graciáns auch in der Folgezeit als das unübertroffene Brevier der höfischen Spielregeln gelten. Außer panegyrischer Zuwendung zu einzelnen Personen und Gönnern ist von einer Apologie des Hofes nicht mehr die Rede. Auch der Streit

für und gegen den Hof (wie ihn Antonio de Guevaras „Menosprecio de la Corte" und die monarchomachischen Schriften entfesselten), hat seine Wellen nicht mehr zu Gracián getragen. Im Höfischen tritt jetzt das System der Beziehungsgesetze hervor, in denen sich die Geltung des Menschen behauptet. Das Höfische ist zur Höflichkeit geworden; die Lebensphilosophie heißt „*Filosofía Cortesana*", die Engel selbst „*cortesanos espíritus*". [25]
Gracián macht sich lustig über äußere Anstandsregeln, wie sie noch Giovanni della Casa seinem viel gelesenen und benützten „Galateo" mit auf den Weg gab. [26] Das Höfische ist, tiefer gefaßt, die Form der Verbindlichkeit zwischen allem Kreatürlichen geworden, und insofern nimmt es an der Expansion eines andern Begriffs teil, der die Beziehungsgesetze erfassen will: am Begriff des Politischen.

„Politik" ist jetzt nicht mehr ausschließlich Staatskunst, in dem Sinn der „politiques", d. i. der französischen Staats- und Königspartei des 16. Jahrhunderts, die nach dem Gesetz der Reaktion unter den Spaniern das Wort „políticos" zunächst in schärfsten Verruf bringt. [27] Gracián gibt dem Politischen einen neuen Bereich des Bedeutens. [28] Politik ist angewandtes Wissen vom Menschen. Der Hof hat dafür exemplarische Geltung. [29]

Gracián ist kein Hofmann gewesen, wie eigentlich Spanien diesen Typus in Reinkultur überhaupt nicht hervorbringt. Von keinem großen Spanier läßt sich behaupten, daß der Hof seinem Genius zum Schicksal geworden wäre, — vielleicht mit Ausnahme der großen Maler, die sich auf ihre besondere Weise (wie Velasquez und Goya!) an diesem Schicksal rächen. Calderón und Góngora, deren Leben in höfischem Umkreis ablief und dem höfischen Stil auch poetisch gewachsen war, zwangen den Hof, sich zu dem Gesetz ihres Stils zu versteigen. Der Hof übt keine prägende Macht — er ist nur der lärmende Sammelpunkt einer vielstrahligen Bewegung des nationalen Lebens.

Don Quijote umging auf seiner langen Tournee durch Spanien die Hauptstadt. Und in diesem Provinzler lebte dennoch ganz Spanien; seine Begegnungen waren ein nationales Repertoire. Der Hof vermochte nicht alle Kräfte und Geister aus ihrer peripheren

Lage zu locken. Der spanische Zentralismus bleibt bis zum 18. Jahrhundert in der Rolle eines Korrektivs gegenüber der Vielfalt der überkommenden Rechte und Zustände. Was der Hof an bindender Macht entbehrte, das gewinnt er in Graciáns Darstellung als ein Sammelplatz des gefährlichen Lebens, wo die Wellen höher schlagen als sonst, wo man mehr wagt und mehr zu verlieren hat — der Hof ist das reizvolle Versuchsfeld, auf dem die Weisheit dem Ansturm der Praxis sich aussetzt. Im Höfischen formt sich Kultur.[30] Der Maßstab, der hier entsteht, rührt nicht aus nivellierendem Ausgleich, sondern behauptet den Höchstton, den hier der Wettstreit aller zur Norm macht. Der Hof liegt jenseits von Gut und Böse, und einer Apotheose ist er nicht mehr bedürftig. Das Höfische ist kein Problem, es wird von Gracián in seiner Berechtigung überhaupt nicht erörtert. Der Hof gibt nur Beispiel, nicht Vorbild. Wie bei Gracián das Politische aus der Staatlichkeit heraustritt[31], so ist auch das Höfische von seinem Standort freigesetzt. Eine majestätische Eigenschaft wie „despejo" glänzt ebenso unter dem Thronhimmel wie auf dem Reitpferd oder auf der Kanzel.[32]

Gracián richtet seine Lehre an Personen verschiedener Stände; an Magnaten, Verwaltungsbeamte, humanistische Gelehrte, an die Förderer der Gesellschaft Jesu. Eine besondere Eigenschaft kann gleichermaßen dem Fürsten, dem Feldherrn, dem Gesandten, dem Prediger, dem Rechtswahrer vonstatten sein. Jedem verhilft sie auf seinem besonderen Gebiet zur überragenden Leistung.[33] Jeder ist berufen, die Arbeit bei sich zu tun. Ein jeder kann sich Majestät auf seine Weise beilegen: *Alle seine Handlungen müssen, wenn sie nicht die eines Königs sind, eines Königs würdig sein, je nach einer Sphäre, ein königliches Verhalten also in den wohl verstandenen Grenzen seiner Verhältnisse ... und man wird die Größe nicht zu beneiden haben, wenn man ihr selbst das Vorbild geben kann.*"[34]

Es finden sich Züge einer gradualistischen Rücksichtnahme auf die Verschiedenheit angeborener Lebensverhältnisse. Wer sich z. B. nicht leisten kann, die Weisheit auf seinen Dienst zu verpflichten, der soll sie in seinen vertrauten Umgang nehmen.[35] Gracián geht wohl ein auf die verschiedenen Voraussetzungen einer Lebensführung — doch nicht in der Weise eines Antonio de Guevara, der in seinen „*Cartas familiares*" die Individuen als Vertreter von Ständen ansprach. Jeder findet sich vielmehr mit seinem Beitrag aufgerufen. Indessen scheiden natürlich die Handarbeiter mit ihrem „mechanischen" Beruf aus dem Wettbewerb aus. Gracián ist überzeugt, daß der Gedanke einer Arbeitsplanung, wie ihn Thomas Morus, Campanella und selbst Cervantes gelegentlich mit halbem Ernst erwogen hatten, niemals den Bedarf an Kräften so erfolgreich zu decken vermöchte wie die verderbte Neigung der Menschen, die sich selbst zu den verächtlichsten Berufen hindrängt: sind doch „*die Geschmäcker so verschieden wie die Berufe. Auch die niedrigsten und ehrlosesten finden ihre Liebhaber. Und was die Macht der Vorsehung einer monarchischen Politik nicht bewirken könnte, all dies bringt die Neigung der Menschen leicht zustand. Wenn der Monarch die mechanischen Berufe zuteilen müßte — seid Ihr bitte ein Bauer und Ihr ein Matrose! — er müßte sich bald vor dem Unmöglichen beugen. Keiner wäre zufrieden, selbst mit dem bedeutendsten Amt, wogegen jetzt selbst der Gemeinste von einer blinden Vorliebe ergriffen wird.*"[35a] Das Gesetz der Neigung zieht somit eine selbstverständliche, untere Grenze. Die anderen mögen zum Wettbewerb antreten. Der Hof gibt ihnen einen orientierenden Gesichtspunkt, erhebt ihr Leben zur Sichtbarkeit über sich selbst hinaus. Hier werden die Wachstumskräfte angesprochen, mit denen man im Lebenskampf siegen kann.

Das Leben und die Wahrheit

In der Tat, Gracián will seinen Lesern zum „Erfolg" verhelfen. Unverhüllt wird es in dieser Maxime ausgesprochen: „*Manch einer richtet sein Augenmerk mehr auf die Genauigkeit des Verfahrens als auf den Erfolg seiner Absicht; aber immer wiegt der Geltungsverlust eines Mißerfolges schwerer, als einem die Umsicht im Verfolg der Absicht zugut gehalten würde. Wer siegt, braucht niemandem mehr Rechenschaft zu erteilen ... Niemals verliert man die*

Achtung, wenn man seine Absicht erreicht hat!" 36 Aus solchen ungeschminkten Worten hört man natürlich den Grundsatz heraus, den man den Jesuiten bis zum Überdruß vorwarf: Der Zweck heiligt die Mittel. Der Erfolg ist aber für Gracián nicht nur ein Ziel der Bemühung, sondern ein Mittel, um die Analyse des Lebens (die „Anatomie des Lebens") möglichst umfassend und erschöpfend zu gestalten: in der Spannung zum Erfolg werden die Gesetze des Lebens greifbar. Und im Erfolg scheint sich dem Sieger das Leben selbst zu ergeben.

So rückt der Lebensvorgang selbst in die Mitte der Aufmerksamkeit. Die christliche Antwort auf die Frage nach dem Lebenssinn bleibt natürlich unverrückbar bestehen. Aber gerade die Erscheinungen, die den Menschen in seiner Zeitlichkeit bestimmen, drängen zu einer unbefangenen Betrachtung auf, ehe sie unter den Blickpunkt des Ewigen treten: „*Vom Mond ab aufwärts gibt es keinen Wechsel. In Sachen der Vernunft ist jedes Auf und Ab ein Abfall . . . Wachsen, um sich dann wieder absinken zu lassen, verrät nur Subtilität* 37 — *aber ganz vulgär ist ein planloses Auf und Nieder.*" 38 Das Ewige ist ein Haftpunkt für die besonnenen Seelenteile: es hält sie in ihrer Richtung — doch freilich setzt es kein Richtmaß über die unbeständige Welt, in deren Bewegung sich das menschliche Wesen durchklärt. Das Licht eines neuen Wissens muß auf den Lebensweg fallen. „*Die Lebenskunst ist heute das wahre Wissen.*" 39 Und umgekehrt: „*man lebt nicht, wenn man nicht weiß.*" 40

Aber das Wissen bestimmt sich eben auch am Leben — können: „*Genug weiß, wer zu leben weiß.*" 41 In solchen Sätzen verrät sich der gemeinsame Ansatz für alle Moralisten, die von Montaigne bis zu Joubert und Schopenhauer den Bogen über zwei philosophische Jahrhunderte spannen.

Die Idee der Weisheit, der Wahrheit und Sittlichkeit, selbst das Vorbild des Heiligen haben ihre zwingende Macht für das Daseinsverständnis verloren. „*Das Philosophieren ist außer Kurs geraten* — *mag es auch das höchste Geschäft der Weisen sein.* 42 Die Spekulation allein tut es nicht: „*Zu leicht lassen sich die Naturweisen täuschen.*" 43 Die Trockenheit einer metaphysischen Idee quält und langweilt die Menschen.⁴⁴ Die Praxis hat ihre eigene Weisheit, eine Weisheit, *„die umgänglich ist, und für manche mehr Wert bekam, als die sieben Wissenschaften, die so freigiebig waren."* Wichtiger als Syllogismen in der hergebrachten Weise zu drehen, ist heutzutage die Kunst, *„einen Brief zu schreiben oder eine Begründung richtig vorzubringen".* Jetzt handelt es sich darum, die Praxis gegen das Wissen auszuspielen. Aber die Praxis schmückt sich selbst mit dem Namen einer Wissenschaft, einer *„ciencia conversable".* Wenn man bedenkt, wie die Schwergewichte über einem Lebenslauf verteilt sind, daß man z. B. die Hälfte des Lebens mit Gesprächen zubringt⁴⁵, so stellt sich von selbst das Verlangen ein, diese bisher übersehenen Gebiete in eine grundsätzliche Entscheidung zu versetzen. Die Lebenskunde grenzt sich nicht nur ab gegen die Philosophie — sie stellt auch diese als weltfremd vor eine Grenze. Das theoretische Wissen findet sich schon durch die schlichte Erfahrung eingeschränkt, daß auch die Operationen des Geistes nicht jederzeit glücken, sondern dem Gesetz ihrer Stunde folgen.⁴⁶ Wer die Dinge nur im Begriff hat, und nicht auch im Griff, *„wer sie nur weiß und nicht auch tätigt, ist nicht ein Philosoph, sondern lediglich ein Grammatikus".*⁴⁷ Das war die charakteristische Wendung Machiavellis von der Theorie zum Tatwissen. Gracián verknüpft sie mit dem Thema der verlorenen Unschuld (in der Wissen und Handeln zusammenfielen): *„Eine Wahrheit sagen, gilt heute soviel, wie eine Dummheit sagen."*⁴⁸ Die Offenheit (llaneza) ist durch Bosheit (malicia) verdrängt; die Menschheit ist abgefallen von ihrer goldenen Frühe. — Insoweit bleibt Gracián bei dem humanistisch-mythischen Zeitbild. Wenn Lope de Vega in seinem letzten Poem „Das goldene Zeitalter" darstellt, wie die Wahrheit nach dem Abfall des Menschen sich schweigend zum Himmel zurückzieht⁴⁹, so weist ihr Gracián noch einen Winkel der Erde an, wo sie, mit schweren Erkältungserscheinungen, ihrer Sprache verlustig, auf ein seltenes Aufgebot wartet.⁵⁰ Die Wahrheit gleicht einem Fluß, wie dem spanischen Guadianastrom, der bald versickert, bald unvermutet wieder ans Licht tritt. Der frühere Zustand des beständigen Laufs bleibt nur noch an ihrem verlassenen Bett bemerkbar.⁵¹

Im Schein der Wahrheit bildet sich das neue Gesetz: Die Wahrscheinlichkeit. Die Herkunft der Wahrscheinlichkeit wird von Gracián in der Form eines kleinen Mythos behandelt. Die verfolgte Wahrheit holte sich beim Scharfsinn (der Agudeza) den Rat, den schönen Schein zu gebrauchen. Die Wahrheit müsse „politisch" werden. In Erfüllung dieses wohlgemeinten Rates bedient sich die Wahrheit seitdem des „artificio": „*Sie benutzt Erfindungen, führt sich durch Umschweife ein, dringt mit Strategmen durch und verlegt auf ihren Gemälden in die Ferne, was ganz nahe ist.*"52 Damit ergibt sich die „allegoretische" Auslegung aller Kunst, die den philosophischen Anspruch aller Werke der Dichtung sichert. Und so können so verschiedene Geister wie diese in einer Gruppe erscheinen: Homer, Äsop, Seneca, Ovid, Juvenal, Pythagoras, Lukian, Erasmus, Boccalini und der spanische Infant Juan Manuel.

Von ihrem spezifischen Anwendungsgebiet, der neuaristotelischen Kunstlehre, greift das Prinzip der Wahrscheinlichkeit auf die Lebenskunde über: „*Die richtige Lebensart versteht es so geschickt, die Wahrheit zu verzuckern, daß sie das Ansehen der Schmeichelei gewinnt; und manchmal, wenn man scheinbar schmeichelt, zerstreut man in Wahrheit eine Illusion, und sagt dem Mitmenschen nicht, was er ist, sondern was er sein sollte.*"53 Die freilich in arge Mißverständnisse gezerrte Lehre des jesuitischen Probabilismus, der Untergang des höfischen Lebensstils und die Ausbreitung des bürgerlichen „Lebensernstes" haben seitdem die Geltung der Wahrscheinlichkeit für die Sittlichkeit aufs schwerste beeinträchtigt, obwohl sie nach wie vor die selbstverständliche Grundlage für jedes praktische Handeln abgibt. Auch Kant muß dem Schein eine gewisse sittliche Bedeutung zugestehen. Der angenommene Schein „*zivilisiert*" nicht bloß, sondern „*moralisiert*" allmählich. „*Doch muß, wenn die echten Grundsätze entwickelt und in die Denkungsart übergegangen sind ... jene Falschheit kräftig bekämpft werden.*"

Die neue Wissenschaft ist eine Wissenschaft vom Leben. „*Es gibt ein Wissen, das weder Bücher noch Schulen lehren. Man muß dazu vielmehr in die Schule des guten Geschmacks, in das Theater des Witzes gehen.*54 Die angewandte Lebenskunde heißt „Politik" (lo político), ihre Thesen sollen eine Art von philosophischer Beachtung verdienen. Sie treten zumeist in Widerstreit mit der Schulphilosophie; sie besitzen die Kühnheit einer Meinungsbildung, die das Leben für sich hat, so z. B. wenn Wunsch und Begierde den ihnen stets verweigerten Rang erhalten[55], oder wenn Gracián seinen neuen Beitrag zu der Lehre der Seelenvermögen herausstreicht, in der Witz und Scharfsinn, „agudeza'" und „ingenio", d. h. der ganze Komplex der unteren Geisteskräfte, eine gesonderte Stelle erhielten und damit zum erstenmal deutbar wurden.[56]

Gerade auch auf dem Gebiet der Sittlichkeit muß man den Tatsachen Rechnung tragen, und der Bedingtheit des Handelns, die bisher nur stillschweigende Praxis war, zur ausgesprochenen Anerkennung verhelfen. Graciáns Scheu vor dem Ärgernis ist hier auf dem Gebiet der moralischen Praxis fast geringer als in der Auseinandersetzung mit der Idee des Wissens. Die Tugend muß vor sich selbst, vor ihrem eigenen Extrem, behütet werden. Nur die gelenkte Wahrheit ist verträglich. *„Nicht alle Wahrheiten darf man aussprechen — die einen nicht, weil sie mich selbst, die andern, weil sie die anderen betreffen."*[57]

Auch das Mitleid macht sich verdächtig: „Es gibt Menschen, die *immer nur mit den Unglücklichen gehen, und sich heute für einen vom Schicksal Betroffenen einsetzen, dem sie gestern noch aus dem Wege gingen, solange das Glück ihm hold war, vielleicht spricht dies für den Adel einer Natur — sicher nicht für ihre Klugheit!"*[58] Diese Stelle ist nicht vereinzelt. Gracián mißtraut dem Mitleidigen und noch viel mehr dem Bemitleideten. „*Das Unglück ist gewöhnlich das Verbrechen der Dummheit.*"[59] Auch muß man achtgeben, sich nicht in den Sturz seiner Freunde hineinziehen zu lassen. Die Gefahr ist groß. Denn der Gestürzte trachtet nach der Tröstung, im Unglück Gefährten zu finden.[60] Selbst die reuige Zuwendung aus vermeintlicher Schuld erntet nur Haß. Qui s'excuse, s'accuse. „*Wer sich vorzeitig entschuldigt, beschuldigt sich.*" „*Die vorschnelle Entschuldigung weckt den schlummernden Verdacht.*"[61] In einer Welt, in der „*ein Mensch einem anderen oft weniger gleicht als der Mensch dem Tier*"[62], fordert die recht verstandene Menschlichkeit die Wahrung der anvertrauten Güter und nicht ihre vertrauensselige Entäußerung. Die mitleidlose Moral wird nicht gemildert, aber begründet durch den Verzicht auf fremdes Mitleid. 63 Die Gesetze des Lebenskampfes vergessen, heißt noch nicht, die Pflicht der Nächstenliebe befolgen. Die sittliche Unbedingtheit, der Rigorismus bildet den Grenzfall ohne werbende Kraft. Gracián schildert einen solchen *„hombre de entereza"* 64, und dieses Portrait kommt vielleicht den zwingenden Lebenszügen der La Bruyèreschen Charaktere am nächsten. Ein Mensch tritt vor uns, der eigentlich nicht ein Mensch ist, sondern nur ein gerader Weg, von dem sich vorsichtig immer mehr Wege abzweigen; er endigt in der Einsamkeit des moralischen Selbstgenusses. Andere lassen sich niemals in Wallung versetzen. Sie laufen Gefahr, die Achtung ihrer Person zu verscherzen. Die Ataraxie ist Selbstmord der Person. *„Eine Aufwallung im rechten Augenblick ist ein Akt der Person."* Nichts scheint Gracián verhängnisvoller als das Ärgernis von seiten derer, die sich nicht ärgern, oder wie er sagt, *„aus reiner Güte schlecht werden"*. 65 Es will bedacht sein, daß die waffenlose Tugend ein Appell ist an die latente Bosheit der andern. 66

Die stoische Abtötung der Affekte widerstrebt der sinnlichen Anlage der Menschennatur, wenn sie nicht lediglich eine Finte ist, um der Sinnlichkeit zum ungestörten Genuß zu verhelfen. Irgendwo verwischen sich die Grenzen von Güte und Faulheit. Gracián spricht von der „poltronería", der feigen Genußsucht der „buenos hombres". Alle arkadische Stimmung fällt ihm fühlbar auf die Nerven. Der Mensch hat eine Bestimmung: Leben, d. h. sich bewegen. 67

Für die „alma naturaliter christiana" ist diese Welt kein geeigneter Raum. Man mag dies bedauern. Man hat die seltenen Beispiele reiner Menschen vor Augen. Sie tragen meist die Tracht der vergangenen Zeit, die ihrem Wesen besser angemessen war. 68 Ihr Vorbild wirkt nicht. Was ist der Wert ohne Geltung, das Wesen, das sich nicht zeitigt? 69 Selbst die Heiligkeit muß ihre Form von der Zeit entlehnen: *„Sieht man doch heute, daß die Heiligkeit höfisch wurde und heilig — an manchen Zeitgenossen — das höfische Wesen."* 70 *„Die Zeit hat sich weit von ihrem Ursprung entfernt. Es bleibt nichts übrig, als so zu leben, wie man kann, statt so, wie* *man möchte. Man muß, was einem das Schicksal bescheidet, für besser ansehen, als was es einem verweigert."* 71

Das Geschichtsbild: Niedergang und Kulturzuwachs

Die Bestimmbarkeit dieses Denkens, seine grundsätzliche Schikkung in die Zeit, fordert ein Eingehen auf den Horizont von Geschichte, an dem sich die jeweils zu treffenden Entscheidungen orientieren. Um es gleich vorwegzunehmen: Graciáns Geschichtsbild spannt sich zwischen die beiden Pole des Fortschrittglaubens und der Lehre von dem stufenweisen Niedergang der Weltalter. Der optimistische Blick auf die Menschheit ist durch den Aufschwung der Renaissance geleitet worden; tiefer begründet lag er im christlichen Spiritualentum. Mystik, Erasmismus und „devoter Humanismus" begreifen in der Menschengeschichte den unablässigen Fortschritt zu Christus. Aber Gracián war schon in den Schatten der Renaissance hineingeboren. Der Abstand der Gegenwart zu dem glanzvollen Auftrieb früherer Generationen, der Unterschied der menschlichen Haltung und des Niveaus war auf allen Gebieten so unverkennbar, daß die Überzeugung einer allgemeinen Neigung der Werte zum Verfall sich fast wie eine selbst gemachte Erfahrung aufdrängte. Auch diese Überzeugung hatte ihre christlichen Vorzeichen: Die Welt befindet sich ja nicht nur im Fortschreiten zu Christus, sondern ebenso in der Annäherung an den Weltuntergang und an das Weltgericht. Es ist klar, daß in einer Zeit des kulturellen und politischen Niedergangs das geängstigte Lebensgefühl sich von solchen Stimmungen leicht erfassen läßt. Beide Auffassungen, die durch die christliche Heilserwartung in ihrer ganzen Spannweite eingesetzt waren, hatten die an die Stoa gelehnte Geschichtsbetrachtung der Renaissance durch die Lehre von der zyklischen Wiederkehr umgebogen. Diese Lehre blieb Gracián nicht fremd; er hat sie in einem der Schlußkapitel seines „Criticón": „Das Rad der Zeit" auf eine popularisierende Weise entwickelt. Das Rad der Zeit bewegt alle Dinge; *„die einen erschienen wie neu, die andern entzogen sich dem Blick als veraltet, so* *daß sie immer wieder dieselben waren."*72 Daher werden sie alle wieder ihre Stunde haben, das Gute und das Böse.73 Aber diese Auffassung spielt hier nur die Rolle eines letzten und hintergründigen Erklärungsversuchs eines Widerspruchs in der Menschenwelt, den Gracián in seinem ganzen Umfang offen ließ und nicht durchzudenken vermochte.

Gracián hat genug Wissen von seiner Spätgeburt, um nicht zum Epigonen zu werden. Die Zeit ist das Schicksal. Sie setzt den Raum des Lebens, in dem es gerade genug zu tun gibt, um nicht zu bereuen. *„Nichts oder nur wenig wird noch erfunden, und in den maßgebenden Gebieten muß man jede Neuerung für verdächtig halten. Wir sind schon am Ende des Jahrhunderts. Einst im goldenen Zeitalter, ja, da konnte man erfinden; später tat man noch einiges hinzu, und jetzt ist alles nur noch ein Wiederholen. Alle Dinge sieht man auf einem so weit getriebenen Stand, daß nichts mehr zu tun bleibt als zu wählen."*74

Diesem Zeitgefühl fehlt das Einbruchhafte der Wende — es verbirgt sich in einem Kontinuum, in einer Dauer, die in die eigene Tätigkeit mündet. Das Bewußtsein des Spätgeborenen zerteilt sich in eine doppelte Anschauung, je nachdem das Verlorene den Blick festlegt oder zum Fortgang ermutigt.

In der Gestalt des „zahorí", des magischen Herzenskenners, gipfelt der Zukunftsglaube der Menschheit, die sich mit der Bildung eines neuen Organs der Erkenntnis an den Anfang neuer Möglichkeiten versetzt sieht: *„Was bisher gesagt worden ist, wiegt nichts im Vergleich zu dem, was noch zu sagen bleibt; und glaubet mir, was in den Künsten und Wissenschaften alles geschrieben vorliegt, ist nicht mehr als ein Tropfen im Ozean des Wissens: Das wäre eine schöne Welt, wenn die Geister ihr Können, ihr Wissen und ihre Erfindung schon erschöpft hätten! Nicht nur sind die Dinge noch nicht zum Gipfel der Vollkommenheit gelangt, sondern noch nicht einmal auf der Hälfte ihrer Höhe."*75 So spricht der Übermut aus einer neuen Wissenshaltung. Das Jammern über die schlechten Zeiten ist unerträgliches Ressentiment derer, die sich zu lange überlebt haben.76

Aber um welchen Preis ist der Fortschritt in der Erkenntnis

erreicht worden! Gracián gibt mehr als einmal der Klage statt um
das verlorene Gut der Wahrheit und Einfalt. Das goldene Zeitalter zerfiel in Staub.⁷⁷
Wahn ist aller Wechsel, das Kreisen der flüchtigen Moden. Dreimal hat die spanische Sprachgeschichte den Lautstand eines lateinischen Erbwortes wie „filius" angetastet, und schon zeichnet die Entwicklung in der Mundart des Südens eine neue Wandlung vor.⁷⁸
Wie die Sprache, ist Tracht und Kleidung in fortwährendem Wandel begriffen.⁷⁹ „*In kurzer Zeit konnte man mehr als zwölf verschiedene Hutformen zählen!*"⁸⁰ Die Klage greift tiefer. Ein dunkler Schatten ist in der Zeit der Niederschrift des Criticón auf Spanien gefallen. Vergleicht man die führenden Männer von einst und gestern, so tritt ein schmerzlicher Unterschied des Niveaus⁸¹ in Erscheinung: „*Ich möchte sehen, ob die berühmten und freudig aufgenommenen Fünften ihres Namens je wiederkehren, ein Ferdinand der Fünfte (das ist Ferdinand der Katholische), ein Karl der Fünfte, ein Pius der Fünfte ... Ach, wäre das möglich und könnten wir einen Philipp den Fünften in Spanien haben!*⁸² Die Absage an den regierenden, einst vergötterten vierten Philipp konnte nicht deutlicher ausfallen.

Der Verlust der Unmittelbarkeit ist ein Verlust an menschlicher Wirkungskraft: „*Wann wird eine Königin wie Isabella, die Katholische, je wieder solche Botschaften schicken: sagt der Frau So und So, sie möchte heute mittag zu mir kommen und ihre Spindel mitbringen, und die Frau Gräfin soll mit ihrem Kissen erscheinen.*"⁸³ Der katholische Ferdinand erstritt sich kämpfend seine Reiche.⁸⁴ Die Könige kannten damals keine Stellvertreter im Krieg und im Rat.⁸⁵ Die Zeit der großen Männer ist vorüber. Figuren wie Heinrich IV., Männer vom Format des großen Kapitäns sind heute nicht mehr denkbar. Luxus und Technik zehren an der Qualität und am Stil des Lebens.⁸⁶ Die Kunst des Scheins triumphiert. Masken bedecken die erschreckende Leere der Gesichter. Der Zug zum Bösen folgt einem natürlichen Hang des menschlichen Wesens und des geschichtlichen Schicksals. Der zyklische Niedergang innerhalb der verschiedenen Phasen⁸⁷ hat eine progressive Neigung zum Schlimmen.⁸⁸ Der Abfall von der

Gehaltenheit der ursprünglichen Lebensmacht, von dem gesammelten Ernst der sendungsbewußten Geschichtsträger vollzieht sich in einem immer wachsenden Ausmaß der zersetzenden und enthemmten Triebe. Diese Proportion legt sich drastisch in eine Redefigur, die Gracián mit besonderer Vorliebe einstreut. Was früher ein Wert war, zerstreut sich heute in hundert- oder tausendfachen Unwert. „*Einst wurde ein Weib röter, wenn sie einen Mann sah, als heute, wenn sie eine Armee sieht.*"[89] „*Womit heute eine einzelne Frau sich kleidet, reichte früher für eine ganze Stadt aus.*"[90] „*Mehr Bosheit besitzt man heute mit sieben als vordem mit sechzig Jahren.*"[91]

Indessen war nicht gerade durch den zunehmenden Umfang solcher Niedergangszeichen in jeder endenden Epoche zugleich auch der Ansatz für den neubegonnenen Cyclus erhöht? Man darf sich nicht vorschnell damit beruhigen, daß Graciáns Denken wie alles gnomische Denken situationsbezogen war und darum keine innere Einheit besessen hatte. Die Konstanz seiner Gedanken behauptet sich auch in dem breiteren Spielraum des Romans, in dem die gegensätzlichen Stellungen des Bewußtseins zur Entfaltung gelangten.

Die Idee einer goldenen Zeit hängt weder am religiösen oder mythischen Traum der vorgeschichtlichen Frühe, noch an dem von Don Quijote verklärten spanischen Mittelalter. Die große Vorzeit ist für Gracián die Zeit der Begründung des spanischen Weltreichs. Sie liegt an der Schwelle der Gegenwart, in die das cäsarische Menschentum seine machtvollen Impulse noch immer eindrängt. Die Enttäuschung verrät den sehr gehobenen Maßstab und Anspruch dieses Weltbilds. Der fortwirkende Impuls tritt an anderer, nicht vermuteter Stelle überlegen an den Tag. Zu bedenken ist der Funktionswechsel bei allem Wechsel der geschichtlichen Konstellationen: einem Jahrhundert des geschärften Gesichts.[92] Gracián verfolgt mit neugierigem Blick diesen beinahe astrologischen Zug der geschichtlichen Syndrome des typisierten Zusammentreffens gleicher Eigenschaften in gleichen Zeitgenossen.[93]

Wenn in Frankreich die Anfänge eines Geschichtsbewußtseins aus der mißverständlichen Zuspitzung der „querelle des anciens

et des modernes" herausgetrieben wurden, so entzieht sich Gracián dem Zwang einer solchen Parteiung: „*Man lebt nicht nur von einer Ansicht und von einem Brauch und von einem Jahrhundert.*"94
Die Alten haben es leicht gehabt, da sie das Vorrecht ihrer Erstgeburt übten. Denn immer verlockt die Neuheit. Wer daher heute den Alten nachstrebt, darf nicht nur ihrem Vorbild verpflichtet bleiben. Es müßte ihr Vorrecht im Glanz der eigenen Neuheit entkräften. Nicht zufällig heißen „*primores*" die Glanzlichter, mit denen die Bühne des Helden aufstrahlt. Im „*primor*" erneuert und übertrifft sich die erste „*primicia*", das frühe Vorbild, der „*prisco sermon*" (wie Petrarca sagte) der Alten.

Die ganze Schwere der zu vollbringenden Leistung ist damit gefordert. Die meisten bleiben freilich bei der Nachahmung stecken. „*Die folgenden Geschlechter galten für sehr beflissene Nachahmer, und soviel sie sich mühen, sie können sich aus der vulgären Haltung des bloßen Nachbeters doch nicht befreien.*"95 So verdrießlich ist das Geschäft der Imitatio geworden.96 Die Imitatio ist bloße „*presunción*" —, ist „*achaque vulgar*". Dieses Überwiegen der Nachahmung im weiten Umkreis des Jahrhunderts erklärt eine allgemeine Richtung des Geschmacks, für den „*alles Vergangene als besser erscheint und alles im Abstand höhere Achtung gewinnt.*"97 Das spricht nicht gegen die Spätgeborenen. „*In allen Jahrhunderten gibt es wirklich geistige Menschen, und auch im gegenwärtigen wird es nicht minder starke Geister geben als zuvor, nur daß jene den Vorrang der Erstgekommenen besitzen, und was den Neid der Modernen erregt, gibt ihnen Autorität. Die Gegenwart ist der Feind des Ruhmes. Die größte Wundertat, einmal getan, stürzt immer aus ihrer Geltung. Lob und Mißachtung begegnen sich in der Zeit und im Raum, jenes immer aus der Perspektive der Ferne, diese aus der Nähe.*"98 Diese zeitbedingte Perspektive darf allerdings nicht zu dem Irrtum verführen, als sei das Mittelmaß unserer Zeit in Wahrheit schon allein der vergangenen Größe gleich. Schmeichler „*machen wohl eine Taktik daraus, daß sie das Mittelmäßige von heute höher schätzen als das Besondere von gestern.*"99 Tatsächlich hebt sich immer nur weniges vom Durchschnitt ab. Das Mittelmaß ist die Regel. Eine ra-

gende Erscheinung muß für lange Zeit genügen. Es läßt sich indessen nicht leugnen, daß in der Gegenwart mehr Wissen angelegt ist als zuvor. *„Alles ist heute auf der Höhe, vor allem die Persönlichkeit; um zu bestehen, muß heute einer mehr wissen als ehedem sieben, und der Umgang mit einem einzigen Menschen erfordert mehr als der mit einem ganzen Volke in früheren Zeiten!"* 100
So spannt sich das Gesetz der Leistung vom ersten Satz an über die Lebenslehre Graciáns. Nur ein vielfacher Aufwand an Kraft und Begabung wird der heute erschwerten Bedingung des Ruhms und der Geltung gerecht. Die verdüsternde Betrachtung, daß das *„goldene Zeitalter der Einfalt"* (llaneza) sich verkehrt hat in eine *„eiserne Zeit der Bosheit"* (malicia) 101, ist nur die andere Seite dieses unermeßlichen Wachstums und Wucherns aller formenden Kräfte. Der vorlaut gewordene Irrtum ist freilich eine furchtbare Belastungsprobe, und manchmal *„begehrt man noch eher ein unfruchtbares Alleinsein und lebt lieber in der Innerlichkeit seiner goldenen Zeit."* 102 So ist die goldene Zeit das Reich der schönen Seelen geworden. Doch ist dieser Ausweg kein Weg. Die Widerwelt wurde Gesetz für eine Erhöhung des Seins. Man muß ihr ins Auge sehen.

Der Kampf mit dem Vulgären

Kritiksucht (criticismo) ist in Spanien allgemein geworden; sie gefährdet den heldischen Menschen, dessen Züge Gracián zusammenträgt. 103 Solange der Mensch noch ein offenes Gesicht trug, machte die Herablassung nicht gemein, sondern allgemein. Noch Cervantes fand selbst in den anfechtbarsten Formen volkhaften Zusammenschlusses bei Zigeunern, Pícaros und Verbrechern den bestechendsten Widerschein der goldenen Zeit, deren Berührung den Horizont seiner Helden ringsum weitet. Die „llaneza" zeichnet in seiner und in Lope des Vegas Welt den herrschaftlichen Menschen aus — selbst der Herzog, der mit Don Quijote und Sancho Panza ein arges Spiel treibt, besaß die Eigenschaft im höchsten Grade. Gracián sieht in solchen Zügen der „Volksverbundenheit" eine gefährliche Klippe. Man darf sich nicht gemein machen (allanarse), „*weder mit Höhergestellten, will man sich nicht gefährden, noch mit Untergebenen, will man seine Unabhängigkeit wahren, und am allerwenigsten mit dem gemeinen Volk* (villanía), *das aus Unwissen vermessen ist, und die Gunst nicht als solche würdigt, sondern aus ihr einen falschen Anspruch ableitet...*". 104 Wer ein Lebensschiff durch eine solche Zeit steuern will, darf auf der andern Seite das Berechnete seines Verhaltens (artificio) niemals durchblicken lassen. „*Die größte Kunst der Berechnung muß es sein, alles zu verdecken, was man für Täuschung halten kann.*" 105 Diese Linie einzuhalten, erfordert beständige Wachheit, einen Zustand der Spannung, die sich doch selbst mit keinem Zeichen der Überspanntheit verraten darf. Der goldene Mittelweg der aristotelischen „mesotes", den die Tugendlehre Jahrhunderten vorschrieb, ist von allen Seiten bedrohlich überhangen. Der Anspruch eines besonderen Daseins versteigt sich im „Affektierten" und „Paradoxen", wie er sich aufgibt in der Niederung des Vulgären. Man kann einen singulären Rang gerade dadurch aufglänzen lassen, daß man auf jeden Anspruch verzichtet und das Übliche zum Gesetz macht. 106 Das „vulgo" erscheint im Gesichtsfeld Graciáns mit der Rüstung einer Großmacht. Ein blosses Provozieren ist zu vermeiden, wo man es leicht hat, die Macht des Gegenzaubers zu üben. Regeln für diese Taktik finden sich kenntlich auf dem Lebensplan eingezeichnet; für den Kundigen ist der Kreuzpunkt einer Gefahr schon der rettende Wink.

Aber was hat es für eine Bewandtnis mit diesem immer drohenden „Volk"? Der Traum der spanischen Humanisten, in der „Filosofía vulgar" den Urquell des Wissens zu fördern, scheint im „desengaño" einer großen Kultur zu enden, welche der kühnen Vermischung mit volkhaften Elementen ihre erste und einzigartige Prägung verdankte. Nur noch als Gegenkraft wirkt das „Volk" auf den siegreichen Stil des „cultismo" und des „conceptismo". Quevedo errichtet seinen kritischen Damm gegen die Überflutung des Sprechens und der Sprache durch das Sprichwort. Die heimliche Lockung der bildsamen Macht des volkhaften Denkens liegt noch immer über dieser Beschwörung der unerschöpflichen Dummheit der Unendlichkeit eines fatalen Zeugungsvermögens. Graciáns

Kritik ist völlig humorlos. Er nimmt sich die Mühe, im Criticón ein Sprichwort nach dem andern einer rationalistischen Berichtigung zu unterziehen und den Aberglauben an diese „Evangelios pequeños"[107] mit schwerstem Geschütz zu bekämpfen.

Da Gracián seine Lehre ans Leben wagte, so hat er eine gemeinsame Ebene mit der Wahrheit des Volkes, die ja eben das Leben ist. Aber gerade solche Gemeinsamkeit entfesselt die schärfste Konkurrenz. So erklärt sich in einer ersten Sicht, warum der Weise nunmehr gezwungen ist, immer mit einer getrübten Wahrheit, mit der Gegenmeinung des unverständigen Volkes zu rechnen. Diese Angst ist mit ein Grund dafür, daß die Wahrheit verborgen bleibt. Die einen verhehlen sie, und die anderen verfehlen sie. Es sind nur noch „Reliquien" von ihr geblieben.[108]

Gracián fürchtet das Volk so sehr, wie er es verachtet: *„Die Wut des Volkes pflegt der Tollwut des Hundes zu gleichen: Sie verkennt die Ursache des Schadens und wendet sich gegen das Werkzeug."*[109] Das sind dieselben Töne, mit denen Shakespeares Coriolan sich dem Ansinnen der Menge widersetzte: *„Ihr kennt weder mich, noch euch selbst, noch irgend sonst etwas."* (II,1) Aber während diese aristokratische Abwehr wohlverstandene und verantwortende Liebe verbergen konnte, (Coriolan I, 2) sprang aus Graciáns intellektueller Haltung nicht ein Funken der heimlichen Sympathie. Das Volk tritt ihm wie eine schädliche und in ihrem Unverstand unbegreifliche Macht in den Weg. Damit hat die Vorbildhaltung des heldischen Menschen schon von vornherein den Ansatz in der Urkraft des Daseins verloren. Sie bedarf einer Transzendenz, einer Einstrahlung übersinnlicher Kräfte, um sich in dieser Volksferne zu behaupten.

Man versteht, daß Ruiz Alarcón und andere Komödiendichter der vorhergehenden Generation sich in ähnlichen Schimpfreden für die Knechtschaft ihrer Kunst schadlos hielten, um zugleich ihr erschüttertes Ansehen bei den volksfremden Richtern des Geschmacks wiederherzustellen. Aber das „vulgo" in dieser materiellen Konkretheit berührte den „heldischen Menschen" nicht, vor dem der Pater Gracián seine Kerzen ansteckt.[110]

In diesem Volksbegriff geben sich viele Negationen ein Treffen.

Auch Cervantes, auch Lope de Vega haben eine doppelte Anschauung des „vulgo": zu seinem schöpferischen Wesen konnten auch sie nur unmittelbar als Mitschöpfer stehen.

Das Volk ist dumm und platt (llano). Dummheit und Vulgarität sind Wechselbegriffe geworden.[111] Ja, das Volk versteht es so wenig, sein nichtwissendes Wesen zu verhehlen, daß es sich dümmer macht, als es ist.[112] Wie aber reimt sich damit die gefürchtete Bosheit des Volkes zusammen? Warum zittert man fortgesetzt, die Achtung und Geltung bei den Vielzuvielen zu verlieren, die selbst nicht gelten und nicht geachtet werden, die immerfort die Schmähung der Besseren anhören müssen? —

„*Des Pöbels Auge ist gelehriger als sein Ohr*" — sagt Shakespeares Coriolan. Vor allem aber ist hier zu sagen, daß die Achtung grundsätzlich auf die fremde Meinung angewiesen ist.[113] Einfalt und Bosheit finden sich in der Meinung des Volkes zusammen. „*Es gibt keine Einfalt, die nicht auch bösartig wäre und die, stur bei ihren eigenen Fehlern verharrend, für die Fremden nicht ein zweideutiges Wissen besäße.*"[114] Um die Reputation vor dem Verfall an die Volksmeinung zu sichern, können aus ein und derselben Haltung zwei verschiedene Wege eingeschlagen werden: Die äußere Anpassung ist in Wahrheit eine Taktik des Ausweichens und Sichverbergens. Man spricht dann mit jedem in seiner Sprache und gelangt wohl auch dazu, mit den Eseln zu wiehern.[115] Diese Haltung kehrt sich natürlich zu einer doppelten Torheit um, wenn die damit bezweckte Absicht verkehrt ist. Die ewigen Possenreißer, die aus der Verleugnung ihrer Vernunft ein Programm machen, gehören zu dieser Spezialität des zwiefachen Toren.[116] Der Weise verleugnet seine Vernunft, um sie nicht zu entäußern. In dieser oberflächlichen Anpassung wird die Sphäre der selbstbewußten Werthaltung gesichert. Es gibt höchste Werte, die den Schwankungen der Meinungsbildungen entzogen sind.[117] Der höhere Mensch ist keinem Impressionismus verfallen.[118] An diesem Wort „Impressionismus" haftet der Charakter des Verfalls. So konnte der berühmte Prediger Fray Hortensio Paravicino von den „Impressionen" der Kirche, d. h. von ihren Gebrechen sprechen, wenn sie sich nämlich auf unwegsames Gelände begibt.[119]

Mit dem echten Wert braucht man nicht um die Gunst des Volkes zu buhlen. Im Gegenteil: die unwissende Masse bewundert vielmehr, was sie nicht kennt. Ihr nichts durchdringendes Gefühl liegt im Bann vor den undurchdringlichen Worten und Werten. 120 Daraus ergibt sich eine Vorschrift für den Stil: man muß den Ton immer etwas höher halten als das Niveau des Lesers liegt, damit er mit seinem Verstand nicht zu Rand kommt. Verrätselung ist nicht Verunklärung. 121 Was den vielen gefällt, weil es sie benebelt, das leuchtet auch den wenigen ein, weil es in der Wahrheit des Geistes aufragt. Jeder fühlt sich durch das Besondere betroffen — die einen, weil sie sich selbst darin verkennen, die andern wenigen darum, weil sie es kennen. 122 *Der Olymp ist immer der Olymp, weil er sich immer über das gemeine Maß* (vulgaridad) *erhebt.* 123 Signale (amagos) 124 für die Eingeweihten halten den gemeinen Verstand in der Spannung einer Rätselaufgabe.

Somit wird mit „vulgo" die Anwendung des Begriffes auf die Allgemeinheit der Menschen erweitert. 125 „Vulgo" kommt nicht nur in den besten Familien vor 126; er reicht bis zum Thron. 127 Sein Reich deckt sich weitgehend mit dem unbegrenzten der Dummheit, der „necedad". Die „necedad" kommt nicht nur vor, sie ist beständiges Schicksal im Umgang des Menschen mit seiner Mitwelt. Sie zieht ihm nach wie ein gespenstischer Schatten und schlägt sich ihm in der Einkehr auf die Seele. Es ist wie ein rächender Chor, dessen Stimme überall durchdringt, die Stimmen der Lästerung, die sich zu allem vermessen. „Die Dummen sind immer verwegen" 128, weil sie von nichts wissen und nichts zu verlieren haben. Dummheit und Vulgarität greift überall aus in der Zeit und im Raum. Im Bündnis mit der Zeit holt sie das Erhabenste nieder. „Vulgar" wird auch das Vollkommenste durch bloße Abnutzung und mangelnde Zurückhaltung des Eigners. 129 Der Kluge baut vor und sichert sich in der Ausbildung seines eigenen Wertes. Als beständiges Schicksal ist die Vulgarität beständiger Anreiz der echten Leistung, die das Sein auch unter der Herrschaft des Scheins verwirklicht. Die Kultur mit dem Reichtum angelagerter Werte hat die Kehrseite der Vulgarität, des vorlaut gewordenen „vulgo" erhalten.

Die Erarbeitung der Kultur

Gracián wird nicht müde, das Zauberwort von verjüngtem Klang (culto, cultura) an alle Bereiche menschlicher Selbstgestaltung heranzutragen. Die Kultur begann ihre Werke in Hellas und vollendete sie in Rom, dessen *„Provinzen ihren ererbten Schmuck zum Teil noch wahren, vor allem das kultivierte Italien selbst, als Herzstück dieses ehemaligen Reichs".*[130] Der Einbruch der Goten, „gente inculta"[131] und der Mauren zerschneidet die Kontinuität der Kultur. Indessen erkennt Gracián den komplexen Vorgang der Renaissance schon bei ihrem ersten karolingischen Ansatz.[132] Aber hier machen sich charakteristische Unterschiede geltend. In Italien glänzt die Kultur der Städte — in Frankreich drängt sie sich um die Spitze des Adels. In Spanien aber gehört sie mehr zum Wesen der Person als zum materiellen Aufbau des Daseins und seiner Beziehungswelt.[133] Gracián vindiziert somit für Spanien das höchste Wagnis und die größte Gefahr im Wettlauf der Kulturen. Und von hierher erhält die erste These des Handorakels den ganzen Umkreis ihres Bedeutens: *„Alles ist heute auf der Höhe — vor allem die Persönlichkeit."* In dieser Persönlichkeitskultur[134] birgt sich ein geschichtliches Schicksal. Sie lenkt die Menschenkunde Graciáns in ihre eigentümliche Richtung, um ein glanzvolles Gemälde der geistigen Attribute der Herrschaft an den Menschen zur Aufrichtung seines Stolzes inmitten einer kulissenhaften Welt zu bringen. Das „Politische" ist das Werkzeug — der Hof der Schauort, die Geschichte das Experimentierfeld menschlicher Kräfte. Angesprochen aber ist als Subjekt dieses Prozesses der „culto varón", der Prätendent des Heroentums.[135]

Im Ruhmeskatalog des „Héroe" erhebt sich das Leben zu sinnenhafter Größe. Aber Gracián will mit seinen Beispielen weniger zur Nachfolge rufen, als die Gesetze seiner Lebenskunst durch die Sammlung exemplarischer Fälle veranschaulichen. Ein diskreter Geist muß lernen, die Geister einzuschätzen, ihre Verwandtschaft zu finden und ihre Unterschiede herauszufinden.[136] Die Geschichte der Großen breitet sich wie ein Feld bedeutender Erfahrung vor den Leser. Sie gibt ihm ein Repertoire von Idealsituationen. Gleichweit entfernt vom Fragmentarismus Machiavellis, der das Individuelle in der Typik des Falles aufgehen läßt, wie von dem souveränen Spiel der Einfälle Montaignes, wählt Gracián die allbekannten Paradigmen, die ohne Vermittlung spezieller Kenntnis sofort zur hellen Anschauung führen. Man spürt bei ihm das Vergnügen, gerade an viel genannten Exempeln das Besondere zu sagen und den Scharfsinn des Lesers am abgegriffenen Stoff zu üben.

Die geschichtliche Beispielsammlung wird dem Gebildeten, dem „varón culto" an die Hand gegeben, damit er in die Schule der Größe gehe.[137] Denn Kultur ist nicht nur Kenntnis. *„Auf den Graten der Natur hat die Kultur ihren Sitz, das ist: wissender Eifer und ständiger Umgang mit Wissenden: den Toten in ihren Büchern, den Lebenden im Gespräch, treue Erfahrung, die Beobachtung aus der Kraft des Urteils, Meisterung erhabener Gegenstände und Verwendbarkeit in den verschiedensten Dingen".*[138] Die Kultur ist die Tat des Wissens. Durch Kultur wird der Wissende mit dem Handelnden einig. In der Arbeit an sich selbst ergreift ihn der Lebensstoff. Der Weise verwandelt sich zum Helden [139], indem er sich selbst darstellt, sein Wissen an den Auftrieb der Zeitlichkeit hinwagt.

Wer versteht, der herrscht.[140] Die Kultur macht nicht nur aus der Bestie den Menschen, sondern aus Menschen – Personen.[141] Sie ist Verdichtung, Arbeit am inneren Menschen. Das Wort „Arbeit" gesellt sich mit neuem Klang zu dem der „cultura".[142] Nur durch diese Verdichtungsarbeit kann der Verlust der Erstgeburt ausgeglichen werden: besitzt doch die Spätzeit das Privileg, die Zeit in ihrem ganzen Umfang zu haben. In dieser Kulturarbeit streckt sich die Zeit. So findet Gracián, der Spätgeborene, noch einen breiten Raum zur Vollendung. In der Arbeit verfügt man über die Zeit; die Eile, die sich der Zeit unterwirft, ist allem Gelingen abträglich. Gracián haßt die Eile. Sie ist eine Leidenschaft der Toren.[143] Wer sein Leben vorschnell herunterlebt, stößt auf die große Leere. Nicht grundlos taucht hier zum ersten Male das Bild des modernen Verkehrs empor, der den Wettlauf mit der Zeit antritt, *„Postillone des Lebens"* nennt Gracián die überstürzten Geister, „*die zu dem allgemeinen Lauf der Zeit noch ihre genialische Übereile hinzutun. Sie möchten an einem einzigen Tage verschlingen, was man kaum in einem ganzen Leben verdauen kann; sie leben von Vorschüssen des Glücks; sie zehren von ihren künftigen Jahren, und da sie so schnell gehen, kommen sie bald mit allem zu Ende.*144 Junge Menschen mit meliertem oder gelichtetem Haarwuchs haben das Nachsehen, weil sie ihr Leben zu hastig gelebt haben.145

Graciáns Zeitgefühl verträgt sich schlecht mit dem fordernden Maß einer abstrakten Zeit: er verabscheut die aufkommende Sitte des Uhrentragens.146 Die Zeit ist die Zeit der Schöpfung, und mit dieser Wendung zur Kultur 147 ist der Bruch der Zeiten geheilt, den Gracián im Ansatz seines Weltbildes vorfinden mußte.

V. ALTERSSTUFEN DES GEISTES UND STUFENGANG DER BILDUNG

Das Bewußtsein des Spätgeborenen findet sich nur von erwachsenen Geistern angesprochen. Die Vollendung braucht Zeit. Ein Altersstil prägt sich seine Vorzugsgesetze. Der Geist klärt sich langsam ab wie der Wein.[1] Der Verstand muß reifen und die Urteilskraft allmählich gegen alle Schwankungen gefestigt werden.[2] An und für sich ist der Geist im unbeschränkten Wachstum, während der Leib mit 25 und das Herz mit 50 Jahren ausgewachsen ist.[3] Aber das sterbliche Teil hält den Geist in den Grenzen der Natur und verdammt ihn, wenn er am mächtigsten ausgreift, zum Sterben oder Entwerden.[4]

Die Mühe der Vollendung setzt die vorschnelle Jugend ins Unrecht und läßt ihren Verlust unter allen Umständen als Vorteil erscheinen. Die wunderbare Verwandlung des Alters gibt dem unbeständigsten Wesen etwas von Menschenwürde, einen Zug des stetigen Lebensernstes.[5] Jugend wird durchaus nicht als Zustand mit eigenen Möglichkeiten der Vollendung beachtet.[6] Sie taugt nur als eine Verheißung der Reife, sie ist nichts, an sich betrachtet: eine Krankheit, und das Altern daher ein Vorgang der Heilung.[7] Dieser Prozeß verläuft nicht ohne Schmerzen, und zwar noch mehr für den, der als Zuschauer an ihm teilnimmt, als für den, der ihn selbst erleidet. Der Umgang mit unfertigen Menschen peinigt den gereiften Geist um so mehr, als er unliebsam an die eigenen Irrtümer erinnert wird.[8] Der Vorgang des Reifens hat offenbar wenig gemein mit einer „Entwicklung". Er vollzieht sich wesentlich durch die Klärung, Reinigung und Entschlackung der Seele[9], im Durchdringen des beständigen Wesens. Das angeborene Licht der Seele drängt ja unablässig zum Ausdruck.[10] Wie ein Strom tritt das Mannesalter in eine unerschöpfliche und verschwiegene Tiefe, aus der im weiten Umkreis die Felder des Lebens befruchtet werden.[11] Reif sein heißt zu sich selbst gekommen zu sein. Zur Reife gehört die Zeit — aber nicht die leere Zeit, vor der man sich ängstigt und nur erlöst sein will, noch auch eine innere Zeit, in der sich alles nach eigenen Gesetzen auszeugt. Die Zeit, die die Reifung vollzieht, führt den Geist durch die Einwirkung und den Anstoß der Mitwelt zu sich selbst. Daß einem Menschen mit dem Amt der Verstand kommt, diese oft rätselhafte Verwandlung macht nur mit einem Schlag die Summe der Veränderungen sichtbar, die sich an einem Leben vollzogen haben.12 Man reift durch Erfahrungen. Erfahrungen macht man mit sich selbst, doch vorzugsweise an anderen, zuweilen auch, indem man sie zum Objekt des Erfahrungswillens entwürdigt, mit ihnen experimentiert, so etwa der Arzt, *„der, um einem von seinem Lager aufzuhelfen, hundert andere zur Grube befördert.*13

Für Gracián stellt sich aber Vollendung von Anfang an auf das Gesetz der Erfahrung. Der Geist braucht die Berührung, muß zur Durchsetzung seiner stetigen Weise an Widerstände geraten. Erziehung kann nur Selbsterziehung sein, und dafür gibt es keine sokratische Methode, sondern nur den Anstoß der Mitwelt und ihr erregendes Schauspiel. In Graciáns Erziehungsroman, im „Criticón", ist darum der Mentor mehr ein Begleiter als ein Führer. Alle Register des Lebens werden gespielt; der Zögling wird durch die Bühne der Welt gestoßen, bis ihm die Augen des Geistes aufgegangen sind.

Aber das Unglück will es, daß nicht allen ein so regelmäßiger Reifegang zuteil wird, wie Andrenio in Crítilos Begleitung. Viele brauchen unendlich lang oder bleiben auf halbem Wege stecken.14 Andere lassen sich durch Länder und Schicksale werfen, ohne die geringste Erfahrung zu machen.15 Diese Zurückgebliebenen, aus denen sich die riesige Mehrheit der Menschen bildet, sind nur beachtlich als eine Fehlanzeige für den mißglückten Durchbruch der Vernunft, welche das wahre Ziel der menschlichen Reifung darstellt. Auch die gleichmäßige Ausbildung der verschiedenen Seelenvermögen führt noch nicht zu einer echten Vollendung. Das Ergebnis wäre nur eine Mannigfaltigkeit, wie sie zwar die Natur verschönt, für den Menschen aber ein Letztes nicht bedeutet.16 In der Seele besteht ein Vorrang der Vermögen, und Vollendung gelingt nur, wo ihre Akzente richtig getroffen werden und die Herrschaft der übergeordneten Teile sich durchsetzt. Die Seele ist ein hierarchischer Organismus: ihren Aufbau spiegelt der Ablauf des menschlichen Lebens wider, und vielleicht fällt ihr Gesetz mit dem Gesetz der Menschheitsgeschichte zusammen.

Im Verlauf des Lebens wandert der Akzent von einem Seelenteil zum andern, bis es schließlich mit dem Vollton des menschlichen Wesens (Besonnenheit: „cordura"; Urteilskraft: „juicio") zusammenfällt: *„Mit 20 Jahren herrscht das Streben (voluntad)* [17], *mit 30 der Geist (ingenio)* [18], *mit 40 das Urteil (juicio)* [19]. Damit die Person zu diesem letzten Grad der Vollendung gelangt, muß das Streben „*entschlackt*" (defecado) sein. Der Geist bedarf der „Läuterung" (purificado) — aber das Urteil der Reife. [20]

Dieselbe Reihenfolge der Wertsetzung verbirgt sich in der andersartigen Auszeichnung, die Gracián, offenbar mit dem Blick auf sein eigenes Leben, vornimmt: *„Der erste Abschnitt des schönen Lebens vergeht im Gespräch mit den Toten; wir werden geboren, um zu wissen, und um uns selbst zu erfahren, und die Bücher sind zuverlässige Helfer dazu, daß wir Personen werden. Der zweite Akt spielt sich ab im Verkehr mit den Lebenden; man sieht und durchmustert alles Gute in der Welt. Nicht alle Dinge findet man in einem Land . . . Der dritte Akt soll einem endlich selbst gehören: das letzte Glück ist das Philosophieren.* [21]

In diesem Bildungsplan erscheinen die Seelenvermögen schon unter dem läuternden Einfluß: die Willenskräfte werden durch große Vorbilder durchgeklärt; der Geist erhält seinen Glanz im Umgang mit Menschen und Dingen, wenn schließlich aber die Vernunft durchbricht, gehört der Mensch sich selbst. Das erste Lebensalter ist den Toten geweiht, das zweite dem Leben, das dritte der Selbsterkenntnis. [22] Das Leben ist das Vermittelnde, das den Stoff für die Reflexion in Bewegung setzt. Wer lernt, muß sichs nicht verdrießen lassen, zu wiederholen, in beharrlicher Anspannung seines Willens: Vierzehnmal hat König Alfonso von Aragonien die Bibel von A—Z mitsamt ihren Kommentaren durchgearbeitet. [23] Unerläßlich ist in diesem ersten Stadium auch die Hilfe der Imagination, die das Gelesene vergegenständlicht. Man weiß, welche Rolle der Einbildungskraft die Exercitia spiritualia zugedacht haben, beim inneren Wiederaufbau des Ortes der heiligen Handlung, bei der an Halluzination grenzenden Einfühlung in das Drama der Passion. Imagination und Memoria sind Hilfskräfte; die letztere war durch den Platonismus und die Mystik mit demselben Vorrang ausgezeichnet worden, den später der Idealismus und die Romantik der Einbildungskraft zuerkannten. In der geringen Schätzung des Gedächtnisses steht Gracián näher bei Montaigne als bei seinem Landsmann Vives. Die höheren Eigenschaften — Generosität, „galantería" — appellieren mehr an die Kunst des Vergessens als an die des Behaltens.[24] Das Gedächtnis hängt dem Vergangenen nach.[25] Doch bezieht es von hier keine Formen der Anschauung, die das vorwärts gerichtete Auge sich zulegt.[26] Die Einbildung bleibt in ihrem alten Verruf — sie verdirbt dem Verstand das Konzept gerade bei dem tätigen Ausgriff, in dem sich die Kräfte des Geistes zusammenfassen.[27]

Das Primat des Verstandes wird mit zunehmender Reife auf seinen verschiedenen Stufen gesichert. Wer zum Leben gereift ist, wird sich mit der inneren Schau nicht mehr zufrieden geben. „*Vom Vorgestellten zum Geschehen ist es ein weiter Weg.*"[28] Gründlichkeit wäre in dieser neuen Haltung der Extraversion nicht am Platz. Die Dinge rächen sich, die man zu oft ansieht. Es gilt, sie mit kluger Beschränkung in der Verlockung des Anfangs zu halten, sie mehr zu streifen, als sich im beständigen Umgang an ihnen zu reiben.[29] Hier herrscht „ingenio", im Geben und Nehmen behend. Seine Bildung führt nicht zur Vertiefung, wie die des Urteils, sondern zur Steigerung und zur Läuterung. „Ingenio" verblüfft durch seine Fruchtbarkeit[30] und erwirbt sich durch Sublimation einen Adel.[31]

Gracián, der erste Apologet des „ingenio", erkennt mit seiner Macht seine Schatten und Schranken. Ingenio ist der Geist, der die Begriffe spontan erzeugt, nicht der, der ihre Bewegung in einer Gedankenordnung fortführt. Das diskursive Denken hat vor dem Konzeptionsvermögen denselben Vorrang wie die besonnene Tugend vor dem geschliffenen Geist.[32] Im Zweifelsfall sollen die Vernünftigen vor den geistreichen Köpfen den Vortritt haben.[33] „Ingenio" und „juicio" sind Gegenkräfte[34], die ihr Wachstumsgesetz in einem verschiedenen Lebensalter erfüllen. Auch Kant findet, daß „*mit dem Alter die Urteilskraft zunimmt und das Genie abnimmt.*"35

Indessen sind alle seelischen Kräfte so miteinander verhängt, daß sie zur höheren Einheit zusammenwirken. 36 Der Scharfsinn erhält seinen höchsten Preis, wenn er der Klugheit vorbaut, der Geist, wenn er sich schon an der Urteilskraft richtet. 37

Am Ende der Reise durch die Welt der Lebenden ist der Umgang mit den Vollendeten schon Vorbereitung der eigenen Vollendung. 38 Man lernt die Dinge in ihrem Gehalt durchschauen: man wartet. „*Das reife Alter ist für die Kontemplation bestimmt.*" Die Kräfte der Seele sind nunmehr stark genug, um den Schicksalen des Körpers entgegenzutreten. 39

Dieser schematische Bildungsgang schlägt noch einmal den Fächer der späthumanistischen Wissenstradition auseinander. Wenn dem Studium der Sprachen die erste Stelle angewiesen wird, so bedeutet dies eben ihre umgekehrte Lage in der Schätzung ihres Wertes. Sie sind Werkzeug zu etwas. Ihre Erlernung „*ist ebenso dringlich wie lästig*".

Gracián verlangte im „Discreto" die Kenntnis des Spanischen, Italienischen, Französischen, Englischen und Deutschen, während Andrenio nur noch die Erlernung des Latein und der drei romanischen Sprachen zugemutet wird. Die slawischen Sprachen fallen aus diesem Rahmen, obwohl die Bildungsreise auch Polen und Rußland berühren soll. 40

Graciáns Bildungsprogramm unterscheidet sich hier nicht allzusehr von dem, was schon Cervantes' Kanonikus am Schluß des I. Quijote bei einem Menschen höherer Art erwartet. Der Aufbau der sieben „artes liberales" ist seit langem erschüttert, vor allem durch die Verbannung der Rhetorik und der Grammatik, an deren Stelle das Sprachstudium und die Poetik getreten ist.

Weit freier als im „Discreto" erscheint die Planung der Wissenschaften in dem von Crítilo besuchten „Museo del discreto". Zwar waltet auch in diesem Palast des „entendimiento" die hierarchische Stufung des Wissens, beginnend mit der Dichtung, und über die Natur- und Moralphilosophie zur Theologie aufsteigend. Indessen wird das Schema beständig durchbrochen durch neue Zweige eines „lebendigen Wissens". Die vulgärsprachliche Literatur dominiert. Offenbar folgte Gracián bei der Auswahl dieser Musterwerke mehr seiner Neigung als einem ausgesprochenen Reformverlangen. Seine Stellung zu den offiziellen Stätten der Bildung bleibt im Zwielicht. Keine Hochschule hat seinen Gewährsmann befriedigt. Da gibt es „*viele Weise auf Latein, die auf Spanisch große Dummköpfe sind*".[41] Cervantes hatte dieses Wort schon in seinem Hundekolloquium aufgebracht. Der verknöcherte Schematismus der scholastischen Exegese wird an anderer Stelle aufs schärfste von Gracián beleuchtet.[42] Kurz zuvor hatte Gracián allerdings den Ruhm der berühmten Universitäten gefeiert, weil man an ihnen „seso" (Gehirn, Verstand) erwerben könne und Person wird.[43]

Die Poesie im ersten Salon wird hier fast ausschließlich nur von Spaniern und Italienern vertreten. Den Franzosen spricht Gracián das Genie für das Poetische ab, so wie den Spaniern den Sinn für Geschichtsschreibung.[44] Die Historie bildet Saal II des Museums. Bis auf Mariana, Pellicer und einige andere Zeitgenossen erfreut sich der spanische Beitrag keiner besonderen Schätzung. Aber in Commines, dem französischen Machiavelli, begreift und ehrt Gracián den Genius, der ihm verwandt ist.[45] Sehr lebendig geht es zu in dem „Humanitäten" beschrifteten dritten Saal des Museums. Unter Humanitäten hat man hier zu verstehen den ganzen quirlenden Reichtum einer Literatur von Adagia, Apophthegmata, Paradoxen und Aphorismen, von illustrierten „empresas", Emblemen und Hieroglyphen[46], kurz und gut einer Literatur, die dem „*Scharfsinn Wonne*" bereitet und als Formelement die Grundlage für das ganze Schaffen Graciáns gegeben hat. Dagegen hat Gracián für die Archäologie nichts übrig. Bei ihr findet er mehr „*Kuriosität als Subtilität*".[47] Die Mathematik gefällt nur wegen der ihr angegliederten Kunstbereiche der Architektur und der Malerei.[48] Die Naturphilosophie mit all ihren Disziplinen (zu denen sich auch die Feuerkunst der Artillerie verirrt hat) verstimmt wegen ihrer allzu konfusen und robusten Gegenständlichkeit.[49] Halb göttlicher Natur ist die Moralphilosophie, bei der neben den Stoikern, Plutarch, Lucian, Lipsius, Petrarca, Boccalini auch rein literarische Schöpfungen wie die „Celestina" (diese freilich mit größten Vorbehalten) und die mittelalterlichen Apologe des Infanten Juan Manuel ein Unterkommen finden. [50] So vollständig hat Graciáns Moralismus die Scheidewand zwischen Wissenschaft und Dichtung abgetragen! Hier, an der Grenze der weltlichen und der sie bekrönenden geistlichen Wissenschaft, wagt er, der ihm am Herzen liegenden „politischen" Wissenschaft eine überragende Stellung zuzuweisen. Und zwar mit dieser den Kern einer Wissenschaftsgesinnung bloßlegenden Begründung: „*Sie ist das wichtigste Wissen, weil sie die Lebenskunst lehrt!*"[51]

Auch sonst erweitert sich für ihn das Schema des Wissens nach der Seite des Lebens: Eine humanistische Disziplin wie die Kunst des Briefschreibens leistet mehr als alle Schulweisheit zusammen.[52] Die hohe Einschätzung der Konversation setzt eine humanistische Überlieferung der Renaissance fort. Am ergiebigsten erscheint Gracián das Gespräch zwischen drei oder vier aufeinander eingespielten Partnern – „*denn wenn es mehr sind, herrscht nur Lärm und Verwirrung.*"[53]

Kultur ist nicht Häufung von Wissen, sondern Bildung, die ins Leben greift, der Wettstreit des Neuen in lebendiger Spannung zu den beständigen Werten. Die Kunst des Wirkens und Scheinens fordert eine neue Besinnung, die sich nunmehr im bewußten Verzicht auf Stofferweiterung oder leeren Schematismus zur *Methode* zusammennimmt.[54] „Methode" ist mehr als ein Schlagwort der cartesianischen Ära. Es ist das Stichwort für die Bewegung der fortgeschrittensten Geister. Auch Gracián hat, ohne darum ein „Vorläufer" zu heißen, ein Verfahren gefunden, aus dem sich eine Reihe neuer Tatbestände ergeben.

Montaignes humaner Geist, der im Humanismus webt und in all seine Widersprüche gelassen eingeht, rührt freundschaftlicher ans Herz einer jeden Zeit. Für Gracián hatte es keine Lockung mehr, sich im Humanismus gehen zu lassen. Der Vorspann der lebendigen Kraft muß seine schon erschöpfte und bedrohte Erbschaft ergreifen. Nur im Stolz der Vollendung wird das Ende erträglich.

VI. SITUATION UND AUFGABE DES MENSCHEN

1. Mitwelt

Selbsterkenntnis und Fremdverständnis

Die fundierende Stellung und der wesensmäßige Vorrang der Selbsterkenntnis hat kein Moralist vor Ludwig Feuerbach anzutasten gewagt. Auch Gracián nicht. Aber Gracián übergeht die entscheidende Erfahrung der Selbstgewißheit: das Gewissen und die Reue. Und indem er bedeutsame Funde des Seelenlebens auf sich beruhen läßt, neigt sich sein Interesse den Fällen zu, in denen das Fremdverständnis als ein anleitendes Verfahren gelten muß.
Zur Selbsterkenntnis gehört die Reflexion. Aber die Seele besitzt keinen Spiegel wie das Gesicht. [1] *„Oh, wenn es Spiegel für den Verstand gäbe, wie für das Antlitz. Er muß sich selbst Spiegel sein, und dabei verfälscht er sich nur zu leicht!"* [2] Und mit bedeutsamem Nachdruck: *„Gewiß ist der erste Schritt des Erkennens die Selbsterkenntnis. Aber dieser Spruch „erkenne dich selbst!" ist bald gesagt und wird spät befolgt. Einst wurde einer, der ihn aufbrachte, zu den sieben Weisen gerechnet. Doch bis heute keiner, der ihn erfüllt hätte! Manch einer weiß umso mehr von den andern, je weniger er von sich selbst weiß, und wenn das Sprichwort sagt: der Tor weiß besser Bescheid im fremden Haus, als bei sich Zuhaus — so zeigt sich, daß selbst die Sprichwörter gegen die Weltordnung gehen!"* [3] Es ist also klar: *„Nichts ist leichter als die Fremderkenntnis. Und nichts schwieriger als die Selbsterkenntnis."* [4] Der Weg des Wissens führt von außen nach innen. Und damit wäre die Stellung, in der Gracián den Menschen antrifft, schon auf einem entscheidenden Punkt befestigt.

Die Person mit ihrer Welt

In der Evidenz der Fremdwahrnehmung gegenüber der Gebrochenheit und dem späten Erwachen von Selbsterkenntnis steckt schon der erste Entwurf einer Mitwelt. Mitwelt wird nicht nur aufgesucht als ein Mittel der Bildung! Die Person trifft in ihr die Sphäre ihrer eigentümlichen Entsprechung. Ein Mensch, der mit keiner Regung seines Gemüts antwortet, wird nicht für voll genommen. Er gilt nicht als Person, mag dieser Ausfall aus Stumpfheit und Verlegenheit rühren oder aus gewollter Abstumpfung, aus dem stoisch überspannten Verzicht auf jede Gelegenheit. Gracián streitet immer wieder gegen die stoisch-asketische Vernichtung der Affekte, weil das natürliche Fundament des Personseins dadurch zerstört wird. Häufig erscheint ein „persona" in der Prosa Graciáns ohne die Stütze wertverleihender Attribute, in der Bedeutung gesteigert wie unsere „Persönlichkeit". Eine solche „persona" läßt sich sogar grammatisch steigern[5] und kann durch Diminutivbildung abgeschwächt werden.[6]

Mit einer solchen Bedeutungsfülle rückt „persona" in eine semantische Reihe von Begriffen, deren ursprünglich neutrale Bedeutung durch eine neue, werthaft gesteigerte Bedeutung erhöht wird. Wenn man z. B. von jemandem sagt „er ist jemand" (être quelqu'un), so ist damit das unbestimmteste aller Fürwörter plötzlich in einen positiven Wertbereich geraten. Die Ausnahme wird von der Regel des unselbständigen „man" abgehoben. Man „ist jemand", wenn man einfach auffällt durch den Anspruch eigener Tönung seines Daseins und Wollens. Begriffe wie Charakter, Geschmack, Natur, Kraft, Gestalt, Haltung usw. haben im Laufe der Zeit dieselbe werthafte Zuspitzung erhalten wie ein Graciánsches „persona". Der emphatische Gehalt gibt solchen Begriffen die Bedeutung eines Inbegriffs. Er hebt sie grundsätzlich ab von einer bloß positiven Tönung, wie sie durch ein entsprechendes Attribut all diesen in ihrer neutralen Grundbedeutung festliegenden Begriffen zufällt. Das Personsein der Graciánschen „persona" zielt auf einen ganz andern Tatbestand, als wenn von jemand gesagt wird: „es buena persona" oder dergleichen.

Man vergleiche „ein Kerl sein" und „er ist ein guter Kerl". „Geschmack haben" trifft in einer ganz anderen Tiefe, als wenn jemand wegen seines „guten Geschmacks" gerühmt wird. La Bruyère sagte: „le caractère le plus fade c'est de n'en avoir aucun". Die Frage, was für ein Charakter das ist, tritt vor der andern zurück, ob er überhaupt Charakter hat. Ein Charakter sein oder Charakter besitzen, meint mehr als die Zuerkennung eines „guten Charakters". Wie gute oder schlechte Charaktere, so gibt es gute und schlechte, freie oder verkrampfte Haltungen. Wer aber „Haltung" zeigt, verrät etwas Bleibenderes als die beste Haltung, in der man nicht lange zu verharren braucht.[7]

In allen diesen Fällen ist nicht eigentlich eine Bedeutungsverschiebung eingetreten, sondern eine Wertüberhöhung, welche ein Fortbestehen der Grundbedeutung voraussetzt. Daher hat ein Zeitgenosse Graciáns den Vorgang unter der grammatischen Erscheinung der Antonomasie begriffen.[8] In der Tat knüpft Graciáns steigernde Verwendung des Personbegriffes ohne weiteres an die Grundbedeutung an. Das Personensein bezeichnet hier zunächst eine doppelte Verantwortlichkeit, in der sich das Wechselverhältnis zur Mitwelt als Anspruch und Verpflichtung normalerweise tätigt. Es ist für das menschliche Wesen konstitutiv. Der Verlust dieser allgemeinen Personenwürde kommt einer Entmündigung gleich. Ihre Geltung wird daher, solange das Gegenteil nicht bewiesen ist, stillschweigend vorausgesetzt. In der Intensität seiner neuen Bedeutung hat sich der Begriff verengt und gesteigert: aus einem Haftpunkt und Verhältniswert des Menschenlebens ist der verwirklichte Grundsatz einer exemplarischen Lebensführung geworden.

Schwieriger als der Zeitpunkt von Bedeutungsverschiebungen ist der geistesgeschichtliche Ursprung eines solchen Bedeutungswandels zu ermitteln, bei dem eine festliegende Grundbedeutung noch immer mit anklingt.[9] Der von Gracián am weitesten getriebene Gebrauch von „persona" liegt schon in einer spanischen Vorüberlieferung eingezeichnet.

Die noch sehr umstrittene Etymologie[10] ist für die Entfaltung dieses Begriffes viel weniger entscheidend als der Anklang an das gleichbedeutende griechische „prosopon". Person ist Gesicht, ist Antlitz.[11] Das Gesicht ist, was den Menschen unterscheidet; aber die göttliche und die menschliche Gerechtigkeit machen sich blind für diese Unterschiede. Darum ist bei Gott keine „acceptio personarum". Die Pharisäer werfen es Christus vor: „non enim respicis personam hominum" (Matth. 22,16), und in der Apostelgeschichte wird von Gott gesagt: „non est personarum acceptor" (10,34). Der Apostel Paulus statuiert diesen Grundsatz von einem Brief zum andern: „Judaeo primum, et Graeco: non enim est acceptio personarum apud Deum". Die Person fällt somit zusammen mit dem alten Menschen, mit seinem weltlichen Wesen: „quales iliquando fuerint, nihil mea interest: Deus personam hominis non accipit.[12] Wenn Gracián das „hacer deistinción de personas" (die Person unterscheiden) sich zur Losung macht, so hat er offenbar eine Seite am Menschen ins Auge gefaßt, die grundsätzlich zurücktritt bei der christlichen Erneuerung der Seele. Persona umschreibt in früherer Zeit die Erscheinung[13], ja selbst die Körperlichkeit, jedoch nicht in einer Antithese zur geistigen Natur des Menschen. Persona ist vielmehr die vom Wesen geformte Erscheinung: der beherrschte, von der Seele gelenkte Körper. Persona meint den äußeren Menschen in der Zucht seines Geistes. Besonders schlagende Beispiele bietet der spanische Frühhumanist Fernan Pérez de Guzmán in einer Porträtsammlung aus dem 15. Jahrhundert. „Mal ataviado de su persona"[14], „limpio de su persona"[15] verweisen auf den äußeren Menschen, dem die Zucht des Geistes abgeht oder zugesprochen wird. Das Personsein gründet auf Selbstachtung, die das Innerste zum Gesetz der Erscheinung macht. Cervantes spricht dann von „personas de carne y hueso" (Mensch von Fleisch und Blut)[16] wie Unamuno später von „hombre de carne y hueso". Die menschliche Wirklichkeit wird in dieser Kulturkritik des 20. Jahrhunderts als Grundkraft aufgeboten gegen den hingemachten modernen Legionenmenschen. Für Gracián besitzt das Wort „hombre"' zwar auch schon seine ausgefüllte Bedeutung „ein ganzer Mann", doch trägt es noch nicht die Attribute des Personseins: *„Es gibt ganze Männer, die doch so wenig Personen sind"*, so urteilt Crítilo über die Deutschen.[17] Andererseits gibt es wohl

Männer, die durchaus Person sind [18] (hombres muy personas). Rom hat das besondere Monopol, „*aus Männern ganze Personen zu machen*". [19] Eine Person zu werden, das ist „*die schwierigste Aufgabe im Leben*".[20] Im Personenbegriff ist mithin der Scheitel der Graciánschen Lebenslehre erreicht. Der Mensch wird hier in seinem ungeteilten Wesen getroffen. Ein einheitliches Prinzip ist gefunden, das die einzelnen Seelenvermögen zusammengreift. Aber diese äußerste Zusammenfassung menschlicher Seelenkräfte vollführt nicht den Rückzug in die weltlose Innerlichkeit, sondern stellt das Individuum heraus als Träger einer Mitweltbeziehung. Durch das Personensein ist der Antwortcharakter und die Angewiesenheit des Menschen im Verhältnis zu seinesgleichen festgelegt.

Gracián sieht im Personensein ein Produkt von Erfahrung und Bildung: „*Die Wissenschaft macht aus Hölzern Personen.*" [21] Es ist ein mühsamer Prozeß [22], in dem man sich so zum Menschsein durchringt, für die Bildung eines Personenkernes. [23] Gracián vergleicht die Person mit dem Schwimmer, den die Gefahr des Ertrinkens seine Kunst gelehrt hat. [24] Sie bedarf des weckenden Anreizes, — denn ihre Geltung entsteht erst im Eingehen auf Welt. Und außerhalb dieser Geltung hat sie keinen Bestand. Ihr Bestand ist in der unbedingten Beständigkeit ihres Verhaltens begründet.

Von dieser Seite her gesehen, teilt der moderne Begriff des Charakters die Merkmale des Personenseins: „*Immer aber beruht die Ehre* — sagt Schopenhauer — *auf der Überzeugung von der Unveränderlichkeit des moralischen Charakters.*" [25] Denn „*der Charakter ist schlechthin inkorrigibel, weil alle Handlungen des Menschen aus einem inneren Prinzip fließen, vermöge dessen er unter gleichen Umständen stets das gleiche tun muß und nicht anders kann*". [26] Damit aber hat Schopenhauer die Lehre Kants aufgenommen: „*Alle andern guten und nutzbaren Eigenschaften haben einen Preis, sich gegen andere ... austauschen zu lassen; das Talent einen Marktpreis ... das Temperament einen Affektionspreis ... aber — der Charakter hat einen inneren Wert und ist über allen Preis erhaben. Von einem Menschen schlechthin sagen zu können: „er hat einen Charakter" heißt sehr viel von ihm nicht allein ge-*

sagt, sondern auch gerühmt; denn das ist eine Seltenheit, die Hochachtung und Bewunderung erregt. Selbst ein Mensch von bösem Charakter (wie etwa Sylla), wenn er gleich durch die Gewalttätigkeit seiner festen Maximen Abscheu erregt, ist doch zugleich ein Gegenstand der Bewunderung, wie Seelenstärke überhaupt im Vergleich mit Seelengüte..." 27 Es ist in dieser Hinsicht bezeichnend, daß der Begriff des Charakters in Graciáns System noch nicht ausgebildet erscheint. Wo von Charakter die Rede ist, wird an eine unverlierbare Kraft appelliert, die sich unabhängig von allen Ansprüchen des Mitlebens durchsetzt. Der Charakter steht in der Selbstverantwortung; Person wird man gerade dadurch, daß man sich verantwortlich macht. Der Charakter, wie ihn Kant herausgearbeitet, trägt schon deutlich die Signatur der absolut gewordenen Innerlichkeit: er ist gleichsam ihr inneres Tafelgesetz. Im Personenbegriff fallen die doppelten Widersprüche von Innerlichkeit und Weltlichkeit, von Eigenständlichkeit und Fremdbezüglichkeit ineinander. 28

Es ist kein Zufall, daß gerade an diesem Begriff eine idealistische Philosophie sich wieder überwinden sollte. 29 Die Relevanz der Mitwelt bedeutet mehr für die Person als ein Verhältnis der Wechselwirkung, wie sie zwischen Gesellschaft und Individuum angesetzt werden kann. In der Gesellschaft geht man ein und aus, man kann sich von ihr zurückziehen – ja, gerade von der Selbständigkeit ihrer Glieder fällt ein Anschein von Freiheit auf ihr eigenes Wesen zurück. Die Gesellschaft ist daher auf Toleranz gestimmt – die Mitwelt ist immer unversöhnlich, und wenn das Individuum sich durch die Kunst des Schicklichen einführt (durch „bienséance"), so sieht man sich als Person in den Kampf des Lebens gestellt und gezwungen, die Rolle bis zum Ende zu spielen. Nur vor Gott ist keine „acceptio personarum".

So erscheint der Graciánsche Mensch auch fester gekettet an das Gesetz seiner Welt als der „honnête homme", der ein gleitendes System der Anpassung entwickeln konnte. Der Begriff der Sozietät reicht bekanntlich überhaupt nicht in den Raum der spanischen Sprache, ehe er von der Aufklärung übernommen wird. Dagegen erscheint das Individuelle in einer ausgesprochen negativen Tönung. Im individuellen Anspruch mißlingt das Bestreben der Auszeichnung. Man will sich besonders zeigen und gerät auf den Abweg des Absonderlichen. „*Es gehört nicht viel dazu, ein Individuum zu sein, aber sehr viel zum Universalen.*" 30 Und im Handorakel: „*Man sollte sich nicht zu weitgehend individualisieren, weder aus Affektiertheit noch aus Unachtsamkeit. Zwar möchten einige ihre Individuation durch wahnhafte Züge durchsetzen — es sind mehr Defekte als Unterscheidungsmerkmale. Sich individualisieren ruft nur unliebsames Aufsehen hervor, durch eine aufdringliche Absonderlichkeit, die bei diesen Gelächter, bei jenen Ärgernis erregt.*" 31 Auch im Umgang mit den Dingen soll man sich nicht zu weit ins Individuelle einlassen — „*Man soll gewöhnlich mit einer großzügigen Allgemeinheit vorgehen.*" 32

Die Wertspannung in den Dingen

Die Person ist im höchsten Maß besorgt um ihre Geltung. Darin erschließt sich der Kampfcharakter, den das Dasein hier annimmt. Man muß sich notgedrungen an den Wertgesetzen orientieren, von denen die Geltung des Seienden abhängt. Sein und Schein treten nicht feindlich auseinander. Es besteht kein Widerspruch in ihrer Angewiesenheit. Das Sein bedarf des Scheins. Was nicht erscheint, bleibt außerhalb der Geltung. Dem Sein geschieht kein Abtrag durch den Zuwachs des Scheins, der im Gegenteil seinen Gehalt verdoppelt: „*Die Dinge gelten nicht für das, was sie sind, sondern für das, was sie scheinen. Wertsein, es wissen und zeigen, ist zweimal wissen: was man nicht sieht, ist so gut wie nicht vorhanden.*" 33 Die Geltung ist ein Widerschein des Wertes. Das zeigt sich vor allem daran, daß ihr gewisse Merkmale des inneren Wertes anhaften. Die Seltenheit bestimmt den Preis und die Geltung der Dinge: „*Alles Vorzügliche war immer wenig und selten; was zuviel ist, verliert die Schätzung.*" 34 Ähnlich Kant: „*Man schätzt gewisse Erkenntnisse öfters nicht darum hoch, weil sie richtig sind, sondern weil sie uns was kosten, und man hat nicht gerne die Wahrheit guten Kaufes.*" 35 Das ist die Wahrheit, die im „Criticón" die Entfesselung des Lasters nach sich zieht: man braucht nur einmal die Tugend zu verbieten, um ihr einen Zuwachs an Geltung zu verschaffen, so wie alles Verpönte leicht in Mode kommt. Erst im Abstand des Nichthabens, erst durch den Mangel oder Verlust wird der Wert der Dinge erkenntlich und fühlbar. 36

Das wertkritische Verhalten setzt zu den Dingen denselben künstlichen Abstand wie ein Verkäufer zu den begehrten Waren. Man „drückt den Preis in die Höhe". Der Käufer „drückt auf den Preis". Er sucht die Wertspannung zwischen sich und den Dingen künstlich herabzusetzen, um sie billig zu bekommen.

Für einen gereiften Geschmack ist aber das meiste *zu billig*. 37 Die Lust an den Dingen verliert sich mit ihrer Kenntnis. Beständiger Umgang mit Werten macht für vieles gleichgültig, was dem Nichtkenner höchste Bewunderung abnötigt. Der gute Geschmack ist mit der philosophischen Tugend, der „admiratio", die alles gleichermaßen überschätzt, nicht wohl zu vereinen. 38 Gracián nimmt sich an Philipps II. blasierter Kunstkennerschaft ein Beispiel. 39

Der Wert gründet auf Seltenheit. Daher empfiehlt Gracián in seinen Maximen, sich rar zu machen durch künstliche Abwesenheit 40, die Werte kokett zu verhüllen und nur so viel von ihnen durchscheinen zu lassen, daß sie Begierde erregen. Mit einem Wort: lieber geizig mit sich sein als verschwenderisch. 41 Die Abnutzung drückt schließlich auf jede Qualität, weil der Anspruch auf Geltung veraltet. 42 Was sich zu häufig zeigt, *„leidet den Fluch der Mißachtung und schließlich der Verachtung"*. Das Beispiel der Kokette, die ihre Schönheit nicht preisgibt, sondern in immer neuen Einzelzügen andeutet 43, ist ein Musterfall des in der Geltung gewahrten Wertes. *„Der Löwe, der in der Ferne als Löwe galt, wirkt mit seiner Gegenwart nur als eine lächerliche Ausgeburt der Berge"*. 44 Man muß sich selbst zum Regisseur seines Mythos machen und sich durch Unfaßbarkeit und Unnahbarkeit der indiskreten Einschätzung entziehen, die alles sofort herabwürdigt und einebnet. Das Allzumenschliche beeinträchtigt den Nimbus 45; nur der gemessene Abstand erhält ihn aufrecht. Schopenhauer erweist sich hier wieder als der gelehrige Schüler Graciáns, wenn er empfiehlt, sich auf die *idealisierende Arbeit der Erinnerung* zu verlassen und sich seinen Freunden „*nur nach bedeutenden Zwischenräumen zu zeigen*".46

Wer weise ist, wird nicht nur sich selbst zum Idol machen, sondern auch den Mythos an den Dingen respektieren und ihren Umgang nicht bis zu ihrer Entlarvung treiben. Der Genuß der Dinge ist nicht an ihren Besitz gebunden, im Gegenteil: das Gelübde der jesuitischen Besitzentsagung erweist sich hier als eine vorteilhafte Lebenspraxis: „*Man genießt mehr die Dinge, die einem nicht gehören, als die eigenen: am ersten Tag sind sie zur Freude ihrer Besitzer; an allen übrigen für die Fremden; man freut sich der fremden Dinge mit doppeltem Genuß, d. h. ohne die Gefahr des Schadens; und mit dem Geschmack der Neuheit verdoppelt sich die Genußkraft in der Entsagung . . . Dinge zu besitzen, mindert nicht nur den Genuß, sondern vermehrt den Verdruß, sowohl sie ausleihen zu müssen, als sie nicht ausleihen zu wollen; man ist dann nur noch dazu da, um die Dinge für die andern im Stand zu halten, und man macht sich mehr Feinde, als man sich Freunde verpflichtet.*47

Es entbehrt nicht des Reizes, wie Graciáns Schüler Schopenhauer die entsagungsvolle Maxime für den besitzfrohen Geschmack eines bürgerlichen Jahrhunderts zurechtrückt: die Vorstellung eines möglichen Verzichtes soll die Beziehung des Besitzers zu seinem Gut noch inniger gestalten, und nicht, wie Gracián es verlangte, der wirklich geleistete Verzicht die Schönheit des ersten Eindrucks offenhalten!48

Immer wieder kommt Gracián auf diese Gedankengänge zurück. Die Dinge rächen sich im verlängerten Umgang durch Ekel. Man soll sie nur streifen und die Unschuld des Genusses bei der ersten Berührung nicht durch die Last des Besitzes erdrücken.49 Auch das Vollkommene erliegt dem Gesetz vom sinkenden Wert bei wachsenden Gebrauch: „*Selbst die größte Vollkommenheit verliert durch den Alltag; was zu viel ist, beeinträchtigt die Schätzung und verleidet einem die Vorliebe.*"50

Seltenheit gibt indessen keinerlei Bürgschaft für die Qualität. Es besteht zwar zwischen Wert und Qualität keine Disjunktion, kein grundsätzlicher Widerspruch, aber doch Indifferenz über weite Strecken, wo dann eine Wertverkehrung entstehen kann. Durch ein Verbot können z. B. Dinge Seltenheit erlangen, die es in keiner Weise verdienen: *„Es bedarf nicht nur dessen, daß eine Sache gesucht ist, es genügt schon, daß sie verboten ist, und das trifft in solchem Maße zu, daß selbst die größte Häßlichkeit, wenn sie nur mit einem Verbot belegt ist, mehr Begehren erregt als die größte Schönheit, die freigegeben ist."* 51

Es muß sich ein anderes Merkmal des Wertes finden lassen, das seine Beziehung zur Qualität sichert. Geschätzt wird nicht nur das Seltene, sondern das Schwierige 52, d. h. der Aufwand von Mühe. Die Arbeit tritt damit als charakteristisches Element unter den Aspekt des Wertes (so wenig freilich in Graciáns Weltbild die Arbeit ihren Segen, d. h. ihre subjektive oder soziologische Seite entfaltet).

Die Anerkennung der Arbeit wirkt einem Wertrelativismus entgegen. Der Wert fällt nicht mit der Qualität zusammen, aber er heftet sich an sie. Von daher wird ein Weiteres sichtbar: die offenkundige Hochschätzung des *„artificio"*, der Vorrang des Künstlichen über das Natürliche in Graciáns persönlicher Werthaltung. Indessen wird nicht übersehen, daß ein glücklicher Fund höher gilt als ein mühsam Erreichtes, daß die unbesehene Gabe der Natur wertvoller ist als aller Aufwand des Willens. Die allgemeine Wertung schlägt sich immer auf die Seite der Natur. Darum muß sich die Kunst zur Natur verwandeln; das Gewollte muß im Gekonnten unsichtbar werden, und der Zweifel darf nie zur Ruhe kommen, ob Absicht oder ein glücklicher Einfall im Spiele war. Wo ein Ding das Geheimnis seines Zustandekommens durchblicken läßt, hat es seine Unersetzlichkeit schon zur Hälfte verloren. In der Unzulänglichkeit wächst die Geltung. Und daher irren die Philosophen, *„die den Wunsch für ein Nichts ansprechen"*. Der Lebenskundige, der *„politische"* Mensch, der alles auf ihn setzt, weiß besser Bescheid. *„Er verspricht sich mehr von der Annäherung der Begierde, als von der Lauheit des Besitzes."* 53 Immer ist es derselbe Vorgang: das In-der-Schwebe-halten des Wertes verstärkt die Geltung. Durch dieses Verfahren legt man die andern auf sich fest;

man erhält sie in der Abhängigkeit ihrer unbefriedigten Wünsche. So läßt man sie zappeln, um sich nicht selbst aufzugeben. Die Alternative ist unerbittlich gestellt, und das Bedenkliche eines solchen Ratschlags, wie ihn Gracián in seinem berüchtigten Aphorismus „*hacer depender*" erteilt, fällt zurück auf den Kampfcharakter des Daseins: „*Wer klug ist, hat lieber Dürstende als Zufriedengestellte. Denn es ist nur ein höflicher Diebstahl an der Hoffnung, wenn man auf bäurischen Dank rechnet: die Hoffnung hat so viel Gedächtnis, wie der Dank vergeßlich ist. Mehr holt man aus der Abhängigkeit heraus, als durch Höflichkeit zu gewinnen ist; der einmal Befriedigte kehrt der Quelle schnell den Rücken, und die ausgepreßte Orange fällt von der goldenen Schale in den Schmutz. Mit dem Verlust der Abhängigkeit geht auch die Anhänglichkeit, und mit ihr die Achtung verloren.*" Das Ärgernis einer solchen Lehre wird eher verschärft durch die schließliche Einschränkung: „*aber niemals soll man so weit gehen, daß man das Opfer durch ein Verschweigen zum Irrtum verleitet, oder den fremden Schaden zum eigenen Vorteil unheilbar macht.*" Das probabilistische Schema ist hier unverkennbar. Aber vielleicht liegt ein höheres Interesse im Spiel, und der Graciánsche Lebenskünstler könnte sich auf den Evangelisten berufen, der da sagte: „*Nolite dare sanctum canibus, neque mittatis margaritas vestras ante porcos, ne forte conculcent eas pedibus suis, et conversi dirumpant vos?*" (Mt. 7,6) Indessen hat Gracián einen besonderen Fall vorgesehen, von dem aus sich ein klärendes Licht über die ganze Maxime ausbreitet: „*Man muß selbst den gekrönten Herrn immer in der Angewiesenheit auf sich erhalten.*"[54] Daß dieser Fall nicht auf den Beichtiger des Monarchen beschränkt ist, sondern überhaupt für das Verhältnis zu Höhergestellten gelten kann, beweist das Bild der ausgepreßten Orange, wie auch das der Quelle, der man nach gelöschtem Durst den Rücken zukehrt.[55] Dagegen hat der Höhergestellte in seinem Verhältnis zum Untergebenen ganz andere Rekurse, um die Dienstbarkeit anzuspornen. Für ihn ist nicht diese, sondern die andere Regel gültig, ein „*geschickter Schachzug*" der großen, politischen Köpfe, darin bestehend, daß man schon im Voraus eine Ehrenschuld aus dem macht, was nachher nur eine Belohnung wäre. Die im Voraus erteilte Gunst hat zwei große Vorzüge: durch die rasche Bereitschaft zu geben verpflichtet man den Empfänger noch mehr, und dieselbe Gabe, die hinterher nur eine bezahlte Schuldigkeit wäre, ist im Voraus ein Unterpfand und ein Anreiz. „*Ein subtiles Verfahren, Verpflichtungen zu verwandeln, und diejenige, die eigentlich den Höhergestellten veranlassen müßte, den fälligen Lohn zu entrichten, auf den Verpflichteten zur Erfüllung seines Auftrages zurückzuwerfen.*" 56 Ein solches Verhalten 57 ziemt freilich nur im Umgang mit Ehrenmännern; den gemeinen Mann würde „*vorausbezahlter Ehrensold mehr zügeln als spornen.*" 58 Eine solche „*Galanterie ist für den niedrigen Menschen ein böhmisches Dorf; denn er versteht nichts von den Bedingungen der höheren Lebensart.*" 59 Der zweite Aphorismus, der die Vorausbezahlung als einen Akt der „Galanterie" empfiehlt, ist offensichtlich auf den Verkehr zwischen Gleichgestellten und Gleichgesinnten gemünzt: das Geschenk gewinnt für den Beschenkten einen doppelten Wert; zu dem wirklichen Wert gesellt sich der Wert der höflichen Geste. Auch das Unberechenbare läßt sich solchermaßen auf den Nenner der Geltung bringen und zu doppeltem Nutzen verrechnen. Man braucht im übrigen, wenn man den besonderen Wert und den Wert des Besonderen herausstellt, die Unkenntnis der Menge nicht zu fürchten. Das Besondere hat seinen Wert für den Gemeinen, eben weil er ihn *nicht* begreift, für den Edeln, *weil* er begreift. Alle streben nach dem Besonderen, alle „beißen an", auch wenn sie es nicht durchschauen; denn ein jeder fühlt sich durch das Besondere betroffen, auch wenn er gemein ist und darum nicht gemeint ist. 60

Wünsche regieren die Welt; wer herrschen will, muß sich in der Wünschbarkeit halten, d. h. die Kunst, Wünsche zu erregen, mit dem Verzicht auf ihre Erfüllung bei sich selbst verknüpfen. Und wer etwas erlangen will, muß von dem erstrebten Gut den Schleier der Geltung reißen. Die Erwartung richtet sich auf den Schein, mit dem sich der Wert der Dinge verdoppelt und ihre Unzulänglichkeit entsprechend erhöht. Die Verachtung entkleidet sie ihres Nimbus und macht sie verfügbar. Sie suchen dann gleichsam ihren Wert bei dem, der sie verschmähend gebraucht, zu erneuern. Es ist eine alte Erfahrung, daß „*die Dinge, die man sucht, sich nicht einstellen, und nachher, wenn man gar nicht mehr an sie denkt, zur Hand sind. Wie alles Irdische sind sie Schatten von Ewigem, und sie teilen daher diese Eigenschaft mit dem Schatten: dem zu fliehen, der ihnen nachläuft, und den zu verfolgen, der ihnen entflieht.*" [61] Auch die Ehre der Welt (honra) „*flieht den, der sie aufsucht, und sucht den auf, der vor ihr flüchtet.*" [62]

2. Der Lebensstil

Methode und Strategie

Beim Durchsprechen der Weltgesetze überrascht ein Aspekt der Dinglichkeit, in den Gracián selbst inkommensurable Größen verlagert: Werte werden gleichsam vermarktet und verrechnet. Als Zubehör menschlicher Würde sind sie heftig begehrt und umstritten, und die Lebensklugheit, die ihrer habhaft werden will, muß die Gesetze ihrer Wertung erlernen. „*Der Weise muß sich bemühen, etwas vom Geschäftsmann* (negociante) *zu haben. — So viel als genügt, um nicht betrogen zu werden oder dem Gelächter zu verfallen. Er muß geschäftskundig sein. Wenn das nicht das Höchste ist, so ist es doch das Dringlichste, um zu leben. Was nützt alles Wissen ohne die Praxis? Und sich aufs Leben zu verstehen, ist heute das wahre Wissen.*" [63] Daß die Beziehungen zwischen Mensch und Gott unter dem Bild der ökonomischen Gesetzlichkeit erscheinen, ist in der Literatur der Zeit natürlich kein vereinzelter Vorgang.[64] Graciáns Begriff vom Geschäftlichen bleibt in der Doppelstellung des Händlers und des Unterhändlers. Die reine Lebenspraxis erzeugte den Typus des „Geschäftsmannes", den diplomatischen Geschäftsträger, dessen Methoden sich in den Händen der königlichen Kaufleute verfeinert hatten. Hier drängt sich der Zwang zur Methode von den Dingen her auf. „*Wesentlich ist die Methode, um zu leben und leben zu können.*" [65] Die Methode ist ein systematisches Eingehen auf den Kampfcharakter des Daseins, der Vorgriff, der jedem Widerstand Rechnung trägt, Rücksichtnahme, die den Kampf in der Meisterung seiner Situationen vorwegnimmt. Wer den Frieden liebt, muß sich vorsehen: „Leben und leben lassen." Auch das will gelernt sein. „*Hören, sehen und schweigen können.*" Um diesen Preis werden „*die Friedlichen nicht nur leben, sondern herrschen.*" 66 Zu diesem Frieden führt nicht die Preisgabe des Quietismus, sondern die scharfe Überwachung der Grenzen, an die man gestellt ist.

Es gibt in jedem aphoristisch ausgelegten Gedankenkreis Widersprüche, die zusammengestellt den Eindruck des Relativismus erregen, als ob im Verfall an den Wechsel der jeweiligen Situation die Einheit der Gesinnung verloren ginge. Graciáns Methode ist kein System und durch den Zwang der Systembildung nicht zu begreifen. Das Leben wird von Situationen her gedeutet, die ganz verschiedene und widerspruchsvolle Haltungen fordern können. Der Gedanke springt vom Subjekt zum Objekt über; er versetzt sich bald in die Lage des im Angriff Befindlichen, bald in die der Verteidigung. Der Wechsel der Perspektive, durch die Aufnahme verschiedener Standorte besagt noch nicht den Verzicht auf die Einheit der Gesinnung, den Zerfall in die Kasuistik des Sprichwortwissens, sondern im Gegenteil den methodischen Fortgang eines Wissens, das sich in einer chaotisch aufgebrochenen Welt versichert. Widersprüche lösen sich auf, sobald man die ganze Bewegung im Auge hat. In den Situationen werden nicht absolute, sondern typische Handlungen eingenommen.

Die Beschreibung der ursprünglichen Widerstandsnatur des Daseins, dessen Kampfcharakter sich allem Lebenswillen aufdrängt, flacht sich in einer Reihe von Sätzen ab, in denen die Suffizienz des alten Autarkieideals wiederkehrt 67 und der Preis des Friedens selbst mit dem Frieden um jeden Preis bezahlt wird. 68 Lieber sich gar nicht auf die Händel der Welt einlassen, als ein übriges tun! Lieber sich vornehm zurückziehen, als sich der Gefahr aussetzen, daß im Wettstreit unerwünschte Geheimnisse aufgerührt werden! Solche defaitistische Töne erklären sich zunächst in der Widerrede gegen blinden Eifer, gegen den unbesonnenen Kampfgeist, gegen die ziellose Betriebsamkeit. Den Kampfcharakter des Daseins setzen heißt ja nicht, den Kampf um des Kampfes willen wählen. Wenn die Entwicklung der Seele auf Übereinstimmung mit sich selbst angelegt ist, so ist der Friede und nicht der Krieg die Überlegenheit des Herrschenden. Aber dieser Friede fällt keinem zu; er läßt sich nicht als Zustand aufrechterhalten, sondern nur in einer militanten Verfassung, im Anschlag und mit gespanntester Aufmerksamkeit visieren.

Der Zugriff zum Leben ist List (ardid, artificio, astucia, treta usw.), und das so gegriffene Leben ist ein „Strategma". Strategma ist, wie Gracián in „Arte de agudeza" feststellt, ein militärischer Begriff [69], der aber in die Stilkunde und Rhetorik eingedrungen ist. [70] Man muß sich im Angriff auf die Gesetze der Strategie verstehen [71], den Gegner geschickt ablenken durch „desliz". [72] Es wird ein operatives Schema entworfen: *„Die Lebenskunst führt ihren Kampf mit berechneten Zügen der Strategie."* [73] Auch die Strategie des Rückzugs, der Lösung und des Sich-absetzens vom Feind wird erörtert: im rechten Augenblick ist ein *„schöner Rückzug"* auch etwas wert. [74]

Im Geiste des Makkabäerbuches griffen Mystik und Askese immer in Spanien zu den Vergleichen der Kriegskunst, um den Menschen gegen die Anfechtungen der Welt zu feien. „*Das Leben des Menschen ist „milicia" gegen die „malicia" des Menschen.*" [75] Das Bild des gebändigten überlisteten Lebens füllt sich mit Vergleichen aus Jagd [76] und Sport [77], den Kniffen und Griffen des Spieltisches. [78]

Geltung der Sprache und Sprachstil

Sprachkunst ohne ein gediegenes Sachverhältnis führt zum Kurzschluß der Vernunft. Gracián gehört nicht eben zu den Freunden einer ausladenden Rhetorik [79], die ihre Würde in sich selbst hat. Wenn die Dinge platonisch als Schatten der Ideen angesehen wurden [80], sind die Worte die Schatten der Taten. [81] Aber die Taten sind selten, und so erhalten die Worte als mehr oder weniger gedeckte Schatzanweisungen ihre besondere Geltung: *„Sie mögen in höflicher Weise den Leerraum einer Gunsterweisung ausfüllen; gute Worte mögen das Ausbleiben der Taten ersetzen."* [82]

Was Gracián über die Kunst, das Besondere glänzen zu lassen, vorbrachte, das macht den Charakter seines eigenen Sprachstils aus: *„Sich nur an Wissende wenden ist ein Anreiz für alle, denn alle halten sich dafür, und wo nicht, da spornt der Mangel ihre Begierde dahin. Niemals soll man die Gegenstände leicht und gewöhnlich machen, um sie zu empfehlen, denn das ist mehr ein Herabziehen ins Vulgäre als eine Empfehlung. Alle stürzen sich aufs Besondere, weil es am meisten Anreiz bietet, sowohl für den Geschmack, wie für den Geist."* 83

Dem entspricht als Grundregel für den Stil: *„Das Wort soll sinnträchtig sein, nicht aufgeblasen; es soll bedeuten, nicht hohl klingen; Worte sollen einen Tiefengehalt besitzen, in den sich die Aufmerksamkeit einläßt und wo das Verstehen seinen Anreiz findet.* 84 Die Sprache soll mehr andeuten, als aussagen – die Wahrheit darf niemals ganz in Worten verausgabt werden. 85 Man darf dem Verständnis keine bequemen Brücken bauen, sondern muß immer am andern Ufer stehen. Die Rätselrede 86 bedient sich des Lakonismus, der an Graciáns gnomisch gerafften Sätzen zu allererst auffällt. 87 Die Sprache spiegelt nicht einfach den Gedanken, sondern ist seine Erzeugung. *„Ich komme immer wieder darauf zurück, daß das Konzipieren* (lo conceptuoso) *der Geist des Stils ist."* 88

Dieses „Concepto" zielt nicht auf eine Begrifflichkeit, sondern meint in erster Linie eine Beziehung *zwischen* den Dingen. 89 Die Technik des konzeptistischen Stils ist Technik der Spannungserregung im Gefühl der fortschreitenden Entwicklung der Gedanken. 90 Die Konzeption erhält die Erwartung so lange wie möglich gefangen und befriedigt sie schließlich durch eine überraschende Wendung. *„Je verborgener die Idee ist und je größere Mühe ihre Offenbarung kostet, desto höher steigt ein Concepto im Kurs."* 91 Durch ein System von kunstvollen Verzögerungen *„wird die Aufmerksamkeit geweckt und die Neugier erregt, bis daß eine vorzügliche Lösung das Mysterium in angemessener Weise klärt."* 92 Die Wahrheit, die erarbeitet und erstritten wurde, wirbt und wirkt ganz anders als die mühelos zugefallene. 93 „Conceptismo" ist Kampfstil des Gedankens, seine Zurüstung, wobei der Leser als Widerpart mithelfen muß. Die Lust an der geistigen Zeugung entzündet sich in den Labyrinthen der Rede, in denen der Genius wie Theseus seine Wege abschreitet.[94]

Nur von dieser konzeptistischen Sprachauffassung her lassen sich Graciáns Einzelentscheidungen in der Theorie des Stils übersehen, und auch seine literarischen Urteile[95] liegen in der Spannung dieses Postulats an die Sprache. Góngoras Wortkultur verrät ihm die sinnliche Anlage dieses poetischen Genies[96], und selbst ein Quevedo schmeichelt, wie Gracián urteilt, mehr dem geistigen Sinn als ihn zu nähren.[97]

Wenn dann die Frage zur Debatte steht, ob der künstliche oder der natürliche Stil den Vorrang besitzen soll, so entscheidet Gracián ohne weiteres für den natürlichen, in dem die spanische Literatur mit Mateo Alemáns Schelmenroman ein „klassisches" Beispiel besäße.[98] Im „natürlichen" Stil ist der Sachbezug unbedingt gewahrt, während der „künstliche" zum Leerlauf der Wortbewegung hinreißt.[99] Wenn Gracián außer der in Wahrheit schon sehr reflektierten Prosa Alemáns auch noch den Großmeister des konzeptistischen Briefs, Antonio Pérez, zu den musterhaften Vertretern der natürlichen Schreibart rechnet[100], so ergibt sich daraus eindeutig, was diese „Natürlichkeit" für Gracián vor allem leistet: Öffnung der Sprache für ein Maximum an Sinneskraft. „Natürlich" ist für ihn substantiell. So sehr Gracián die formellen Künste der rhetorischen Periodisierung verschmäht, so ist es nur konsequent, daß er einen verknüpfenden, thematisierenden Redestil fordert.[101]

Auch diese Entscheidung erfolgt nicht in einseitiger Stellungnahme. Gracián ist sich bewußt, daß in der improvisierten Rede der spanische Genius sich immer glänzend hervortat, und wenn er weiterhin den Übergang der humanistischen Predigt zum gebundenen Stil würdigt, so kann seine Endentscheidung doch keinesfalls eine Rückkehr zu den pedantischen Redegepflogenheiten des 16. Jahrhunderts anstreben. Gracián hat sie oft genug verlacht. Die neue Zucht des konzeptistischen Stils will die spanische Freiheit nicht ganz verleugnen, sondern sich mit ihr verbinden.

Graciáns gedankenvoller Sprachstil fesselt, während die Rede forteilt. Der Autor ist dem Leser immer voraus. Der Sinn rundet sich erst, wenn man zurückgleitet zum Anfang, im Satz den Gegensatz aufdeckt, den Begriff von seinem Gegenbegriff abhebt und die ausbalancierten Widersprüche aus einem System von Wortentsprechungen heraushört.

Diese Prosa ist ein Feuerwerk, von unerschöpflichem Sprachwitz entzündet. Sie überschlägt sich in allen Arten des Wortspiels und verschmäht auch solche nicht, die nach Graciáns eigener Theorie des Stils als bloße Klangspielereien nur billigen Wirkungen dienen.[102] Aber mit dem Gleichklang oder Anklang zweier Lautkörper wird eine neue Wirkung erzielt: die gegenseitige Abstimmung der Begriffe.[103] Häufig entsteht der trügerische Anschein einer etymologischen Verwandtschaft zwischen zwei Worten, und Gracián spielt dann bewußt mit der sinngebenden, falschen Etymologie, die im unbewußten Leben der Sprachen zu den wichtigsten Quellen der Wortbildung gehört.[104]

Das Unablässige einer geistigen Bemühung verwandelt die Prosa Graciáns in ein System begrifflicher Beziehungen. Der Gedanke hat die Sprache zur Bedingung gemacht, und das heißt: nur in der Sprache führt er sein Leben. Gracián will in der Tat die Bewegung der Begriffe ins Leben setzen. Daher gibt es in seiner Prosa kein Brachland, keine Zwischenräume des Schweigens und keinen gefälligen Schauraum der Betrachtung. Alles ist bis zum letzten durchgeformt und bestellt: Hochkultur im Taglicht der Reflexion, die sich entschlossen gegen ihr Ende setzt und ihren Stil noch einmal mit allen in Spanien versuchten Mitteln aufträgt. Diese Sprache ist zwar Zusammenfassung einer Tradition von letzter Intensität, aber darum doch nicht ein literarischer Gipfel. Sie ist bildlos und ohne den Unterton heimlicher Musik. Trotz des Vorrangs der nominalen Elemente entbehrt dieser Stil der überschwellenden Metaphorik. Metaphorik verweist in ein mythologisches Niemandsland, in ein Mütterreich, aus dem die Urbilder aller Vergleiche hervorgehen. Gracián vermeidet das Stagnieren in diesen Regionen: er wird zum Feind der Metapher. Eine Ausnahme machen nur die Metaphern aus der grammatischen und rhetorischen Sphäre. Hier ist nach alter aristotelischer Meinung sicheres Gelände. Ein Begriff wächst zum Inbegriff, indem er sich mit den Kategorien der Sprache verbindet.[105]

Daß ein stark dynamischer Sprachstil sich nicht durch die Vorzugsstellung des Verbums auswirkt, scheint überraschend. Bei den meisten neueren Sprachphilosophen gilt das Verbum als Träger der sprachlichen Bewegung. La Bruyère, Flaubert und die Goncourts schworen dagegen auf das Adjektiv. Die Symbolisten und Futuristen sind erklärte Feinde des Verbs. Es gibt kein Vorzugsgesetz aus der Sprache, sondern nur aus der Ausdrucksgesinnung der Sprechenden.

Das Verbum greift zusammen und schürzt den Sinn. Die verbale Stoßkraft treibt den Vorgang vorwärts. Ein diskursives Denken entwickelt sich unter der Führung des Verbums, aber die Bezugskraft eines Systems von aufeinander abgestimmten Begriffen — wie es der Konzeptismus Graciáns ausbreitet — würde durch die Hegemonie des Verbums geschwächt. Der Gedanke bleibt ohne verbale Zuspitzung, weil er kein anderes Ziel hat, als sich selbst im Spiegel der Sprache zu erleben.[106]

In der Unruhe dieser Bewegung geht der Geist nicht leer, aber es bleibt ihm versagt, durch den Fortschritt der Begriffe zu sich zurückzukehren. Spannung ist hier nicht Sammlung, die, nur in der Stille vollbracht, zu einer Lösung hinführt — sie ist nicht ein Moment in der Sprachbewegung, sondern Prinzip einer Sprachgesinnung: Dauerhaltung, in der man bis zur Erschöpfung des letzten Lesers auftrumpft.

Sprache gilt darum nicht als Abbild mannigfacher Welt, sondern als Spiegel einer Gedankenbewegung. Statt zu *variieren*, wie es sonst der Stil der Periode fordert, *thematisiert* Gracián mit seinen ungescheuten Wiederholungen. Die Formgebung der Aphorismen und Adagia gibt daher seiner Schriftstellerei letzten Endes das Gesicht.

Einen tieferen Einblick in die Werkstatt Graciánischer Diktion gewährte „Arte de Agudeza", jener bedeutsame Querschnitt durch die spanische Lyrik und Predigt zweier Jahrhunderte, deren stilistische Mittel scharfsinnig abgehört wurden. Gracián kümmert sich hier (wie es auch die literarischen Urteile seines „Criticón" beweisen) nicht eigentlich um die wirksamen Vorbilder großer Dichtung, sondern um eine möglichst erschöpfende Kenntnisnahme ihrer sprachlichen Instrumentierung. Auf diese Prosa fällt ein Abglanz von dieser eindringlichen Bemühung, so sorgsam alle gelehrten und pedantischen Spuren verwischt sind.

Wie jeder Stil, so zeigt auch derjenige Graciáns, vielleicht zu allererst, seine Grenze. Kein Schimmer des Lächelns durchdringt den gehaltenen Ernst, aber ein grimmiges Gelächter weht wie ein kühler Wind von einem Gipfel zum anderen. Die Spannung erhält sich beständig. Graciáns Humor ist sarkastisch, niemals heiter und gelassen.

Auch die lebendige, gesprochene Sprache kommt nur selten zu Wort in dieser stilisierten Prosa. Zuweilen greift Gracián allerdings eine familiäre Wendung auf. Aber man denkt dann immer an jene empfehlende Anweisung, im richtigen Augenblick eine berechnete „Nachlässigkeit" (descuido) nicht zu verfehlen, sich mit Vorbedacht einmal gehen zu lassen und in eine planvolle Wallung zu begeben, um den peinlichen Eindruck des Künstlichen und der Mache zu zerstreuen.

Die Bewußtheit des konzeptistischen Stils strebt keine abstrakte Begrifflichkeit an. Die Begriffe erscheinen wie Gefangene, im Durchgang durch die Bewegung der Sprache. Die konzeptistische Prosa stand gleichsam *vor* einer Philosophie, die Spanien *nicht mehr* beschieden war.

VII. DIE LEBENSKUNST

„Sea ésta la primera destreza en el arte de entendidos,
„medir el lugar con su artificio. (H. 127)

Das Gelände (Der Anfang und das Ende)

Aller Anfang ist leicht.[1] Der Schwerpunkt der Vollendung liegt nämlich beim Ende. Mit einem ersten Auftreten empfiehlt man sich leicht dem Beifall — aber wie selten sind nicht die glücklichen Abgänge![2] Am Anfang ist alles immer noch gestaltlos. „*Alles war nichts, ehe es wurde, und am Anfang des Seins steckt man noch sehr tief im Nichts!*"[3] Es ist also die Leere und verheißungsvolle Unbestimmtheit, die den Anfang für alles mögliche freigibt. „*Die Wahrheit kommt immer zuletzt — sie hinkt mit der Zeit hinterher.*"[4] Daher wird man gut tun, während das eine Ohr vorauseilend sich am Schein der Lüge orientiert, „*das andere unbenommen offen zu halten für die Wahrheit, die am Schluß zu kommen pflegt.*"[5] Die Anfangsgründe täuschen leicht über die kommenden Schwierigkeiten hinweg. Es ist z. B. leichter, „*sich Freunde zu machen, als sie zu erhalten*".[6] Viele Menschen bleiben zeitlebens in den Anfängen stecken.[7] Die Mühelosigkeit des Anfangs, in dem sich das Sein der Dinge noch einschlägt, ist der Ursprung für alle Fehlhandlungen, und alle Ratschläge zu ihrer Vermeidung müssen hier ansetzen. Das unabsehbare und noch ungegliederte Gesichtsfeld des Beginnens verlockt die Imagination[8] zu ihren verfehlten Setzungen. In der Frühe des Lebens faßt man leichtherzig Entschlüsse, unbeschwert von Erfahrungen und ohne die Anleitung der noch schlummernden Geisteskräfte.[9] Eingebildete Taten sind immer billiger als vollbrachte, und sie verleiten das Selbstbewußtsein dazu, seinen Standort zu überhöhen.[10] Nach dem Gesetz des geringsten Widerstands „thematisiert" sich der Mensch mit seiner unverbrüchlich festgehaltenen Meinung. Statt die Spannung in seinen

Willen zu verlegen, macht er sich starr in seinem Urteil.[11] Das viel verrufene „Thema" ist eine erste Lebenslüge, die keine Erfahrung und kein Mißerfolg mehr richtig stellen. Schon das Sprichwort sagt: „*Cada loco con su tema*" *(Jeder Narr mit seinem Sparren).* Im „Thema" enthüllt sich das Wesen von Narrheit und Dummheit als ein Unwesen. Es ist die vorschnelle Kristallisierung aus einer verkehrten Haltung, aus mangelnder Gehaltenheit und Zurückhaltung. Es ist der gemeine Irrtum dieser Voreingenommenen („temáticos"), die Wahrheit zu übersehen und aus dem falschen Ansatz des Anfangs im Widerspruch zu verharren.[12] Die richtigen Handlungen sollen „*nicht aus dem Vorurteil hervorgehen, sondern aus der Aufmerksamkeit*".[13] Es gibt „*Sisyphusse der Unterhaltung, die einen mit ihrem „Thema" steinigen*".[14] Thema ist das Vorurteil für Lebensdauer. „*Da gibt es Menschen mit eiserner Stirn, die sich kaum überzeugen lassen* ... *Wenn einmal mit einer launenhaften Natur die Selbstüberzeugung zusammentritt, ist die unzertrennliche Ehe mit der Dummheit geschlossen.*"[15] Die beharrliche Dummheit hat ihre besondere Sublimität. Da sind die „raffinierten Dummköpfe", von denen der Prediger Paravicini sagte, „*sie wollen lieber an sich selbst zugrunde gehen als an fremdem Rat genesen*".[16]

Das richtige Verhalten trägt dem Lauf der Dinge Rechnung. Man läßt sich darin nicht treiben, sondern baut vor. Man meistert das Dasein, indem man seine Gesetze umkehrt: „*Das Leichte hat als schwierige Aufgabe zu gelten, und das Schwierige als leicht. Im einen Fall, damit das Selbstvertrauen sich nicht versieht, im andern, damit es nicht wankt* ... *An die ganz großen Schwierigkeiten soll man kaum denken* — *genug, daß sie sich einstellen. Sonst kann das Gewahren der Schwierigkeit zur Hemmung führen.*"[17] „Retentiva", d. i. Zurückhaltung, Verhaltenheit, zuweilen möchte man fast sagen: Hinterhältigkeit ist „*das Siegel der Durchsetzungskraft*".[18] Das richtige Verhalten fordert ein Verhalten der Einsätze. „*Es ist immer noch Zeit, um ein Wort freizugeben, aber nicht mehr, um es zurückzunehmen.*"[19] Man verspielt seinen ganzen Kredit mit dem ersten Einsatz, und dann ist der Schaden heillos. „*Statt dessen muß man sich immer eine Berichtigung vorbehal-*

ten und die Appellation an eine weitere Instanz."[20] Die Lebensregel des André Gideschen Helden: „la rature y est défendue" hätte in Graciáns Welt als Maxime der Toren zu gelten.

Der Widerpart und der Wille

Bei einer Begegnung spürt man zunächst den Widerstand eines Willens, der sich auf dieses oder jenes richtet, und, von dem seltenen Glücksfall der Wesens- und Wahlverwandtschaft zu schweigen[21], fremd oder feindlich berührt. Schon durch die erste Berührung wird der Charakter von Mitwelt spürbar. Der Kampfcharakter des Daseins enthüllt sich darin. Es gilt auf der Lauer zu sein. Man muß den Doppelcharakter der Dinge kennen und sie nicht an der Schneide, sondern beim Griff packen[22], Widerstände nicht sinnlos provozieren, sich keine unnötige Feindschaft aufhalsen.[23] Jeder Mitmensch ist ein geborener Feind, und doppelte Feindschaft erwächst aus dem Bruch der Freundschaft. Vor allem soll man den Kampf mit denen vermeiden, die nichts zu verlieren haben.[24] Oft wird man dem gefährlichen Kontakt einfach aus dem Wege gehen. *„Sentir con los menos, y hablar con los más"*[25] — das heißt mit den Wölfen heulen. Damit erhält man das Feld frei.

Was einem dann zuerst begegnet, wird als fremder „Wille" (voluntad) verspürt. Dieser Willensbegriff hält noch ungeschieden die ganze Vielfalt der Triebe und Begierden, des Strebens bis zur Entschlußkraft zusammen. Mit dem Affekt schickt der Wille gleichsam seine Spitze voraus: Der Affekt ist ein Tor zum Verständnis.[26] Hier setzt die berüchtigte Daumenschraube an (torcedor). *„Es ist die Kunst, den fremden Willen in die Hand zu bekommen ... ein Wissen darum, wo man bei jedem einsetzt. Es gibt keinen Menschen ohne besonderen Affekt ... denn alle Menschen sind götzengläubig: die einen beten die Ehre an, die andern den Vorteil und die Mehrzahl das Vergnügen. Der Witz besteht nun darin, in diesen Idolen die bewegende Kraft zu erkennen, jeden bei seinem wirksamen Antrieb. Damit hat man gleichsam den Schlüssel des fremden Wollens. Man macht sich an den ersten Beweggrund, der* *nicht immer der oberste ist — meist der niedrigste; denn es gibt in der Welt mehr ungeordnete Naturen als solche, die sich unter die wahre Ordnung stellen. Man muß zuerst den Genius sondieren, ihn bei seinen Worten fassen und dann mit seiner eigenen Neigung belasten, worauf man unfehlbar die Freiheit des Willens matt setzen wird.*" 27 Der Genius (genio) legt die Affekte in ihre dauernde Richtung. Genius ist eine bestimmende Kraft, die über das Leben hereinhängt und ihm das Gesetz der besonderen Neigung aufzwingt. Die Vielfalt der Naturelle läßt an den „genio" seine wechselnden Attribute geraten: Es gibt den „*genio fiero*" (reißend) 28, „*enfadoso*" (reizbar) 29, „*apasionado*" (leidenschaftlich) 30, „*majestuoso*" (erhaben) 31, „*melancólico*" (traurig) 32, „*serio*" (ernst) 33, „jovial" (heiter) 34. Die Spannweite dieser Verschiedenheit ist unermeßlich. Auch die Völker haben ihren Genius, der nach dem Gesetz der Anziehung oder Abstoßung über ihr geschichtliches Schicksal entscheidet. 35 „Genius" stiftet die Verwandtschaft der Seelen 36, jene geheimnisvolle Sympathie, die sich über alle Wertgesetze hinwegsetzt. Das alles muß der Menschenkenner bedenken, der in die Sphäre des fremden Willens eintritt. Er muß vor allem beobachten können und klassifizieren. Der Versuch einer Einwirkung muß mit unbezwinglichen Neigungen 37 rechnen. Am „*genio*" läßt sich nicht so viel Arbeit tun wie am „*ingenio*", der angeborenen Geisteskraft, die sich schleifen läßt oder stumpf bleibt. Die Erziehung des „*ingenio*" setzt die Kenntnis des „*genio*" voraus: in dieser doppelten Aufgabe liegt die ganze Lebenslehre Graciáns beschlossen.

Obwohl beide sich brüderlich gesellen 38, wachsen sie doch aus ganz verschiedenen Lagen der Seele. Für den *Genius* fühlt man sich nicht verantwortlich — ingenio ist innerster Besitz. Daher „*wird man sehr wohl Menschen finden, die mit ihrem Glück und mit ihrem Genius vor andern zurücktreten — keiner mit seinem ingenio.* 39 Im *Genius* ist das Glücksvermögen verankert. *Genius* entscheidet auch über die Richtung des Geschmacks, der an und für sich bildsam ist.40 Aus der Unberechenbarkeit seiner den Menschen von außen her lenkenden Lage erwächst ihm eine doppelte Macht. Sein heidnischer Ursprung als schützender oder stärkender Daimon bleibt unvergessen. „*Nachdem nun das Philosophieren christlich geworden ist, unterscheidet er sich nicht mehr von einer ebenso glücklichen wie überlegenen Neigung.*"⁴¹ Der *Genius* begleitet den Weg des Menschen: Er steckt nicht in ihm wie der angeborene „*ingenio*". Dieser läßt sich kultivieren ⁴² — der Einfluß von *genio* nur dämpfen oder läutern. ⁴³ Genius ist der unzertrennliche Begleiter, wie das Sprichwort sagt: Genio y figura / hasta la sepultura. (Genius und Gestalt bleiben bis zum Grab erhalten.) Der Genius wandelt sich nur im Rhythmus der großen Wandlungen des menschlichen Alters. ⁴⁴ Die Spuren des Genius strahlen zurück vom Besitz eines Menschen: „*man kann den Genius an seinem Hausschmuck erkennen*". ⁴⁵ Der Genius wirkt auf den Geschmack und die Liebhabereien: „*der bizarre Genius, der im gehobenen Stand wurzelt, wirft sich bald auf den Besitz von Reitpferden, die Zucht von Hunden, den Erwerb von Bildern, Gobelins, Statuen, Edelsteinen*", zuweilen auch auf den „*Umgang mit klugen und verständigen Geistern*". ⁴⁶ Diese Geister, die gastlich in der vom Genius beherrschten Behausung Unterkunft finden („genial albergue") heißen „ingenios" ⁴⁷. Die Polarität der beiden Begriffe wird damit noch einmal bedeutet. „Ingenio" ist ein angeborenes Vermögen zur Geistigkeit und bezeichnet die Träger dieses Vermögens, die Geister — genio den Hang und die Neigung, die über ein Dasein Gesetz wird.

Aus all dem ergibt sich, daß man nicht fehlgreift, den „genio" dem Trieb und Willen zuzurechnen, während „ingenio" ein Vermögen des Verstandes („entendimiento") darstellt. ⁴⁸ Gracián ermächtigt zu solcher Unterscheidung: „*Genio und ingenio sind die beiden Achsen für den Glanz der menschlichen Gaben ... Es genügt nicht, verständig zu sein; man wünscht sich auch das Geniale dazu; das Unglück der Toren ist es, die Berufung zu ihrem Stand, Amt, Heimat und Umgang zu verfehlen.*" ⁴⁹ So entscheidet der Genius über das Schicksal des Menschen. Wie das „Handorakel", so beginnt der „Discreto" mit einer wechselseitigen Aufhellung beider Vermögen: „*Beifällig aufgenommen wurde die verständige Lebensart immer; aber sie bleibt glücklos ohne die Erhebung einer genialen, gefälligen Neigung; und umgekehrt macht gerade das Bestechende des Genius das Fehlen von „ingenio" noch tadelns-*

werter. Darum behaupteten nichtgewöhnliche Geister mit gutem Grund, daß das Glück des Genius ohne den Beitrag des Verstandes nicht wohl bestehen könnte."50 Wer sich seinem Genius überläßt, wer „genial" ist — im Sinne Graciáns — der wird von einem witzigen Einfall zum andern getrieben. Diese Gabe heißt auch „donosidad". *„Ein Gran davon leiht allem eine vorzügliche Würze."*51 Aber ein „genialer Tag", an dem der Genius sein entfesseltes Spiel treibt, bringt mehr Verlust, als ein ganzes Leben durch seinen Ernst aufbaut.52 Man sieht: der Ernst des Menschen liegt beim Verstand. Doch eben aus ihrer Unberechenbarkeit eröffnen die Willenskräfte dem klug sich annähernden Mitmenschen die Aussicht, mit einem Schlag ins Innere der fremden Seele zu gelangen.

Die höhere Kraft des Willens überlagert sich der triebhaften Neigung. *„Die Kraft des Muts übertrifft die Kräfte des Körpers: sie ist wie das Schwert, das immer in der Scheide der Besonnenheit stecken soll, bis die Gelegenheit kommt. Verheerender ist der Verfall dieser Seelenkraft als der Verfall des Leibes."*53 Auch der Mut bedarf der Zügelung durch die Vernunft. Was die Vernunft dagegen den Willen nicht lehren kann, ist seine Anspannung: „tesón".54 Die höheren Kräfte des Willens müssen auf ihrem eigenen Feld siegen: der Wankelmut ist eine Willenskrankheit, *„ein Verbrechen an der Willensfreiheit".*55 Wenn die Affekte die Oberhand gewinnen, ist nicht nur der Wille besiegt, sondern die Vernunft mit angesteckt und bedroht.56 Das Übergewicht der Affekte ist Willensschwäche — „zuweilen aber versagt die Willenskraft gänzlich, ohne daß Affekte sich regen". *„Es gibt unentschlossene Menschen, die bei allem eines Antriebs bedürfen, und manchmal rührt das weniger aus einem fassungslosen Zustand noch aus dem Urteil, das scharfsinnig sein kann, als aus dem mangelnden Durchsetzungsvermögen."*57

Die Tatkraft *„ist im Bereich des Willens, was die Darstellungsgabe in dem des Verstandes."*58 Wille, der sich nicht durchsetzt, ist so wenig Wille wie Verstand, der sich nicht verständlich macht, auch kein Verstand ist. Aber gerade, wo der Wille auf seine größte Leistung gespannt ist und die Affekte in seine Richtung reißt, zeigt sich seine Angewiesenheit auf die besonnene Tugend („cordura") von neuem. Während der Wille durch „tesón" (Spannung) die Affekte umspannte, hat sich die Urteilskraft von ihren unentwegten Vorurteilen befreit und in der Sammlung, im Verhalten des „retén" die Schlagfertigkeit erlangt, um dem Willen das richtige Stichwort für seine Werke zu geben. Der Dauerkampf zwischen der mutigen und der besonnenen Tugend wird im reifen Menschen geschlichtet. [59] *„Die weise Natur hat darum verfügt, daß Herz und Hirn in der Entwicklung des Menschen zugleich beginnen, damit das Handeln und das Denken sich zusammenfügen."* [60] In der menschlichen Größe wirken die beiden Kräfte immer zusammen. [61] Zwar ist der Mut die Bedingung des Wertes: ohne ihn bleiben alle geistigen Tugenden fruchtlos [62], aber der Beitrag der Vernunft behält darum doch seinen Vorrang. Der Wettstreit der beiden Seelenvermögen läßt sich durch die Erfahrung entscheiden, daß auf die Dauer *„die List mehr Dinge vermochte als die Kraft."* [63]

Wille findet seinen Meister im Geschick („destreza"), in der Kunst und nicht in der Tatkraft („resolución") eines Gegenwillens. [64] *„Es verrät eine hervorragende Veranlagung, wenn man den fremden Willen zu durchdringen vermag und vollkommene Überlegenheit, den eigenen zu verhehlen.* [65] „Astucia" kann auch die Schwäche des Willens decken. Wer nicht stark genug ist, um seine Leidenschaften in die Gewalt zu bekommen, kann sie durch überlegene Geisteskraft verbergen. [66] Freilich gibt es Menschen, die ganz einseitig von ihrem Willen her leben, während andere die Gefangenen ihrer Vernunft sind. Die letzteren bringen ein Geschäft aus lauter Überlegung niemals zu Ende — die ersteren stellen das Heer der Betriebsamen und Geschäftigen. Sie haben in den Beinen, was sie nicht im Kopfe haben. [68] Wenn eine überlegene Vernunft, die ihnen versagt blieb, sie von außen her dirigiert, so können sie gute Dienste leisten. [69]

Der Vorrang des Geistes drückt sich noch einmal aus in dieser Werkzeugnatur des Willens. Auch eine Typologie der Berufe und Nationen setzt ihre Wertakzente entsprechend. Die Betriebsamen (diligentes) sind im Kampf zu gebrauchen, die „Intelligenten" wünscht man sich in der Regierung. [70] Aber wenn nach dem Vorbild der Nationalpsychologie eines Huarte de San Juan und eines

Carlos Garciá den Franzosen ein Überschuß an Willen nachgesagt wird, die Spanier sich selbst als „inteligentes" begreifen dürfen, so hat Gracián genug offenen Blick, um über die Grenzen zu schauen und die Bedeutung einer durchgreifend instrumentierten Kultur zu ermessen.[71] Die Zeit fordert, daß der Mensch seine Weisheit in Waffen lege.

Die Spielregeln

Im Vorfeld der menschlichen Begegnung führt man die ersten Züge durch ein lauerndes Sondieren.[72] Durch konsequentes Widersprechen entlockt man dem Partner die Wahrheit – man reizt ihn durch *„klug gespielte Verachtung"* (desprecio sagaz), durch *„ein vorgeschütztes Zweifeln"* (duda afectada). Man läßt den ersten Versuchsballon steigen.[73] Dieses Vorfeld ist Gefahrenfeld. Man stellt das Übel, um zu verhindern, daß es einem zuvorkommt.[74] Niemals darf man aber den Partner spüren lassen, daß er nachgibt. Der Wille, der gebeugt werden soll, ist mit größter Schonung anzufassen. Vor allem muß man es vermeiden, daß er sich vorzeitig gegen den Einmischungsversuch durch ein unwiederbringliches Nein festlegt. Vielmehr muß man ihn so behutsam anrühren, daß er sich einbildet, immer in seiner eigenen Richtung weiterzugehen. *„Man muß auf den fremden Willen eingehen, um den eigenen durchzusetzen. Es ist ein Stratagma des Erfolges; selbst in Sachen des Himmels empfehlen die Lehrer der Christenheit diese heilige List."*[75] Der Eingang in die fremde Seele wird durch solche Manoeuvres gewonnen. Nun heißt es, den eroberten Boden vor den Gegenzügen des Partners zu sichern. Hier gilt eine wichtige Regel. Man muß sich hüten, dem Gesetz der Reaktion zu verfallen: *„Sich niemals aus Voreingenommenheit an die schlechtere Partie halten, nur weil der Gegner einem zuvorgekommen ist und die bessere für sich ergriffen hat."*[76] Gewiß teilt die Lebensklugheit mit der Praxis der Toren die überraschenden Züge. Auch sie tun das Unerwartete, aber aus dem umgekehrten Grund. Sie verstehen nicht, worauf es eigentlich ankommt und verfehlen den erwarteten Zug, der in ihrer Lage allein geboten wäre. Der Kluge dagegen täuscht diese Erwartung bewußt. Er vermag es, seine vom Gegner „*durchschaute und schon parierte Absicht Lügen zu strafen.*"[77] Oder mit einem andern Vergleich: „*Niemals spielt der Spieler die Karte aus, die der Partner vermutet, und noch weniger natürlich, die dieser ausgespielt haben möchte.*" Aber auch diese Regel darf man nicht starr befolgen. Es empfiehlt sich ein Zickzackkurs, mit dem die Vögel den Jäger zur Verzweiflung bringen.[78] So kann das Spiel weitergehen: „*Man tut einen Zug, um die Aufmerksamkeit des Gegners in Fesseln zu legen, und dann widerruft man ihn, um auf dem unvorhergesehenen Weg zu siegen.*" Aber — ein „*durchdringender Verstand*" auf der Gegenseite vereitelt ein schnelles Gelingen: „*er wappnet sich mit neuer Vorsicht, lauert mit Gegenzügen auf und versteht immer das Gegenteil von dem, was man gerne haben möchte: er durchschaut schließlich jeden Zug als eine Täuschung; er läßt die ganze erste Runde ruhig zu Ende gehen und stellt sich auf die zweite ein und selbst auf die dritte.*" Man fühlt sich durchschaut in seiner Absicht und greift zu stärkerer Täuschung. Man versucht jetzt, „*mit der Wahrheit zu täuschen*". Man macht jetzt „*die Absichtslosigkeit zur Absicht und baut seinen listigen Spielplan auf die größte Harmlosigkeit des Verhaltens*".[79] Ja, unter listigen Köpfen „*betrügt man am meisten mit der Wahrheit selbst, wenn nämlich kein Mensch daran denkt, daß ein anderer sie sagen könnte*".[80] Hier ist ein entscheidender Punkt erreicht, dem alle List, alle Strategie, alle Kunst in Graciáns Lebenslehre zutreibt.

Die Kunst, die Absicht, verwandelt sich im Fortgang ihrer eigenen Bestrebung in Natur. Erst mit diesem Ergebnis ist man seines Sieges gewiß. Denn „*immer schon gefiel das Natürliche besser, als was Kunst und Absicht vermochte*".[81] Daher muß man die Spuren einer beflissenen Tätigkeit sorgsam verhehlen und den Anschein erregen, als ob „*das Vollkommene mühelos aus seiner eigenen Natur entsprungen wäre*".[82] Kunst und Absicht „*müssen sich immer verstecken — sie machen sich nur verdächtig und noch mehr natürlich die Verschlagenheit, die den Haß entfacht*".[83] Wo Natur nicht ist, da muß man sie mit weiser Berechtigung vorspielen. Man soll sich zuweilen unachtsam stellen: „*Ein kleiner Fehler wird zur be-*

sten Empfehlung für alle Vorzüge". [84] Sich im rechten Augenblick gehen lassen, das Aufblitzen eines Affektes erscheinen lassen — das gibt der undurchdringlichsten Maske einen belebenden Zug von Natürlichkeit. Ja, man könnte vielleicht auch sagen, daß Graciáns *Discreto* sich immer mehr in die eigene Rolle einspielt. Die Hinterhältigkeit des Anfangs mit den Zügen eines fast bäurischen Mißtrauens [85] wird zur *„Undurchdringlichkeit einer universalen Natur ... Man verhindert es, daß einem die andern auf den Grund leuchten können. Man gibt sich zu erkennen, nicht zu durchschauen."* [86]

Seine Neider kann man nicht besser und furchtbarer strafen, als daß man durch die unbekümmerte Ausbildung des eigenen Wertes die Folter ihrer gehässigen Gefühle unendlich in die Länge zieht: *„Jedes eigene Gelingen spannt die Stricke um das fremde Übelwollen, und eine Hölle für den Nebenbuhler ist der Ruhm des Beneideten. Der Neidische stirbt nicht e i n m a l, sondern so oft der Beneidete unter lautem Beifall sich dem Leben darbietet: sein Überleben wetteifert mit der verlängerten Marter des Neides. Dieser ist unsterblich mit seinem Ruhm – jener in seiner Qual."* [87] Der Kampfcharakter des Daseins diktiert die harten Bedingungen des Triumphes. Wer erfolgreich spielen will, der muß mit seinem letzten Einsatz herausrücken und an den Schein das Gewicht der eigenen Wahrheit wagen. Dantes Himmel berührt sich mit Dantes Hölle in einer Welt, für die das Spiel den Ernst der Entscheidung gewonnen hat – sie heißt nicht umsonst bei Gracián *„Tragikomödie".* [88]

Der bestandene Lebenskampf bringt nicht nur in der Dialektik von Sein und Schein die Wahrheit des Menschen zum Durchbruch, sondern enthüllt auch die Natur des menschlichen Daseins selbst. Der Kampfcharakter, der zuerst das Gesicht unberechenbarer Widerstände zeigte, entwickelt die Kenntnis des Mitlebens, in dem sich das eigene Leben einbegreift. Der Kampf ist zum *Wettstreit* geworden. Hoher Mut brennt vor Begierde, in den Wettkampf zu treten. [89] Wettstreit besteht zwischen Amt und Person [90], zwischen dem Ruhm der Biographen und dem Ruhm ihrer Helden [91], zwischen verhaltender Vorsicht und gespannter Aufmerksamkeit [92], zwischen dem Monstrum des Neides und dem Monstrum der Schmeichelei[93], zwischen cherubinischem Wissen und seraphischer Liebe[94]; Wettstreit besteht zwischen den göttlichen Attributen[95]; aber auch im Verkehr zwischen Menschen muß man, um die Höhe der Situation zu behaupten, jeden Angriff parieren, *„sich von einer feinen Wendung nicht einfach überwältigen lassen, sondern sie zu überbieten versuchen durch eine andere gleichwertige, oder womöglich bessere."*[96] Das agonale jesuitische Weltbild setzt eine neue Ordnung ins Dasein: hier ist zusammengefaßt in einer Methode der Bildung und in einem Prinzip der Bewährung, was die Spannungen und Widersprüche im Leben der Menschen und der Geschichte bedingte. Eine eklektische Kultur versucht sich schöpferisch, indem sie die heterogenen Elemente ihrer Bildung zum Wettbewerb zuläßt. Wettbewerb bedeutet nicht Feindschaft von Rivalen, sondern Versöhnung von Unvereinbaren. Wo dies nicht begriffen wird, muß man sich vorsichtig zurückhalten.[97] Man soll sich z. B. hüten, den Dummköpfen eine unverdiente Reklame zu machen und ihnen durch gründliche Widerlegung ihrer Irrtümer zu der heißbegehrten Unsterblichkeit verhelfen.[98] Das agonale Prinzip sublimiert sich in dem Wettstreit um die geistliche Siegeskrone[99], in der wechselseitigen Überbietung der schenkenden Tugend, in der Galanterie. —

VIII. DIE TUGENDKRONE UND DIE KRONTUGENDEN

Der Mythos der Vollendung

Wenn Gracián seinem Helden die Tugendkrone aufsetzt, so ist es nicht leicht, in der Blendung so vieler Vollkommenheit die tragenden Züge individuellen Menschentums festzuhalten. Tatsächlich gehört es nach Graciáns eigener Lehre zur Vollendung, daß der Bewunderte sich auf keine einzelne Eigenschaft festnageln läßt. Man soll sich nicht mit einem Schlag zu erkennen geben, sondern die wachsende Spannung bei den Mitmenschen aufrecht erhalten.[1] Die verdeckende Distanz ist ein sicheres Mittel, um sich vor respektloser Annäherung zu sichern. Sobald man die Grenzen einer Natur gewahrt hat, ist das Ansehen entzaubert. *„Der in der Ferne als Löwe galt, wirkt in der Nähe nur wie eine lächerliche Ausgeburt der Berge."*[2] Und mit einem andern Vergleich: *„Ein Fluß war solange ansehnlich, bis man eine Furt entdeckte und ein Mann verehrenswert, bis man an seine Grenze stieß".*[3] Es kommt darauf an, daß „*alle dich erkennen, keiner erfassen*" können.[4] Zu große Annäherung, wie sie in der Liebe erfolgt, beeinträchtigt die Achtung.[5] Der Übermensch Graciánscher Prägung vergibt sich am meisten, wenn er zeigt, daß er ein Mensch ist: an diesem Tag ist seine Göttlichkeit entweiht.[6] Auch bei beschränkten Mitteln kann man durch kluges Verhalten und Verzögern ein Doppeltes an Wirkung haben: *„Die Hälfte ist mehr als das Ganze, denn wenn die eine Hälfte glänzt und die andere im Anstand verhalten bleibt, so ist das mehr als das auf den Tisch geworfene Ganze".*[7] Die Spannung zur Vollkommenheit steigert die Geltung des errungenen Wertes: *„Was mäßig ist, scheint viel zu sein; was viel ist, unendlich, und das Unendliche immer noch mehr.*[8]

Da die Aufbauarbeit der Seele zum Schein der Natürlichkeit durchdringen soll, so muß der Vollendete eine Vielfalt und Unendlichkeit von Natur darstellen können. Das Unergründliche, Unfaßliche, Unbegreifliche (lo insondable, incomprensibilidad, indefinibilidad) tritt als immer wiederkehrender Attribut des heldischen Menschen in die Erscheinung: „*Mit dem Streben nach einer Unendlichkeit trachtet er nach dem Beifall universalen Menschentums*".[9] „*Der Himmel machte ihn unendlich, schuf ihn ohne Grenze . . . Große Männer sind unbegrenzbar, in der großen Vielfalt ihrer Vollkommenheiten die Unendlichkeit wiederholend.*"[10]

Gemination und Wettstreit der Tugenden

Graciáns Typologie ist durch die Möglichkeit mannigfacher Verbindungen zwischen den verschiedenen „*Vollkommenheiten*" gekennzeichnet. Eine wesentliche Gruppierung ergibt sich aus der paarweisen Zusammenfassung gegensätzlicher Eigenschaften. Diese Doppelpoligkeit des Vermögens zeichnet den vollendet gebildeten Menschen aus. Durch die doppelte Schaltung seiner Natur wird er befähigt, den Zauber seines Wesens beständig zu erhalten. Gracián stellt einmal eine Liste auf von solchen polaren oder komplementären Eigenschaften, die zum „*edeln Wettstreit*" in einem monarchisch vollkommenen Individuum zusammentreten [11]:

Hochgestimmtheit der Seele (alteza del ánimo) — Majestät des Geistes (majestad del espíritu)

Hochachtung (estimación) — Ansehen (reputación)

Allseitigkeit (universalidad) — Glanz des Auftretens (ostentación)

Galanterie (galantería) — Abgeklärtheit (despejo)

Gefälliges Wesen (plausibilidad) — Guter Geschmack (buen gusto)

Kultur (cultura) — Beliebtheit (gracia de las gentes)

Verhaltenheit (lo retentivo) — Orientiertheit (lo noticioso)

Urteilskraft (lo juicioso — Leidenschaftslosigkeit (lo inapasionable)

Unparteilichkeit (lo desafectado) — Ernst (seriedad)

Herrentum (señoría) — Geduld (espera)

Scharfsinn (lo agudo) — Gute Lebensart (el buen modo)

Praktische Veranlagung (lo práctico) — Durchsetzungskraft (lo ejecutivo)

Aufmerksamkeit (lo atento) — Erhabene Sympathie (simpatía sublime)
Unergründlichkeit (incomprensibilidad) — Unbegrenzbarkeit (indefinibilidad).

Dieser Katalog von locker aneinandergereihten Begriffen muß natürlich die Erwartung enttäuschen, aus dem Schlußkapitel des „Discreto", dieser letzten Pointe von Graciáns aphoristischem Lebenswerk, nun doch noch so etwas wie einen charakterologischen Systemgedanken mitzubekommen. Nein, das war nicht in seiner Absicht gelegen. Beabsichtigt war vielmehr eine panegyrische Heerschau gipfelnder Eigenschaften, die in der Apotheose des regierenden Königs dem Ort der Vollendung zustreben sollen. Es wurden die beiden Himmelsleitern aufgerichtet, deren Schnittpunkt in eine Unendlichkeit entrückte, wenn nicht eben ihre krönende Zuspitzung durch die herabgesenkte Göttlichkeit des allerhöchsten Monarchen Ereignis wäre.

Die Aufteilung aller Attribute in einer doppelten Reihung erhält indessen gerade durch die idealisierende Art ihrer Zusammenfassung (in der höfisch verklärenden Rühmung des gottbegnadeten Königs) ein grundsätzliches Ansehen. Hier begegnet sich in der Tat ein Verfahren des Panegyrikers, welcher schon die einzelnen Attribute des Majestätischen gegeneinander abwägt und dieses selbst in ihrem schwebenden Gleichgewicht ahnen läßt, mit einer Graciáns Menschendarstellung stets beherrschenden Neigung zur Antithese.

Für jedes der angetretenen Paare gilt nun freilich ein anderes Merkmal der Gemination. Bald ergibt sich eine Konjunktion aus innerer Verwandtschaft, wie bei „despejo" und „galantería", die als „consortes" zu gelten haben [12], oder auf der Ähnlichkeit der ausgeübten Wirkungen, die aus verschiedenen Seelenvermögen herrühren: „alteza de ánimo" und „majestad de espíritu" — „lo juicioso" neben „lo inapasionable". Der Wettstreit von Wille und Vernunft durchzieht die ganze Lebenslehre Graciáns; er umfaßte den Gegensatz von „genio" und „ingenio", von „diligente" und „inteligente", von „prontitud" und „agudeza", von „resolución" und „explicación", von „cabeza" und „corazón". *„Große Köpfe* *gebühren den Philosophen, große Herzen den Königen ...* " *Aber was nützt es, daß der Verstand vorläuft, wenn das Herz zurückbleibt?*"[13] Besonders bezeichnend ist das Auftreten passiver Eigenschaften an der Seite der aktiven. Der aktiven Sympathie wird die passive ausdrücklich vorgezogen.[14] Es gehört mehr dazu, begehrt zu werden, als zu begehren. Eine passive Eigenschaft wie „plausibilidad" ist nicht nur die Wirkung eines aktiven Kompliments des guten Geschmacks. Ebensowenig ist die Beliebtheit („gracia de las gentes") nur der Lohn der inneren Arbeit, sondern es tritt die Gnade hinzu, eine Anziehungskraft zu üben, die alle Zuhörer in Fesseln legt und die der Kunstfertigkeit erst die teilnehmende Zuwendung sichert. So vermochte durch „gracia de las gentes" der gestürzte Minister Antonio Pérez noch auf allen Parketten zu glänzen. Könige und Herzöge haben sich um seine Briefe gerissen, und Gracián steht nicht an, diese gedrechselte, im Dienst des Landeskampfes zur Methode geschliffene Schreibkunst den *natürlichen* Stilarten zuzurechnen — eben, weil sie von der ursprünglichen Sympathie aller getragen war.[15]

Im „Héroe" messen sich aktive und passive Kräfte: „valor" und „fortuna" (Mut und Glück), „estrella" und „diligencia" (der gute Stern und Fleiß). Es gibt polare Entsprechungen wie „lo retentivo" und „lo noticioso". Sie können sich ergänzen, aber wenn das Gleichgewicht zwischen ihnen verfehlt wird, so kann die *eine* Eigenschaft zur Klippe der andern werden.

Im Verhältnis von Extensität und Intensität stellen sich „lo práctico" und „lo ejecutivo" nebeneinander. Die *Durchsetzungskraft* bewährt sich natürlich nur in der Sphäre der Praxis. Äußere Haltung und innerstes Vermögen ergänzen sich in „señorío" und „espera" (Abwartenkönnen)[16]: für die Haltung des *herrschaftlichen* Menschen, der einen kontinuierlichen Stil darzustellen bestrebt ist, gibt die Kunst des *Wartenkönnens* die innere Entsprechung. Nur dem Wartenden reift das Glück, nur *er* ist der Bezwinger der Machiavellischen „Occasione".

Dieses „espera" übersetzen wir recht und schlecht mit „Geduld", was einem herkömmlichen „paciencia" entspräche. Es fällt auf, daß Gracián nicht nur alte Begriffe hinter neuen Worten versteckt, sondern aus dem zeitgenössischen Repertoire gesellschaftlicher Situationen bleibende Züge gehobenen Menschentums ableitet. Die alten Tugenden haben ihnen nur noch die Zone ihrer Wirkung zu vermessen. Galanterie z. B. steht in der *„Sphäre der Großmut"*, in der sie die Christianisierung des galanten Wesens bekundet.[17] Galanterie setzt Großmut voraus.[18] Doch, um ihr Wesen genauer zu erkunden, muß man ihr modernes Gegenstück kennen: „despejo", die Glanznummer unter den Attributen des „Héroe", ist der Galanterie vermählt. Im Namen von „despejo" und von Kühnheit (bizarría), kann das Galante die Grenze des Erlaubten verschieben: *„Was man dann als ein Sich-hinweg-setzen über den Anstand verdammen möchte, wird durch die Galanterie ohne weiteres entschuldigt."*[19] Aber hier nähert sie sich dem Abgrund ihres eigenen Wesens: Ein weiterer Schritt, und man hat die Grenze der Frivolität (liviandad) überschritten.

Eminenzen und Perfektionen

Alle Perfektionen, alle vollkommenen Eigenschaften streiten um den Vorrang miteinander.[20] Eine Eigenschaft wird erst dadurch vollkommen, daß sie alle anderen zum Wettbewerb nötigt. Dieser Streit kann nur dadurch geschlichtet werden, daß eine Eigenschaft die Führung erlangt, durch das Auftreten einer „Eminenz", deren strahlendes Licht sich an alle andern mitteilt. Immer wieder betont Gracián, daß ohne diese Hegemonie die andern Eigenschaften verdunkeln oder fruchtlos bleiben müßten. Die überragende Eigenschaft heißt *Eminenz*: sie hat ihre besondere Stelle als Schlüssel oder thematisierendes Motiv der gleichsam auswechselbaren *Perfektionen* dadurch, daß sie in einem seelischen Zusammenhang führend geworden ist: Die Eminenz bildet *„eine große Besonderheit inmitten einer Vielheit von Vollkommenheiten. Es kann keinen Helden geben, der nicht irgend ein erhabenes Extrem hätte"*.[21]

Betrachtet man den Menschen, so hat die Natur eine Anzahl von

Perfektionen, von vollkommenen Gaben an ihn verliehen, aber diese geliehene Mitgift wird erst durch den Besitz der ausgezeichneten Vollkommenheit, durch die menschliche Tugend, verwertbar.[22] Die Seele ist also nicht bloß, wie nach Graciáns und seiner Zeitgenossen Meinung die Natur, ein pluralistisches System, eine schöne Mannigfaltigkeit — sie ist ein hierarchisch geordneter Zusammenhang, in den die Perfektionen sich unter Führung einer Eminenz eingefügt haben.

Ursprung des Panegyrikums in der Predigt

Die Unterscheidung von Perfektionen und Eminenzen stammt aus der Theologie und hat den im 17. Jahrhundert in Mode gekommenen, panegyrischen Heiligenpredigten eine besondere Note gegeben. Fray Hortensio Paravicini unterscheidet die göttlichen Perfektionen *„als die Dinge, die formell in jener seiner göttlichen Substanz ruhen"* von den Eminenzen, d. h. den Dingen oder Geschöpfen, die *wesentlich* in ihr ruhen. Die Vollkommenheiten können von jedermann begriffen werden, die Eminenz ist unergründlich wie das Geheimnis der unendlichen Allmacht.[23] Jeder Heilige besitzt nun seine Eminenz; aber diese Begnadung, die den Typ seiner Heiligkeit bestimmt, spiegelt alle andern Vollkommenheiten in sich. So feiert der Augustiner Valderramo seinen Schutzherrn, in dessen Heiligkeit sich die charismatischen Gaben wie in einem Strahlenbündel zusammenfaßten, die sich später im Heiligen Hieronymus, im Heiligen Franciscus, im Heiligen Thomas usw. sondern sollten.[24]

Der panegyrische Stil der Predigt hat auf die Konzeption von Graciáns Prosa entscheidenden Einfluß genommen. Gracián hat geradeheraus gesagt, daß der Horizont für das Ingenio die Panegyrik wäre: *„hier kann er das Rad seiner Strahlen auseinanderlegen."*[25]

Neben den lyrischen Dichtern bieten die panegyrischen Prediger des 16. und 17. Jahrhunderts die wichtigsten Vorbilder für die Stillehre von „Arte de Agudeza". Den Wandlungen des Stiles wird eingehend Rechnung getragen [26]; man findet hier die ersten Ansätze zu einer beschreibenden Geschichte der spanischen Prosa. Überraschende Beziehungen bestehen zwischen Graciáns literarischem Stil und der Predigt eines Ordensgenossen, des Paters Manuel de Nájera. [27]

Die transzendenten Eigenschaften

Das Wesen der hegemonialen Eigenschaften besteht darin, daß sie alle andern umgreifen und mit ihrem Licht durchdringen. Gracián nennt sie darum „transzendent" oder auch „formal". Eine solche Eigenschaft ist das unübersetzbare „*despejo*". Im Héroe [28] wird sie umschrieben: „*Despejo, die Seele jeder Eigenschaft, das Leben jeder Vollkommenheit, die Gnade der Worte und der Zauber über allem guten Geschmack, schmeichelt dem Verstand und entzieht sich der Verständlichkeit. Es ist die Auszeichnung vom Ausgezeichneten selbst – es ist ein formales Vermögen der Schönheit. Die andern Eigenschaften schmücken die Natur; aber Despejo erhebt diese Eigenschaften über sich selbst. Darum ist es die Vollkommenheit der Vollkommenheiten, und besitzt eine allseitige Macht, Gefallen zu erregen: so etwas wie eine transzendente Schönheit.*" [29] Ähnlich wird „modo", *die gute Lebensart*, gekennzeichnet: „*Sie gehört auch zu jenen Schönheiten, die alle Taten und verwegenen Einsätze überstrahlen*". [30] Die Wahrheit, die Vernunft, die Gerechtigkeit stürzen ins Nichts ohne die vermittelnde Beihilfe der rechten Lebensart. Der Eifer des Ministers ist ohne „modo" lahm, der Mut des Feldherrn blind, die Macht des Fürsten wirkungslos. Sie ist „*eine höchst bedeutsame, formale Gabe*" („importantísima formalidad"). Sie ist der verjüngende Zauber, der dem Veralteten den Preis der Neuheit verleiht. Auch sie „*kann man nicht definieren, weil man nicht weiß, worin sie besteht*". [31]

Eine weitere „faculté maîtrise" ist „entereza" – Integrität, Geschlossenheit der gesammelten Wesensmacht. Diese Eigenschaft „*glänzt wie eine Sonne aller Auszeichnungen, eine Leuchte der großen Gaben, Glanz des Heldentums und der Klugheit höchste*

Erfüllung. ³² Für den Christen ist sie ein Altar, *„für Seneca das höchste Gut des Menschen, für Aristoteles seine Vollendung, für Sallust die Zierde der Unsterblichkeit"* usw. — Auch das *Wahlvermögen* („buena elección") gehört zu diesen „transzendentalen", alles umspannenden Gaben. Diese ist *„Erfüllung des Vollkommenen, der Ursprung des Trefflichen und der Siegel des Glücks."* ³³ — Als ein ausgesprochenes Rahmentalent hat schließlich die *Fähigkeit* schlechthin („la capacidad") zu gelten. Sie wird charakteristischerweise insonderheit den Regierenden zugesprochen: *„sie ist das sichere Fundament königlicher Größe".* Für den Fürsten genügt es, alles zu umgreifen, auch wo er im einzelnen auf fremde Kenntnis angewiesen bleibt. Das umfassende Verstehen ist sein königlicher Beruf. *„Eine solche Fähigkeit bildet Personen, so wie ihr Gegenteil Monstren."* Die Kapazität tritt damit in ein näheres Verhältnis zur klassischen Tugend der Prudentia. Sie ist ihr *„Innerstes"* (seno); d. h. wie sie selbst andere Eigenschaften umfaßt, so wird sie von der höheren Tugend, der Prudentia umgriffen. Darum kann man in *„ihr die Morgenröte der Klugheit"* begrüßen. In ihr sind zwei *„eminente Fähigkeiten"* zusammengefaßt: *„Ein schlagfertiger Verstand und ein reifes Urteil".* Dieses ihr *„umfassendes Verstehen läuft dem Entschluß voraus".* Die Zugehörigkeit der „Kapazität" zu den Tugenden des Kopfes wird noch dadurch unterstrichen, daß sie der Tugend des Herzens, dem „Mut" („valor") an die Seite tritt, um *„mit ihm vereint die Reputation des fürstlichen Menschen sicherzustellen"*.³⁴

Gemeinsam ist diesen Gaben, daß ohne ihr Zutun, daß ohne ihren Beitrag alles Vollkommene doch in einer Fehlanlage steckenbliebe und ein Mensch, auch mit den besten Eigenschaften, die Note des Charakters vermissen ließe: sie stimmen den Ton an für ihr Zuammenspiel. Sie sind als Mitgift aus einer Unendlichkeit dem Menschen zugeteilt. Ihr Mischungsverhältnis stellt sich bald so dar, daß man von der *einen* gar nicht genug haben kann, bald so, daß der unscheinbarste Bruchteil ihrer Beimischung für eine erfolgreiche Haltung schon ausreicht.

Verhältnis der Beimischung

Auch unter den Sinnen hat das Gesicht dasselbe Primat wie die geistigen Eminenzen unter den Perfektionen. Die Augen „*können alle anderen Sinne ersetzen, aber alle zusammen ersetzen ihren Mangel nicht*".35 Es gibt Verhältnisse, in denen der Mensch nicht genug Augen haben kann. Crítilo und Andrenio begegnen einem solchen Argos, der seine Augen überall hat: „*Wir leben in einer Zeit, in der man seine Augen öffnen und damit nicht genug, mit hundert Augen seinen Weg gehen muß; noch niemals bedurfte es so vieler Aufmerksamkeit wie jetzt, wo so viele hintergründige Absichten bestehen und keiner mit seiner offenen Absicht heraustritt.*"36 Dem Mann mit den hundert Augen folgt später ein Mann mit den hundert Herzen, ein Mann, der ganz Herz war. Er ist Crítilos gewiesener Führer zur Rüstkammer des Mutes.37

Auf einer weiteren Etappe ihrer Wanderschaft wird den beiden Helden das Geleite eines Mannes zuteil, der ganz aus Gehirn besteht. „Seso" ist das spanische Wort, indem man unschwer ein lateinisches Sensus errät. Die Übertragung von Sinn aufs Gehirn ließ aber die erste Bedeutung offen oder führte zu einer Rückübertragung. Jedenfalls liegt spanisch „seso" = Sinn, Besonnenheit, seit altersher fest38, und Gracián verwendet dieses Wort in dem betreffenden Abschnitt synonymisch mit „sindéresis" und „cordura", den Ausdrücken der besonnenen Tugend.39 „*Um seinen Weg richtig zu gehen, müßte der ganze Mensch aus „seso" bestehen.*"40 Dieses „Seso" erweist sich zugleich als der Mutterboden für „cordura" und „entendimiento" und für „juicio" (Urteilskraft)41, mit denen es gleichgesetzt wird, „advertencia" (Achtsamkeit) und „espera" (Geduld).42 Es besitzt in seinem Bedeutungsfeld dieselbe zentrale Stellung wie ein englisches „mind" oder ein deutsches „Sinn", mit dem es stamm- und bedeutungsverwandt ist. Kant sagte: „*Das, was den inneren Sinn bestimmt, ist der Verstand und dessen ursprüngliches Vermögen, das Mannigfaltige in der Anschauung zu verbinden*"43, und Jean Paul legte den Begriff zurecht: „*Je älter der bessere Mensch wird oder je stiller und frömmer, desto mehr hält er das Angeborene für heilig, nämlich den Sinn und die Kraft, indes*

sich für die Menge das Erworbene, die Fertigkeit und die Wissenschaft überall prahlend vordrängt."⁴⁴ Der „Sinn" ist für Gracián der Träger des Personseins⁴⁵, der „*substantiellen Mannheit*". Crítilo und Andrenio pilgern nun mit ihrem neuen Führer zu den Stätten der Bildung, wo die kostbare Substanz dem Strebenden zugemessen wird. Um aber da „*eine Unze zu erwerben, muß man ein ganzes Leben lang arbeiten*".⁴⁶
Der Wert eines solchen kleinen Bruchteils gibt sich als Grenzwert zu erkennen. Er bestimmt sich vor allem negativ an dem Unwert einer geläufigen Gabe, die in ihrer massenhaften Verfügbarkeit sich gegen die kostbare Mitgift aufrechnet. „*Ein Gran von Besonnenheit ist mehr wert als zentnerweise Subtilität.*"⁴⁷ Das ist das Rezept für einen Typus des Paradoxons, das Gracián aus einer langen Überlieferung übernommen hatte, um über das Maß des Menschen eine neue Wahrheit zu sagen: „*Heutzutage hat ein Knabe von sieben Jahren mehr Bosheit als früher ein Alter von sechzig.*"⁴⁸ „*Der Rat eines gewitzigten alten Mannes taugt mehr als der von hundert launischen Jungen.*"⁴⁹ „*In Toledo sagt eine Frau mehr mit einem Wort, als in Athen ein Philosoph in einem ganzen Buch.*"⁵⁰ Ein Spanier „*taugt so viel wie hundert Angehörige einer anderen Nation*".⁵¹ Derlei Wertungen sind natürlich häufig anfechtbar und umstritten. Z. B. schätzen die Franzosen „*eine Unze Silber höher als einen Sack voll Ehre*".⁵² „*Einige bewerten eine Unze Glück höher als Zentner von Weisheit und Tonnen von Mut.*"⁵³ Der Pfau in einer Graciánschen Parabel findet umgekehrt, daß „*eine Unze von glänzendem Auftreten* („*ostentación*") *mehr wert ist als zentnerweise Glück ohne dieses*".⁵⁴ Wo so eine Gabe in ihrer winzigen Dosierung fehlt, ist auch die Wirkung eines vorzüglichen Ganzen hinfällig. „*Es gibt Menschen, denen immer ein etwas fehlt.*"⁵⁵ Dieses „etwas" ist nichts anderes als das berühmte französische „je ne sais quoi". Im Bereich der geläufigen geistigen Werte ist es eine exterritoriale Größe, ein Meteorstein, aus einem Niemandsland stammend, aus einer Unendlichkeit, und es macht sich nur durch seine Wirkung vertraut. Genau besehen, kann jedes beliebige Element durch sein Verhalten zu allen andern ausgezeichnet werden und einen solchen Vorrang als eine wesentliche Ingre-

dienz erlangen.⁵⁶ Fehler, oder ein als Fehler getarnter Vorzug können Wunder bewirken, wenn man das richtige Mischungsverhältnis beachtet.⁵⁷ Eigenschaften, die im Gefüge des Charakters einen klaren Unwert ergeben, können in geringster Dosierung die nicht zu missende Ingredienz darstellen: Die Verwegenheit⁵⁸, der launige Scherz⁵⁹, die durch Mißbrauch in den Bereich der Torheit verfallen, und selbst der Wahn: *„Erfindungsgabe setzt gewiß ein Unmaß an Geisteskräften voraus — aber was wäre sie ohne die Zutat eines Grans von Wahn — ?"*⁶⁰

Umgekehrt drohen solche Gaben beständig, die Wirkung des Ganzen durch eine unbedachte Zumessung zu verderben: *„Die Paradoxe sollen wie das Salz sein, in geringer Beigabe gefällig . . . aber bei häufigerem Vorkommen verraten sie einen ungeordneten Geist . . ."*⁶¹

Schließlich kann der kleinste Bruchteil einer fatalen Eigenschaft genügen, um einen harmonisch abgestimmten Zusammenhang zu zerstören: *„Wegen einer kleinen verzeichneten Linie wird ein ganzes Gesicht verurteilt, und die Schönheit aller übrigen Züge kann nicht genügen, um es davon freizusprechen, für häßlich zu gelten."*⁶²

So erscheint das Gefüge des menschlichen Charakters nicht mehr harmonisch abgestimmt durch das Gleichgewicht seiner Elemente, sondern in unberechenbarer Weise bestimmt von einer Unendlichkeit her, die sich nicht nur in den erhabenen Zügen auslegt⁶³, sondern zuweilen durch den kleinsten Zusatz einer gefährlichen Gabe das Glück der Vollendung oder den Verlust der zusammenfassenden Kräfte entscheidet.

Graciáns Maßbegriff

Das Schema der Tugendlehre ist seit Aristoteles durch die *Ausmittelung* einer Eigenschaft zwischen zwei unwertigen Extremen begründet. Diese Vorstellung wirkt selbstverständlich auch bei Gracián noch weiter. *„Alle Tugend liegt in der Mitte."*⁶⁴ Besonnenheit (cordura) ist die maßhaltende Tugend. Sie hält den Willen im Zaum⁶⁵, und während Witz und Wille wohl einmal schlafen können, ist sie zu beständigen Wachheit verpflichtet.66 Sie ist die prophylaktische Tugend; sie muß das Ärgernis einer Begegnung mit den Toren verhindern.67 Ihr Platz ist die gediegene Mitte zwischen Kleinmut und Selbstüberschätzung: „*Zwischen diesen beiden Extremen der Unvernunft findet sich die sichere Mitte der besonnenen Tugend; und sie besteht in einer diskreten Verwegenheit, der das Glück häufig zu Hilfe kommt. Ich spreche hier nicht von jener natürlichen Überlegenheit, die wir dem heldischen Menschen als besondere Auszeichnung zusprachen, — sondern von einem besonnenen Wagemut im Gegensatz zu einem trüben und gedrückten Wesen, gestützt auf Sachkenntnis, auf das Gewicht der Jahre oder das Ansehen des Amtes.*" 68 Auffallend und gewollt paradox wirkt hier die Wortverbindung von „cuerdo" und „audacia" bzw. der gleichbedeutenden „intrepidez".

Es wurde schon angeführt, daß „audacia" nur in der geringsten Dosierung eines Granes zugelassen wird, sonst aber als die gewöhnlichste Mitgift der Torheit zu gelten habe.69 Um ein wirksames Prinzip zu werden, muß „cordura" sich in gefährliche Gesellschaft begeben. Das Maß wird erst wieder zur Tugend, wo es sich selbst gefährdet. Die breite Straße der „aurea mediocritas", der mesotes, verwandelt sich in einen lockenden Höhenweg mit dem Ausblick auf jenen unendlichen Horizont, an dem alle Eigenschaften wie über sich selbst gehoben erscheinen. Der Mittelwert ist nicht ein Durchschnittswert, sondern er tritt als ein Gipfelwert hervor, die einmalige und außerordentliche Leistung der zusammengefaßten Geisteskräfte. Nur den Kernnaturen, die aufs Wesentliche angelegt sind, ist ein solcher Glücksfall beschieden. Graciáns Romanhelden, Andrenio und Crítilo, finden sich von einer solchen Ausnahmeerscheinung geleitet, nachdem sie zuerst gesondert den Weg ihrer angeborenen Neigung gegangen und dann auf eine mittlere Linie übereingekommen waren. Zwischen den Extremen von Einfalt und Arglist erhebt sich „*der Hof der besonnenen Weisheit*". Aber der Ausgleich der Gegensätze geschieht hier nicht durch ein grundsatzloses Kompromißlertum; die mittlere Lösung bereitet ein Vermögen von höherer Stufe, vermittelt eine „*seltene Persönlichkeit, eine jener Ausnahmenaturen, mit denen einen das*

Leben zuweilen zusammenführt". Bei ihm dominiert die einzige Eigenschaft des „seso", d. h. des inneren Sinns, des Kompasses, der die „cordura" leitet. 70

Bloße Vereinigung von Gegensätzen verbürgt noch kein harmonisches Gelingen. Es ist, im Gegenteil, das Stigma der Torheiten, daß unzusammengehörige Elemente zur Mischung gelangten. Alle Torheit hat daher das Gesicht des Monströsen, das Odium einer verfehlten Harmonie.71 Wenn man unausgeglichene Gegensätze zusammenlegt, so ergeben sie eine Monstrosität. 72 Im Monströsen erleidet die geistige Schönheit ihre heillose Niederlage. 73 Die Fälle der mißglückten Zeugung dominieren in einer so ungeheuerlichen Breite, das Kunstwerk der echten Harmonie ist so leicht zerbrechlich und so störbar das einmal errungene Gleichgewicht 74, daß mit Fug ein seltenes Zustandekommen Wunder, „prodigio" oder „portento" genannt wird. 75 Die geglückten Verhältnisse erhalten ihren hohen Preis von der Höhe der Gefahr, in die man sich beim Erstreben dieser oder jener Eigenschaft begibt. Denn von manch einer heißt es, daß sie nur am Rand ihres abgründigen Gegenspiels gewonnen werden kann. So gehört z. B. die zur Schau getragene echte Würde zu den Wundern, „*das aber immer sehr am Rand der Eitelkeit gelegen ist*"76: der Mittelweg muß durch unvermutete Klippen gesteuert werden. 77 In vielen Fällen verläuft dieser Pfad so schmal und unsichtbar, daß überhaupt nur die Möglichkeiten des Abfalles bezeichnet werden können. 78 Wenn hier noch von Mitte und Maß die Rede sein kann, so ist es jedenfalls nicht die breite Straße des durchschnittlichen Anstands. Diese Bedeutung, die in Wort und Begriff von Mitte und Maß, von span. „medianía" mitspricht, wird von Gracián ausdrücklich verworfen. „*Das extensive Verfahren bringt es nie über das Mittelmaß hinaus.*"79 „*Um sich zu bilden, muß man mit den Bedeutenden gehen, erst wenn man gebildet ist, mit dem Durchschnitt.*"80 „*Viele mittelmäßige Eigenschaften reichen nicht hin, um die Größe zu machen.*"81 „*Es gibt kein Mittelmaß bei Königen.*"82 „*Bei den Franzosen gibt es weder Dummköpfe noch Weise — sie erheben sich selten über den Durchschnitt.*"83

Gracián empfindet das Unberechenbare echter Größe, er spürt

ihren dämonischen Zug und betont die Überlegenheit einer Natur, die ihre Grenzen verbirgt und die Überraschung zu ihrem schöpferischen Gegensatz macht. Offenbar hat das Gesicht des herrschaftlichen Menschen eine tiefgreifende Wandlung erfahren. Die Vorbildgesinnung, die bis dahin an der aristotelischen „mesotes" orientiert blieb und das Individuum auf die klaren Grenzen seiner Erkenntnis verpflichtet, wird durch ein Leitbild von grenzenloser und unergründlicher Überlegenheit abgelöst. Gerade durch die selbstbewußte Beschränkung auf die Grenzen seines Standes erlangte der vornehme Mensch die *Repräsentanz* seiner *ganzen* Welt, die von jenem Punkt aus zu verantworten war. Der Begriff des Maßes ergab den natürlichen Schnittpunkt antiker und christlicher Weltgesinnung. Die Gaben waren dem Menschen für seine irdischen Aufgaben zugemessen: „*est unicuique sicut Deus divisit, mensura fidei*. (R. 12,3.) — *Nos autem non in inmensum gloriabimur, sed secundum mensuram regulae, quae mensus est nobis Deus, mensuram pertingendi usque ad vos. (II Cor. 10,13.)* — Im *Maß* fühlte man den Zuwachs eines Vermögens und zugleich das mit Gott vermittelnde Erlebnis der Sohnschaft; es hat das Gesicht einer doppelten Schönheit von erweckter Urkraft, aus dem gewährten Verhältnis zum Ewigen. Im Maß ergänzte sich dann die militärische Bestimmung der mittelalterlichen Herrenklasse mit Rat und Einsicht: das *Maß* bricht ihre wertfeindliche Vitalität. Zugleich wird der Mittelwert durch das Maß gewährleistet, indem sich die Tugend zwischen ihren Extremen behauptet. Diese Bedeutungen haften im abendländischen Mittelalter an einem „*mensura*", „*mesure*". Spanisch „*comedido*", „*comedimiento*" bezeichnet nur noch eine höfische Haltung im Sinne des Entgegenkommens und der Rücksichtnahme auf fremdes Gesetz: es bezeichnet das geflissentliche Eingehen auf ein fremdes *Maß*.

Unvergeßlich bleibt an der Schwelle unserer Zeit der Hölderlinsche Versuch, das Maß für ein neues Gesetz aus dem Endsturm der Zeitbewegung und der dichterischen Unruhe wiederzuholen. Rilke sagte:
„So komm! Daß wir das Offene schauen — Daß ein Eigenes wir suchen, so weit es auch ist."

„Fest bleibt *eins,* es sei nun Mittag oder es gehe — Bis in die Mitternacht immer besteht ein Maß."

„Allen gemein, doch jeglichem auch ist eigenes beschieden — Dahin gehet und kommt jeder wohin er kann."

Aber gerade die Entdeckung eines verlorenen Wissens verrät einen vollständigen Untergang in der durchschnittlichen Sinngebung dieser unserer Zeit. Man braucht hier nur den gemeinen Sprachgebrauch abzuhören. Neuschöpfungen auf diesem Gebiet beweisen, wie vollständig der Begriff des Maßes die Bedeutung einer mittegebenden Weltkraft verloren hat. Es sei erinnert an die neudeutschen Redeweisen: *„von maßgebender Seite erfahre ich".* — *„Das ist für mich nicht maßgeblich."* Das *Maß,* das hier vermessen wird, ist offenbar nicht nachmeßbar, sondern ein überlegenes Kriterium, das man nur einfach anerkennt. Was aber das *Maßgebende* zur entscheidenden Direktive macht, das spricht nicht ohne weiteres für sich selbst oder aus der Natur der Verhältnisse. Um das *Maß* des Maßgebenden zu durchschauen, müßte man einen Blick hinter die Kulissen geworfen haben. Nicht in jeder Situation wird das Maß der Dinge verpaßt. Es genügt meist, *Takt* zu besitzen, und der Vorwurf der *Taktlosigkeit* klingt in unseren Ohren fast so unheilvoll wie einst das *Unmaß,* die *hybris,* die *„superbia".* Durch Takt besteht man in Situationen, ohne sie heroisch zu meistern. Mit etwas Taktgefühl erwehrt man sich des Ansturms der Dingwelt, deren Mustersendungen den Lebenden unablässig zur Entscheidung drängen möchten. Man weicht den Entscheidungen so lange wie möglich aus und findet schließlich die maßgebliche Norm, durch die sich das Verhältnis der Dinge von außen ermitteln läßt. Es sind irgendwelche *„maßgebende Kreise"* am Werk, die, versteckt vor uns, an der Peripherie unseres Lebensraumes „für uns" Geschichte machen. Der Mensch hat aufgehört, *Maß* aller Dinge zu sein. Er verhält sich im Anstand zu ihnen, er weiß sich auf die Beobachtungsrolle beschränkt, in der das Gesetz der menschlichen Natur nicht mehr als *einen* Gesichtspunkt ergibt. —

Graciáns Lebenslehre bezeichnet einen wichtigen Einschnitt für die Geschichte des Maßbegriffes. Die Repräsentanz der Durchschnittsqualität hat keine Lockung mehr für ihn; die *„aurea medio-*

critas" kann nur noch auf steilen Graten begehrenswert werden. Zwar bleibt der Mensch bei seinem humanistischen Anspruch, mit dem Maß seines Innern dem Ansturm der Mitwelt zu begegnen. Der Stil des Graciánschen Menschen trägt jedoch der Mitwelt nur dadurch Rechnung, daß er seinen Standort grundsätzlich über ihrem Niveau ansetzt.

„*Non enim ad mensuram dat Deus spiritum*" (Joh. 2,34). Durch den Neuplatonismus war das Individuum emporgerissen und in der Schwebe und Erwartung der Göttlichkeit gehalten worden, von der ein Schimmer liegt über der italienischen „*grazia*" (die bei Castiglione metaphysischen Rang erhält), über Bouhours' „*je ne sais quoi*", über Graciáns „*despejo*". Durch den göttlichen Abglanz werden die einzelnen Seelenvermögen *verbunden*, die zuvor im geistigen Haushalt des Menschen konkurrierten. Die Unendlichkeit wird als Maß über die Menschlichkeit gesetzt. Sie verpflichtet zur Überlegenheit. Wird dieser Anspruch nicht wahrgenommen, so kommt es zur vollständigen Abdankung vor allen Widerständen der Mitwelt. Die Stellung zur Mitwelt ist dadurch von vornherein im Sinne einer Kampfmoral gekennzeichnet. Das ständige Wesen der Welt, das jeden zu seinem besonderen Einsatz kommen ließ, ist verwischt; eine absolutistische Herrschaft ist in der Bildung begriffen, die auch dem Unterworfenen ihr eigenes Prinzip zur Darstellung aufdrängt. Zwischen der Spitze der Menschheit und ihrem Abgrund gibt es nichts Vermittelndes mehr; es bleibt allein der Gesichtspunkt der Herrschaft, den auch der Untertan im Umgang mit Königen geltend macht.

Das Wesen dieser herrschaftlichen Menschen läßt sich durch keine Porträtkunst auseinanderlegen, sondern nur durch das Strahlenbündel einer panegyrischen Rühmung zur Anschauung bringen, so wie auf der andern Seite das Wesen der Mitwelt zum turbulenten Eindruck einer feindseligen Masse absinkt und den Schattenrißstil der Satire zu fordern scheint. Das Wunder (*prodigio*) heldisch überglänzten Wesens und die monströse Unnatur der Vielzuvielen ergeben also zwei Aspekte, die von der Unendlichkeit her auf die Menschenwelt fallen. Die Vielfalt der fehlangelegten Charaktere ist Legion — ihre Verlorenheit und ihr ungeheures Übergewicht machen den Höllencharakter der Welt, die sich mit jedem Heroen zur Göttlichkeit wiederaufrichtet.

Am „*Héroe*" ist das panegyrische Verfahren Graciáns aufs deutlichste abzulesen: Die Attribute des heldischen Wesens sind Befehle und Glücksverheißungen für den strebenden Menschen, Embleme mit einer Anwartschaft für die universale Vollkommenheit. Sie finden sich nicht an ihren Trägern, sondern ihre Träger finden sich an ihnen. Dabei schließt der Absolutheitsanspruch des *einen*, der mit allen enkomiastischen Steigerungen ins Unüberbietbare zu entrücken scheint, die Zuerkennung derselben Schlüsselgewalt an eine andere Eigenschaft doch keineswegs aus. Jedes Attribut kann es in einer bestimmten Konstellation zu dieser führenden Würde bringen. Für jede neue Werthaltung ergibt sich eine neue Ordnung durch die mitregierenden Planeten, die aus der Ferne beständig leuchtenden Fixsterne der traditionellen Tugenden, ihre Satelliten, Trabanten und jäh niederstürzenden Kometen. Es besteht somit ein Verhältnis der Partizipation zwischen all diesen Attributen; sie stehen zusammen zu einem, wenn auch unendlich geöffneten „System"; sie können im langen Verkehr des Geistes sich ergänzen, ausgetauscht und erneuert werden. Auch die Wesenszüge des Menschen sind von diesem Kreislauf nicht ausgenommen: „*Der Umgang ist sehr wirksam; Sitten und Geschmäcker werden gemeinsam; Genius und Geist haften sich einem unvermerkt an*".[84] Daher der Rat, daß sich konträre Naturen befreunden sollen zur gegenseitigen Ergänzung [85] ihrer Charaktere. Ein überlegener Geist hinterläßt bei seinem Umgang Spuren seines Wesens.[86] Ist doch das Wesen der Gottheit selbst „comunicabilidad" in ihrer Wandlung zum vermittelnden Christus.[87]

Jedes Begegnen ist ein Sichmessen, ein Ringen um Einflußnahme. Der Wettbewerb ist zu einem allgemeinen Prinzip der Unruhe geworden. Die Dinge haben ihr Maß nicht in sich; erst die Begegnung mit anderem Sein macht sich meßbar. Die letzte Einheit des Maßes verlagert sich in eine Unendlichkeit. In der Richtung auf die Unendlichkeit werden die Werte gesetzt und voneinander abhängig. Unter diesem Gesichtspunkt erscheint auch das Unverlierbare am Menschen erwerblich und verderblich.

IX. AUSBLICK: DAS ENDE DES HUMANISMUS

Die Kühnheit der Graciánschen Porträtkunst und der Aufwand neuartiger Darstellungsmittel ließ doch das anthropologische Fundament seines Zeitalters unangetastet. Auch die großen französischen Moralisten des 17. und 18. Jahrhunderts, die zum Teil unter Graciáns mehr oder weniger fühlbarem Einfluß standen, haben mit der Vorstellung nicht gebrochen, daß die Charaktere sich durch die Zuteilung und das Mischungsverhältnis irgendwelcher vorgegebener Eigenschaften bestimmen ließen, zwischen denen die Vielfalt des menschlichen Daseins hin- und hertreibt.

Während für Gracián das Herz der Sitz des Mutes ist und als solcher den Wettbewerb und den Widerspruch der Vernunft herausfordert [1], rückt dieser Gegensatz in der Lehre des Chevalier Méré und seines Schülers Pascal in eine neue Ebene. „Coeur" wird jetzt zum Sitz der Intuition, einer apriorischen Erkenntnisquelle, gegen die sich das Walten des diskursiven Verstandes absetzt. Der Gegensatz von Herz und Kopf verwandelt sich nunmehr in die Polarität von Intuition und Intelligenz. Freilich hatte auch Gracián „die Sprache des Herzens" gekannt [2], doch nicht seinen Beitrag für die Operation des Verstandes. Eine völlig neue Linie der Anschauung zeichnet Jean Paul in dieses Begriffsfeld: *„. . . das Herz ist unendlich und ewig neu. Wir können uns an den größten Schönheiten und Wahrheiten übersättigen und ihren Reiz und Umriß durch den Genuß zerdrücken, aber keine schöne Tat kommt zu oft und veraltet, und über den moralischen Zauber und Genuß herrscht keine Zeit."* [3] Die Kriegserklärung des Herzens an den Verstand, der „sensibilité" an die Philosophie sind Teilerscheinungen, mit denen eine neue Wendung der Geister programmatisch durchbrach. Der weltlose Mensch entdeckt die Quelle der Schöpfung bei sich selbst. Das Einbildungsvermögen, von Gracián wie von allen Humanisten in Verruf getan, wird jetzt als entscheidende Gabe des Menschen beim Wiederaufbau einer Mitwelt gewertet.⁴ Nicht anders verläuft die Bedeutungsgeschichte des Geniusbegriffes.⁵ Ursprünglich das Erleiden einer Weltkraft bezeichnend, endigt er bei einem absoluten Vermögen, das aus dem schöpferischen Kern einer Innerlichkeit gestaltet. Der Gebrauch von génie, genio zeugt von dem Durchgang des Begriffes durch die platonische Emanationslehre, während der Gegenbegriff des „ingenio" die Immanenz der menschlichen Geistesgaben anzielte. Frz. „génie" und span. „genio" weisen im 16. Jahrhundert auf den Daimon, der über dem Dichter waltet, und dieses Schicksalhafte einer Natur- und Geschmacksrichtung liegt noch über der seit Saint-Evremont in Frankreich gängigen Rede von „génie des peuples" oder „génie des nations". Mit der Entzweiung von génie und goût — in der frühromantischen Betrachtung Frau von Staëls — legt sich das neue Weltbild aus. Noch für Montesquieu war „génie" und „goût" fast ein und dasselbe gewesen: der Hang, die vorbestimmte Richtung der Natur, in der die Dinge ihren Preis erhalten. Auch für Gracián bestand eine nahe Verwandtschaft der beiden Begriffe: wie der Genius läßt sich der Geschmack im Verkehr auf andere übertragen⁶; die Stärke seiner Suggestionskraft beweist indessen gerade seine Verankerung in den elementarsten Schichten der Natur.⁷ Die Antithese von Génie und Goût, in der die nachhumanistischen Generationen schwelgten, erhöht die Leistung der einen auf Kosten der anderen. Ein „guter Geschmack" gilt nur noch als welker Trostpreis einer nichtswagenden Mittelmäßigkeit, während das Geniale das Siegeszeichen eines hermetisch gewordenen Menschenwesens hochträgt, das seine Schöpfung und seine Taten der Welt im Sturmlauf aufdrängt. *„Denn was ist Genie anderes als jene produktive Kraft, wodurch Taten entstehen, die vor Gott und in der Natur sich zeigen können und die eben deswegen Folge haben und von Dauer sind?"* (Goethe.)

Graciáns Lebenslehre bezeichnet einen Höhepunkt und ein Ende. Schon beim ersten Gang durch seine geistige Welt gewahrt man leicht die Schranken einer Welterfahrung. Die Polarität der Geschlechter, die Widerfahrnisse der Liebesleidenschaft sind mit keinem Zug beteiligt an dem Aufbau einer männlichen Welt des Strebens, der Geschäfte, des Ruhms und der Leistung. Diese Le-

benslehre bildet insofern den denkbar härtesten Kontrast zu dem
Menschenbild der französischen Moralisten, das sich in der beständigen Rücksichtnahme auf die weibliche Partnerrolle ausformt. Die Psychologie der Geschlechter ist kein Thema, das Gracián beschäftigt.8 Der Gegenlauf der irrationalen Kräfte wurde in Frankreich durch die Gesprächssituation zwischen Mann und Frau schon im 17. Jahrhundert vorbereitet, die Ausweglosigkeit der Vernunfthaltung noch einmal — unter dem Zeichen des Jansenismus — als urchristliche Welterfahrung befunden. Spanien hat damals eine religiöse Kultur besessen, die mit der Schutzherrschaft der heiligen Theresa eine dem kämpferischen Spanienapostel Jacobus (Santiago) gleichwertige Vorbildkraft gewann. Die Entbindung der volkssprachlichen Elemente, die Erweckung des weiblichen Gemütslebens in der Sprache des Gebets waren glückliche Anzeichen einer fruchtbaren Polarisierung und Lockerung der männerbündischen, kirchlichen Hierarchie.9 Graciáns Geistigkeit entfaltete sich indessen weit ab von diesem mystischen Bereich des spanischen Glaubenslebens. Steht er doch nicht an, zuweilen Formeln zu wagen, die der Lehre der „doppelten Wahrheit" die Brücke zu bereiten scheinen, d. h. die natürliche und die geoffenbarte Wahrheit auseinanderhalten und in einer doppelten Buchführung des Gewissens verrechnen. Gemeint sind freilich stets nur zwei getrennte Wege zu einem großen Ziel, und im Verfolg dieses Grundanliegens muß aller scheinbare Widerspruch zur Auflösung kommen. Das Christliche bringt die Krönung an seine menschliche Tugendlehre und nicht ihre Krisis. Begriffe wie Generosität, Galanterie, die den französischen Jansenisten zum Skandalon wurden, halten sich bei Gracián, von jedem Zweifel bereinigt, in der Offenheit eines christlichen Humanismus. Der hohe Mut des menschlichen Strebens erhebt sich über die Niederlagenhaftigkeit der Zukurzgekommenen und darf kecklich nach der Krone der Heiligkeit greifen — ein Streben ohne inneren Bruch, und daher auch ohne die Einkehr und ohne die vertiefte Besinnung, die in Frankreich mit immer neuen Anläufen zur Entdeckung der verdrängten Seinskräfte führten: zur doppelten Werthaltung einer männlichen und einer weiblichen Wahrheit, zur Anerkennung der

irrationalen Lebenstatsachen, die sich zur ersten Sicht auf die so lange verkannte Existenz des Volkes vorwagt. Nur schattenhaft freilich zeichnen sich die vielgestaltigen Umrisse des „menu peuple" ab in La Bruyères „Charakteren"; aber als echter Gegenbegriff des Adels gewinnt das Volk in Blaise Pascals dialektischer Stufenlehre des Menschenlebens etwas von seiner verlorenen Stellung zurück.

In Spanien bedurfte die Existenz des Volkes keiner Wiederentdeckung. Die spanische Literatur des „siglo de oro" war in einem solchen Ausmaß durchdrungen von volkhaften Elementen, daß eine Reaktion (wie sie auf dem Gebiet der Lyrik der Cultismo durchführte) unausbleiblich wurde. Unter ihrem geistigen Gesetz steht auch das Weltbild Graciáns. Die Realität des Volks, das sich aus der Sphäre des spanischen Daseins nicht wegdenken ließ, wird von Gracián nicht mehr als Gegenkraft zugelassen, sondern als Widerkraft befehdet.

Die zahllosen Querverbindungen und Züge des inneren Einvernehmens zwischen Adel und Volk, wie sie Cervantes in all seine Werke einzeichnet, wirken nicht mehr ein auf die Gestaltung des heldischen Vorbilds. Der „Héroe" Graciánscher Prägung ist fern von jener tiefen Verwurzelung im volkhaften Mutterboden erzeugt, die Goethe einmal sagen ließ: *„Die Pflanze geht von Knoten zu Knoten . . . In der Tierwelt ist es nicht anders . . . Was so bei einzelnen geschieht, geschieht auch bei ganzen Korporationen. Die Bienen . . . bringen als Gesamtheit etwas hervor . . . den Bienenkönig . . . So bringt ein Volk seine Helden hervor."* Es ist gewiß, daß solche Anschauungen erst in der neueren Zeit, durch Herders Entwürfe, durch die frühromantischen Versuche und dann durch die Lehre der späten Romantik und der historischen Schule die ganze Breite des Bewußtseins entfalten. Auch ist der Raum ihrer letzten Erfüllung nicht im Westen gelegen, sondern in der großen russischen Literatur, die mit Puschkin anhebend, vielleicht als einzige einen unmetaphorischen Volksbegriff antrifft. Hier senkt die heldische Natur nicht nur ihre Wurzeltiefen in eine „Volk" genannte „Urwirklichkeit", sondern sie ist sich eins mit seinem Wesen und stellt nichts anderes dar als eine Schwingung, die durch den Antrieb der Bewegung entstandene Modifikation einer ruhenden Volkskraft.10 Aber auch diese Sinngebung des Heldischen rührt an uralte Überlieferung, an das Heldenepos des Igor, an die Bylinen usw., genau so wie Cervantes und Lope de Vega die epische Tradition der Romanze in sich aufgenommen haben.

Graciáns Menschendarstellung läßt sich nicht allein auf das Gesetz seines zeitlichen Ursprungs zurückführen, obwohl er unleugbar mit seiner Schöpfung in eine reaktionäre Gegenströmung gegen den volkhaften Grundzug der spanischen Literatur geraten war. In ihm verkörpert sich ein bestimmtes Stilgesetz, und wenn man dafür nach Affinitäten sucht, so sind sie am ehesten bei den großen Heldenbildern der klassischen französischen Tragödie gelegen, d. h. bei einer Literatur, die überhaupt keinen wahrnehmbaren Widerhall und keine Vertrautheit in Spanien besitzen konnte.

Entscheidender als der besondere Umstand einer zeitlichen Konstellation erweist sich hier das Schicksal der geistigen Zugehörigkeit zu dem Jesuitenorden, dessen weltliche Mission die Verkörperung eines neuen, von allen Bindungen gelösten Typus der Herrschaft anstrebte.

Graciáns Heroentum ist ein Herrentum, aus Zeit und Wille geformt, ohne Beziehung zu den Wurzeltiefen des Daseins, aber in der Teilnahme und Aufgeschlossenheit für alle übersinnlichen Mächte, die in den Spiegel einer gehobenen Menschlichkeit den Glanz einer Unendlichkeit einstrahlen lassen.

Die Franzosen fühlten sich schon im 17. Jahrhundert durch Graciáns irrisierende Diktion betroffen und beunruhigt. Das Schicksal seiner Übersetzungen ist ein Zeugnis dafür. Die Grenze des sprachlichen Verständnisses stand einer sachlichen Auseinandersetzung im Weg, und hielt doch zugleich das Interesse für die verheißungsvollen Anklänge aus einer Unbestimmbarkeit offen. Charakteristisch sind die wiederholten Anläufe, die der Jesuit Bouhours zu Graciáns Lehre unternahm und die – trotz der verwandten Haltungen – zum Scheitern und zur Verärgerung ausschlugen.

Der Nachruhm Graciáns ist auch durch die fehlende Dimension seiner Welterfahrung keineswegs beeinträchtigt worden. Im Gegenteil: die Erinnerung an diesen kühlen und sublimen Menschenbildner, der Vorgang seiner folgerichtig angewandten Denkkraft und das Vorbild des lückenlosen Ausbaus einer durch Strebekräfte noch von innen her zusammengehaltenen Humanität, der Kult der großen und Geschichte machenden Männer betörte im 19. Jahrhundert die Feinde der Romantik, der Entdeckerin der kollektiven Kräfte und Tiefendimension der Geschichte, und die Feinde des Historismus, der aus einer andern Lage des Geistes dem Subjekt der Geschichte Schranken gezogen hatte. Schopenhauer und vielleicht Nietzsche glaubten in Gracián so etwas wie einen Vorläufer zu begreifen. Die vollkommene Einverkörperung einer Geisteshaltung in einer Lebensmethode macht den historischen Kulturwillen Baltasar Graciáns allerdings für ein jedes Denken bedeutsam, das sich an einem Ende weiß und für seine Vollendung entschlossen hat.

Es ist eine geschichtliche Ungerechtigkeit, zu der man sich indessen immer wieder mutig machen muß, die Bedeutung einer vergangenen Ideologie an ihrer Wirkung auf die Folgezeit zu ermessen.

Gracián konnte in mancher Hinsicht als ein Vorläufer der modernen Psychologie in Anspruch genommen werden. Aber sein Weltbild verläuft naturgemäß in einer ganz andern, ja, entgegengesetzten Richtung als diese. Während die moderne Tiefenpsychologie in den Strömen des Irrationalismus aufgeht, mündet Graciáns Versuch, seelisches Neuland für den Bereich der menschlichen Selbstherrschaft zu erweitern und zu festigen, in die Linie der geistesaristokratischen, frühaufklärerischen Haltungen.

Der Irrationalismus der modernen Psychologie ist als Gegenschlag gegen den uferlos ausgedehnten Erklärungsanspruch des naturwissenschaftlichen Kausalitätsprinzips zu verstehen. Daher die Liebe zu allem Abgründigen, die Entdeckung eines Todes- und Zerstörungstriebs in den nächtigen Lagen der menschlichen Seele, die Freilegung ihrer primitiven und archaischen Urverwandtschaften. Der Irrationalismus führte notwendig zu einer vollständigen Abdankung der Vernunft und des menschlichen Wesens vor dem zerstörerischen Treiben der sich selbst überlassenen und von keiner übergreifenden Planung gelenkten Kräfte eines technischen

Zeitalters; ja diese destruktiven Tendenzen wurden schließlich im Lichte des Vitalismus, im Lichte einer neuartigen Schönheit und einer neuen Moral frenetisch willkommen geheißen.

Demgegenüber kann die unverbrüchliche Gesetzlichkeit des an sich selbst gebundenen Menschen Graciánscher Prägung wie ein Hinweis dafür gelten, daß auch auf seelischem Gebiet die wirklich fruchtbaren Entdeckungen nicht aus der bedenkenlosen Verwerfung alles überlieferten Wissens hervorgehen, sondern aus ihrer kühn gesammelten Macht für eine erneuerte Zielsetzung.

ANMERKUNGEN

I. Kapitel: Werk und Leben

¹) I, 297: ... censuraron algunos ... que se conocen pocos ingenios toledanos de profundidad y de sustancia.
²) I, 296: Al fin, fué preferida la imperial Toledo, a voto de la Católica Reina, cuando decía que nunca se hallaba necia sino en esta oficina de personas, taller de la discreción, escuela del bien hablar, toda corte, ciudad toda, *y más después que la esponja de Madrid le ha chupado las heces.*
³) I, 297: que más dice aquí una mujer en una palabra que en Atenas un filósofo en todo un libro.
⁴) Quien no ha visto Sevilla, no ha visto maravilla.
⁵) II, 43:
⁶) II, 34: ¿ Qué ciudad es aquélla, que tan en punta parece que amenaza al cielo? — Será Toledo, que a fianzas de sus discreciones aspira a taladrar las estrellas, si bien ahora no la tiene.
⁷) = Anm. ¹)
⁸) I 297: ... centro, no tanto material, cuanto formal de España.
⁹) Gracián kennt z. B. eine „höchst bedeutsame, formale Eigenschaft", mit der transzendenten Kraft, alle anderen Eigenschaften zu übergreifen (D 255); er spricht von „despejo" als einem „formalen Vermögen der Schönheit", als der „Auszeichnung des Ausgezeichneten selbst", und dies ist nichts anderes als die „transcendente beldad". Vgl. des näheren unter VIII e.
¹⁰) So zitiert AA 131 Francisco Gracián, den Vater, 72, 151, 181, 201, 252, 258: Fray Pedro Gracián, den Bruder; 111, 125, 126, 201, 223, 275, 284: Fray Felipe Gracián, einen anderen Bruder; 174, Madre Magdalena de la Presentación, die Schwester; 115, 180: Fray Raymundo Gracián de la Madre de Dios, den Vetter, und 144: Antonio Gracián, den Onkel.
¹¹) II, 107: Gusten unos de jardines, hagan otros banquetes, sigan éstos la caza, cébense aquéllos en el juego, rocen galas, traten de amores, atesoren riquezas con todo género de gustos y de pasatiempos, que para mí no hay gusto como el leer, ni centro como una selecta librería.
¹²) Menéndez y Pelayo, Historia de las ideas estéticas, II, 354 spricht von „pasajes ridículos de su poema baladí de „Las Selvas del año". Dieses Urteil spiegelt noch die Vorurteile einer vergangenen Epoche gegen die seicentistische Kunst wider.
¹³) AA 290: No es de esencia de la agudeza fingida el metro y composición poética, sino ornato, que la prosa suele suplir con su aliñada cultura. No está la eminencia en la cantidad de sílabas ni en la cadencia de ellas, que eso es muy material; no pasa del oído; sí en la sutileza del pensar, en la elegancia del decir, en el artificio del discurrir, en la profundidad del declarar.
¹⁴) Der „Héroe" wurde ebenso wie Graciáns folgende Werke von Juan de Lastanosa unter dem Namen Lorenzo Gracián herausgegeben. Lastanosas Sohn behauptete, der Herausgeber hätte ihm diese Werke mit List zur Veröffentlichung aus der Hand gelockt. Dem steht das Interesse gegenüber, das Gracián

an dem Verkauf seiner Schriften nahm (I, 11[42]). Die weitere Bemerkung des jungen Lastanosa, diese früheren Werke seien „en lo más florido de su mocedad" entstanden, hat keine Beweiskraft für die Annahme, daß es sich um lange vor der Veröffentlichung entstandene Schriften gehandelt hätte.

[15]) Nachdem Marcel Bataillon in seinem geistvollen Buch „Erasme en Espagne" die fruchtbare jüdische Blutbeimischung in der Geschichte dieser Bewegung aufgezeigt hatte, versuchte in jüngster Zeit Diaz-Plaja, die Herkunft der barocken Geisteshaltung in ähnlicher Weise zu begründen und bei Gracián im besonderen einen jüdischen Stammbaum anzusetzen. Die Haltlosigkeit dieser These hat Florrea-Calderón nachgewiesen (Etopeya de Baltasar Gracián in Escorial 40, 429).

[16]) I, 294: ... gente sin embeleco, parecíale muy bien, pero echaba mucho menos la grandeza de los corazones, y espantábale aquel proseguir en la prima necedad.

[17]) I, 404: ... comparando las naciones de España a las edades, ... los aragoneses eran los varones.

[18]) III, 336 f ..... apreciando más el corazón grande de un castellano que los estrechos de los aragoneses, y hoy día las mayores casas se trasladan allá: llegando a tal estimación las cocas de Castilla, que dice el refrán que el estiércol de Castilla es ámbar en Aragón.

[19]) Vgl. Anm. [16]) u. III, 65: ... un altivo castellano ... un tozudo aragonés.

[20]) AA 144: Ponderaba el Licenciado Antonio Gracián, mi tío, con quien me crié en Toledo, que en los aragoneses no nace de vicio el ser arrimados a su dictamen, sino que como siempre hacen de parte de la razón, siempre les está haciendo gran fuerza.

[21]) III, 155: En suma, él era castellano en lo sustancial, aragonés en lo cuerdo, portugués en lo juicioso, y todo español, en ser hombre de mucha sustancia.

[22]) II, 90: Estos ... son graves por lo aragoneses, ... gemeint ist die aragonesische Dichterschule der Brüder Argensola.

[23]) III, 138: Este pues o andaluz por lo loquaz, o Valenciano por lo fácil o Chichiliani por lo Chacharroni.

[24]) Gracián weiß sich in seiner Kritik der Gehaltlosigkeit des im Süden wurzelnden Cultismo mit den klassizistischen Tendenzen der aragonesischen Dichterschule einig.

[25]) III, 276.

[26]) II, 3: Aragón, que los extranjeros llaman la buena España ...

[27]) II, 64: Son muy allegados a la razón, pero arrimados a su dictamen.

[28]) III, 150 f.: ... dijo un forastero, hablando con un natural, y confesándole vendido o vencido: Señor mío, por eso dicen que sabe más el mayor necio de Calatayud que el más cuerdo de mi patria. ¿ No digo bien? — No, por cierto, le respondió. — Pues ¿ porqué no ? — Porque no hay ningún necio en Calatayud, ni cuerdo en vuestra ciudad. —

[29]) Vgl. I, 5 und die hier angeführten Einzelheiten.

[30]) Vgl. I, 6 f.

[31]) II, 99 werden die „Anticuarios" den Zeitungsmännern, „gaceteros y relacioneros", an die Seite gestellt als „sin fondo de juicio ni altanería de ingenio", und vor der ehrenden Erwähnung Lastanosas, II, 200 heißt es noch einmal, die Numismatik sei „de más curiosidad que sutileza". —

[32]) ... Es muy donoso brinquiño, aseguroos que contiene grandes cosas ... dieses Königswort mitgeteilt im Prefacio zum Discreto. Gracián wendet es selbst an auf Giovanni della Casas „Galateo": I, 335: pero no se puede negar que sea un brinquiño de oro. Philipp IV. blieb auch später seiner Vorliebe für Graciáns Schriftstellerei treu, wie aus der „Censura crítica" des II. Criticóns, aus der Hand des Lizenziaten J. Longo, hervorgeht: ... libros que han corrido

por el mundo con granda aplauso, y se han visto en la librería del mayor Príncipe con mucho agrado ... Gracián hatte diesen Teil seines Romans dem König gewidmet.

³³) I, 7.
³⁴) Dies ist wenigstens die Auffassung von Romero-Navarro, I, 7 f.
³⁵) Über Manuel de Najera vgl. S. C. LXXXII ff. -- AA, 5: De aquí se saca (a nuestro modo de decir) al mismo Señor, pues sudaba en Navarra un devoto superlativo de todos; como se ve en éste de un ingenioso orador, en que ponen con evidencia que el concepto de la agudeza consiste también en artificio, y el deró San Francisco Javier, que no sólo este grande apóstol del Oriente se llevaba las voluntades de todos cuantos trataba, sino, que pareció que tenía hechizado Crucifijo todas las veces, que el Santo padecía algún trabajo en la India. Offenbar zitierte Gracián dem Sinne nach, aber die gedruckte Fassung der Predigt, die erst 1649 erschien, hat das „Concepto" gemildert. Jetzt nachzulesen in S. Cl. 165: Había en las casas de Javier un crucifijo, devoto por su antiguedad y estimado por su primor. Y cuando padecía algún trabajo extraordinario Francisco, sin que le valiese la sequedad o el gasto de crucificado, sudaba sangre. Su misma muerte no le obligó a más que a sudarla, cuando vivo, y el riesgo de Francisco le obliga a sudarla aún después de muerto.
³⁶) I, 10.
³⁷) Ménendez y Pelayo, Ideas estéticas II, 358, nennt dieses Buch das schlimmste von allen Graciánschen.
³⁸) Ed. B. A. E. ... VI, 87: 38 años ha que fuí traído a la Corte del César, en la cual he visto a todas las cosas crecer, sino a los sermones, que se están siempre en un ser.
³⁹) Vgl. die Zitate S. Cl. XXXIII passim.
⁴⁰) Joaquín Costa, Ideario español, Madrid, 1936 3, p. 91.
⁴¹) ... y porque leyéndole hallaba, que sabía a la mano de quien ha hecho otros libros, que han corrido por el mundo con grande aplauso, y se han visto en la librería del mayor Príncipe con mucho agrado ...
⁴²) „Al que leyere" ... Otras más breves obras te ofrezco.
⁴³) III, 349 f. werden Andrenio und Crítilo auf Grund der Bewährung in den namentlich angeführten Abenteuern ihrer ganzen Wanderung zur Unsterblichkeit zugelassen. Vgl. auch die Sorgfalt, die zufolge dem Vorwort an den Leser Gracián dem Endteil zuwandte: También he atendido en esta tercera parte, huir del ordinario tope de los más autores, cuyas primeras partes suelen ser buenas, las segundas ya flaquean, y las terceras de todo punto descaecen.
⁴⁴) III, 89: a mí (dijo Crítilo) pocas cosas me satisfacen del todo. — Pues a mí (dijo Andrenio) pocas dejan de contentarme, porque en todas hallo yo mucho bueno y procuro gozar de ellas, tales cuales son, mientras no se topan otras mejores, y éste es mi vivir, al uso de los acomodados. — Y aun de los necios (replicó Crítilo).
⁴⁵) Das Gespräch III, 251 f.
⁴⁶) Dazu auch die Anleihe bei Cervantes „Retablo de las maravillas", dessen Grundgedanke mit vielen Einzelzügen in III. Crisis IV (El mundo descifrado) wiederkehrt.
⁴⁷) II, 103 ... estas hojas de Quevedo, son como las del tabaco de más vicio que provecho más para reír que para aprovechar. Daneben wird III, 41 Quevedo neben Horaz, Martial und Ariost als Dichter und III, 316 seine Prosa gerühmt.
⁴⁸) II, 89: Si en este culto plectro cordobés hubiera correspondido la moral enseñanza a la heroica composición, los asuntos graves a la cultura de su estilo, la materia a la bizarría del verso, a la sutileza de sus conceptos, no digo yo de márfil, pero de un finísimo diamante merecía formarse su concha.

[49]) AA 240: Es gran eminencia del ingenioso artificio llevar suspensa la mente del que atiende, y no luego declararse ... Comienza a empeñarse el concepto, deslumbra la expectación, o la lleva pendiente, y deseosa de ver donde va a parar el discurso que es un bien sutil primor, y después viene a concluir con una ponderación impensada ...

[50]) AA 245: Hay laberintos del discurso, que el mental Teseo con el precioso ovillo de una acertada perspicacidad mide y vence. Llámase esta sutileza desempeño, y pudiera vencedora, pues sitiada la inteligencia de una perplejidad, y tomados todos los pasos al discurso, con todo eso asistida de su prontitud, halla la extraordinaria salida.

[51]) AA 247: Este es el principal artificio, que hace tan gustosas y entretenidas las épicas ficciones, novelas, comedias y tragedias; vanse empeñando los sucesos y apretando los lances, de tal suerte, que parecen a veces no poder tener salida ... Más aquí está el primor del arte y la valentía de la inventiva, en hallar medio extravagante, pero verisímil, con que salir de enredado laberinto ...

[52]) III, 114 ... con que todos perdieron el tino, y sin saber a quién seguir, y ni quién era él que decía de la verdad, sin hallar a quien arrimarse con seguridad, echó cada uno por su vereda de opinar, y quedó el mundo bullendo de sofisterías y caprichos.

[53]) III, 234 ff.: ... él era raro y tanto, que pudiera dar liciones de mirar al mismo Argos, de penetrar a un zahorí ... y de entender al mismo Descifrador.

[54]) III, 235: Roma es oficina de los grandes hombres.

[55]) III, 235: español inserto en italiano.

[56]) III, 292: ... ya no se usan, todo está muy trocado.

[57]) PF 409: Fué era de políticos, y Fernando el Catedrático de prima. Digo político *prudente*, no político *astuto*, que es grande la diferencia. Dazu II, 207, II, 207, 213 u. a.

[58]) I, 378.
[59]) D 268.
[60]) III, 165—174.
[61]) Diese Auffassung erwähnt Andrenio II, 165.

II. Kapitel: Gracián und die Psychologen

[1]) Nietzsche Werke VII, Jenseits von Gut und Böse, S. 36, Nr. 23.

[2]) III, 90: ... no han estudiado la materia de las intenciones, que es la más dificultosa de cuantas hay.

[3]) III, 91 ff.
[4]) III, 119.
[5]) III, 120.

[6]) III, 122 f: ... cada día se van adelantando las materias y sutilizando las formas; mucho más personas son las de hoy, que las de ayer, y lo serán mañana ... cuando todo lo que discurrieron los antiguos, es niñería, respeto de lo que se piensa hoy, y mucho más será mañana: nada es cuanto se ha dicho, con lo que queda por decir, y creedme, que todo cuanto hay escrito en todas las artes y ciencias, no ha sido más que sacar una gota de agua del Océano del saber; bueno estuviera el mundo, si ya los ingenios hubieran agotado la industria, la invención, y la sabiduría; no sólo han llegado las cosas al colmo de perfección, pero ni aún a la mitad de lo que pueden subir.

[7]) III, 138: Los más en el mundo son tintoreros, y dan el color que les está bien al negocio, a la hazaña, a la empresa, y al suceso ...

[8]) O, 22: Sonda luego el fondo de la mayor profundidad; sabe hacer *anatomía*

de un caudal con perfección. En viendo un personaje, le comprende y lo censura por esencia. De raras observaciones, gran descifrador de la más recatada interioridad. Nota acre, concibe sutil, infiere juicioso: todo lo descubre, advierte, alcanza y comprende.

⁹) D, 233: Los zahoríes de corazones, que realmente los hay, no necesitan, ni aún de resquicios para penetrar el más reservado interior. Ociosa fuera la transparente vidriera para quien mira con cristales de larga vista, y un buen discurso propio es la llave maestra del corazón ajeno.

¹⁰) O, 22: sabe hacer *anatomía* de un caudal. D 168: sagaz *anatomía*. D 184: moral *anatomía*. Ebenso I, 265 und AA 330: *anatomía* del alma.

¹¹) D, 245: De esta suerte van haciendo *anatomía* del ánimo ... de modo, que hacen *anatomía* de un sujeto hasta las entrañas y luego le definen por propiedades y esencia.

¹²) O, 57 f. Die negative Bewertung derer, die immer an der Peripherie haften bleiben: Vanse muchos, o por las ramas de un inútil discurrir, o por las hojas de una cansada verbosidad, sin topar con la sustancia del caso; dan cien vueltas rodeando un punto, cansándose y cansando, y nunca llegan al centro de la importancia.

¹³) O, 47.

III. Kapitel: Gracián und die Psychologie der Nationen

¹) III, 65: Pero lo más es, que en viendo a cualquiera le atinaba la nación.
²) Henri Estienne, Apologie pour Hérodote, ed. La Haye, 1735, I, 1 p. XXX f.
³) Die Episode in Les Actions héroïques et plaisantes de l'Empereur Charles V, Cologne, 1583, p. 234 f.
⁴) Brantôme, Oeuvres, Bibl. elzévirienne, t. IX, p. 80, Rodomontades espagnoles zufolge sprach Karl V. in Anwesenheit des Nuntius und des französischen Gesandten spanisch: „Señor Obispo, entiéndame si quiere; y no espere de mí otras palabras que de mi lengua española, la cual es tan noble, que merece ser sabida y entendida de toda la gente cristiana." Dagegen behauptet Verville, Le moyen de parvenir, I, p. 275, der Kaiser hätte gefunden „que les espagnols parlaient en glorieux, les allemands en chartiers, les italiens en charlatans, les anglais en niais apprivoisés, mais les français en Princes".
⁵) Über Carlos García vergl. Joaquín López Barrera, Españoles y franceses en los siglos XVI y XVII, la literatura hispanófoba. Publicaciones del Boletín de la Biblioteca Menéndez y Pelayo.
⁶) Daniel Georg Morhofen / Unterricht von der Teutschen Sprache und Poesie / deren Ursprung / Fortgang und Lehrsätzen. Kiel, 1682. — Über Morhofens Beziehungen zu Thomasius siehe Christian Thomasius, Leben und Lebenswerk. Hgg. v. Max Fleischmann. Beiträge zur Geschichte der Universität Halle—Wittenberg, 2. Bd. Halle 1931, S. 234 passim.
⁷) Aus der Dedikation an Kaiser Karl V.: „... Quise traducirlos del griego así porque la traducción fuese más verdadera, como porque la propiedad y maneras de hablar la lengua griega responde mucho mejor a la castellana que a otra ninguna. Por aventura este mi estilo de hablar de que uso en este libro parecerá a algunos duro y difícil; pero no a aquellos que hubieren leído el original en griego, porque a esta manera de escribir breve y cortada que tiene Plutarco, no se quede fácilmente añadir aquella claridad y afluencia que se requiere ..."
⁸) Über spanische Ursprungstheorien unterrichtet L. Kukenheim, Contributions à l'histoire de la grammaire italienne, française, espagnole à l'époque de la Renaissance. 1932. —

[9]) Bartolomé Ximénez Patón, Elocuencia española en arte, Baeza, 1621, p. 49 f.
[10]) Über Huarte: Mauricio Iriarte, Dr. Juan Huarte de San Juan und sein „Examen de ingenios". (Span. Forschungen der Görresgesellschaft II, 4) Münster, 1938. Dazu meine Rezension in Zeitschr. für Romanische Philologie, 1941, S. 314 ff. —
[11]) Thomasius, Lustigen und Ernsthaften Monatsgespräche Erster Theil, Halle, 1688, S. 640. —
[12]) Je hay du Florentin l'usuriere avarice
Je hay du fol Sienois le sens mal arresté
Je hay du Genevois la rare vérité
Et du Venetien la trop caute malice
Je hay le Ferrarois pour je ne sçay quel vice
Je hay tous les Lombards pour l'infidélité
Le fier Napolitain pour sa grande vanité
Et le poltron Romain pour son peu d'exercice
Je hay l'Anglais mutin et le brave Escossais
Le traistre Bourguignon et l'indiscret Français
Le superbe Espagnol et l'yvrogne Thudesque
Bref, je hay quelque vice en chasque nation,
Je hay moy mesme encor' mon imperfection,
Mais je hay par sur tout un sçavoir pedantesque
[13]) Cadalso, Obras, Madrid, 1818, II, 246.
[14]) Cascales, Cartas philológicas, Madrid 1779, p. 193
[15]) Aphorismen zur Lebensweisheit (Inselausgabe S. 67).
[16]) I, 376 ff. Zur Charakteristik der Polen vergl. auch I, 222: „hombre más sencillo que un polaco."
[17]) III, 144.
[18]) III, 47: aunque en España nunca llegó la borrachera a ser merced, en Francia sí a ser Señoria, en Flandes Excelencia, en Alemania Serenísima, en Suecia Alteza, pero en Inglaterra Majestad. Dazu III, 51 f. wo die Mäßigkeit der Nationen nach dem Mischungsverhältnis von Wasser und Wein bestimmt wird.
[19]) III, 86: Es Europa vistosa cara del mundo, grave en España, linda en Inglaterra, gallarda en Francia, discreta en Italia, fresca en Alemania, rizada en Suecia, apacible en Polonia, adamada en Grecia y ceñuda en Moscovia.
[20]) II, 174 ff.: Fueron los primeros los italianos, porque llegaron primeros, y pidieron la testa, yo os la mando, dijo, seréis gente de gobierno, mandaréis el mundo a entrambas manos. Inquietos los franceses, fuéronse entremetiendo y deseosos de tener mando en todo, pidieron los brazos. Temo, dijo, que si os los doy, habéis de inquietar todo el mundo; seréis activos, gente de brazo, no pararéis un punto, malos sois para vecinos ... Iten más dejo el rostro a los ingleses, seréis lindos, unos ángeles, mas temo, que como las hermosas habéis de ser fáciles en hacer cara a un Calvino, a un Lutero, y al mismo diablo. Sobre todo guardados no os vea la vulpeja, que dirá luego aquello de hermosa fachata ... A los irlandeses del higado. El talle a los Alemanes seréis hombres de gentil cuerpo, pero mirad que no lo estiméis más que el alma ... Todo el vientre a los flamencos y holandeses, con tal que no sea vuestro Dios: el pecho a los suecos; las piernas a los turcos, que con todos pretenden hacerlas y donde una vez meten el pie, nunca más lo levantan. Las entrañas a los Persas, gente de buenas entrañas: a los africanos los huesos, que tengan que roer como quien son; las espaldas a los chinos, el corazón a los japoneses, que son los españoles del Asia y el espinazo a los negros. Llegaron los últimos los españoles, que habían estado ocupados en sacar huéspedes de su casa, que

vinieron de allende a echarlos de ella. Qué nos dejas a nosotros le dijeron, y él: tardo llegáis, ya está todo repartido; pues a nosotros replicaron, que somos tus primogénitos que menos que un mayorazzo nos ha de dejar? No sé ya que daros; si tuviera dos corazones, vuestro fuera el primero; pero mirad lo que podéis hacer es, que pues todas las naciones os han inquietado, revolved contra ellas, y lo que Roma hizo antes haced vosotros después: dad contra todas ... en fe de mi permisión. No lo dijo a los sordos, hanse dado tan buena maña, que apenas hay nación, que no le hayan dado su pellizco ...

21) Vgl. in diesem Zusammenhang auch III, 19 . . . estómago de francés, cabeza de español y pies de italiano ...

22) So wird III, 82 Peking geschildert cuyo centro, puesto in altro un hombre, no descubre sino casas, con ser tan llano hemisferio.

23) III, 200 wird von den Engländern gesagt compitiendo la belleza de sus cuerpos con la fealdad de sus almas.

24) Ein Echodialog II, 83. Ein „unechtes", d. h. die Wiederholung der letzten Silben nur durch einen Sinnreim ersetzendes Echogespräch auch II, 223: ¿ Dónde estás, o justicia? — dijo en grito, y respondiole al punto. Eco vaticinante desde un escollo de flores: en la casa ajena. — ¿ Y la verdad? Con los niños. La castidad? — huyendo. — ¿ La sabiduría? En la mitad, y aun. — La providencia? — Antes. —¿ El arrepentimiento? — Después. — La cortesía? — En la honra. — ¿ Y la honra? En quien la da . . .

25) Crítilo benützt nach dem Übertritt über die Pyrenäen die erste Gelegenheit, um mit einem Franzosen ins Gespräch zu kommen, und zwar mit der echt Montaigneschen Begründung, daß man sich den jeweiligen Landessitten anzupassen habe, und der bemerkenswerten Feststellung, daß die Franzosen mehr als die Angehörigen einer anderen Nation durch ihren nationalen Typus bestimmt seien: II, 64 ff.: notemos bien su genio, su hablar y su poseder, para saber como nos hemos de portar con los otros. — Pues ¿ que visto uno, estarán vistos todos? — Sí, que hay genio común en las naciones, y más en esta y la primera treta del trato, es, no vivir en Roma, a lo húngaro, como algunos, que en todas partes viven al revés.

26) III, 248: Como decís, que habéis andado todo el mundo, no habiendo estado, sino en 4 provincias de la Europa? — ¡Oh! bien; (respondió Crítilo) yo te lo diré, porque así como en una casa no se llaman parte de ella los corrales donde estan los brutos, no entran en cuenta los redutos de las bestias. Así lo más del mundo no son sino corrales de hombres incultos, de naciones bárbaras, y fieras, sin policía, sin cultura, sin artes y sin noticias: Provincias habitadas del monstruo de la herejía de gentes que no se pueden llamar personas, sino fieras. —

II, 285 begegnet man einem Individuum, das sich gegen den Vorwurf der Verrücktheit mit dem Hinweis verteidigt, weder etwas Besonderes zu sein noch getan zu haben, „ni era de alguna de las *cuatro* naciones. — Ferner Graciáns Bericht über ein Mysterium des Sündenfalls, bei dem Gottvater deutsch sprach, Adam italienisch, Eva französisch und der Teufel spanisch (III, 250). —

27) II., Crisis. XII, el trono del mando, handelt in der Kaiserpfalz, die „imperial ciudad" erhebt sich auf einem Hügel, in dieser Corte de Cortes residiert Kaiser Ferdinand (II, 258). Zusammenfassend wird über die Reichsgewalt gesagt: El imperio no es felicidad, sino pensión, . . . (II, 272).

28) III, 67—70.

29) III, 68: . . . lo que los príncipes deliran, los vasallos suspiran.

30) III, 69: hanme parecido muy lindamente.

31) III, 69: llamar a los alemanes animales, d. h. die Deutschen Tiere zu nennen.

³²) III, 69: Unübersetzbares Wortspiel: ¡Qué frescos y aún fríos!
³³) III, 69: |Qué bravos y aún feroces!
³⁴) III, 68:] Qué hermosos! nada bizarros.
³⁵) III, 69:¡Qué rubios! hasta en la boca — Anspielung auf „boquirrubio" unreifen Menschen zugelegt.
³⁶) Einen Überblick über die ungeheuer umfangreiche Kontroversenliteratur vermittelt Lois Strong, Bibliography of Franco-Spanish Literary Relations, New York 1930, Institute of French Studies, Columbia University 1930.
³⁷) III, 91· diptongo es un francés, inserto en español que es la peor mezcla de cuantas hay.
³⁸) II, 62: Admiraron con observación aquellas gigantes murallas, con que la atenta naturaleza afectó dividir estas dos primeras provincias de la Europa, a España de la Francia, fortificando la una contra la otra, con murallas de rigores dejándolas tan distantes en lo político, cuando tan confinantes en lo material ...
³⁹) II, 62: Al mismo punto que metieron el pie en Francia, conocieron sensiblemente la diferencia en todo, en el temple, clima, aire, cielo, y tierra; pero mucho más la total oposición de sus moradores en genios, ingenios, costumbres, inclinaciones, naturales, lengua y trajes.
⁴⁰) II, 178 ... ellos son antipodas de los españoles.
⁴¹) III, 181 f.: la natural antipatía de estas dos naciones, opuestos en todo, en el vestir, en el comer, en el andar y hablar, en los genios é ingenios.
⁴²) III, 246: ... los españoles ... son llamados de las otras naciones los tétricos y graves, como al contrario los franceses son alegres, y que van siempre brincándose y bailando ...
⁴³) Ebenda ... fué siempre la melancolía manjar de discretos ... conocen mejor los males, y lo mucho que les falta para ser felices: los sabios sienten más las adversidades, y como a tan capaces, les hacen mayor impresión los topes. Una gota de azar basta aguarles el mayor contento, y demás de ser poco afortunados, ellos mismos ayudan a su descontento, con su mucho entender; así que no busquéis la alegría en el rostro sabio, la risa sí que la hallaréis en el del loco.
⁴⁴) In der „Cueva de la nada" ist kein französischer Edelmann anzutreffen, während der Adel anderer Nationen stark vertreten sei. III, 215: Esa, dijo el Honroso, es una singular prerogativa de la nación francesa, que lo bueno se debe aplaudir. Sabed que en aquel belicoso reino ninguna damisela admitirá para esposo al que no hubiera asistido en algunas campañas, que no los sacan para el tálamo del túmulo del ocio: desprecian los Adonis de la Corte, por los Martes de la campaña. Anders in Spanien, wo sich seit den Zeiten der katholischen Königin, ja schon unmittelbar nach ihrem Ableben, vieles verändert habe. Überall treffe man die Söhne der großen Adelshäuser bei ihren müßigen Vergnügungen, am Spieltisch usw., aber niemals auf dem Schlachtfeld oder in den Hörsälen der Hochschulen.
⁴⁵) II, 52 ff., — 54: ¿Qué Indias para Francia como la misma España? ... creedme que los españoles son vuestros (d. h. der Franzosen) indios.
⁴⁶) II, 68: Crítilo erinnert den Franzosen an Midas, tan sin medida, ni tasa en su codicia, que al cabo, como suelen todos los ricos, murió de hambre, si enfermó de ahito.
⁴⁷) II, 176—178.
⁴⁸) II, 63 ff.
⁴⁹) II, 57; III, 65, 155 usw.
⁵⁰) u. a. II, 129.
⁵¹) III, 176.
⁵²) III, 252 f.: Cuál sea la causa, que siendo los franceses tan fatales para

ella (Italia), los que la inquietan, la azotan, la pisan, la saquean, cada año la revuelven, y son su total ruina; y al contrario, siendo los españoles los que la enriquecen, la honran, la mantienen en paz y quietud, los que la estiman, siendo Atlantes de la Iglesia Católica Romana: con todo eso se pierden por los franceses, se les va el corazón tras ellos, los alaban sus escritores, los celebran sus poetas, son delarada pasión, y a los españoles les aborrecen, los execran, y siempre es tan diciendo mal de ellos?...? No has visto muchas veces aborrecer una mujer el fiel consorte que la honra, y que la estima, que la sustenta, la viste y la engalana, y perderse por un rufián que la da de bofetadas cada día y la acocea, la azota, y la roba, la desnuda y la maltrata?

53) III, 250: Exceden los italianos a los españoles en los accidentes, y a los franceses en la sustancia, ni son tan viles como éstos ni tan altivos como aquéllos: igualan a los españoles y sobrepujan a los franceses en juicio, haciendo un gran medio entre estas dos naciones.

54) III, 251: ... pero si en manos de los italianos hubieran dado las Indias, | como que los hubieran logrado!

55) III, 249: ... la Italia está tan otra y tan mejorada que no la conocerían sus primeros pobladores ...

56) Ebenda: España se está hoy del mismo modo, que Dios la crió.

IV. Kapitel: Graciáns Zeitbewußtsein

1) Trotz der Erwähnung „más (alcanzar) que el antojo de Galilei" hat das moderne Naturbild noch keinen Einfluß auf die Kosmographie Graciáns.

2) Auch Gracián richtet die üblichen Scheltreden gegen Machiavelli I, 236: razones, no de Estado, sino de establo.

3) Auch Gracián wirft Bodin, den bedeutendsten theoretischen Kopf der „Politiques", und Machiavelli in einen Sack. Vergl. II, 104 f.

3a) II, Crisis VI.

4) II, 137 ... que la malicia la (a la Fortuna) ha dado bebedizos, y a título de descansarla, se ha alzado con el mando, y así da a sus favorecidos cuanto quiere: a los ladrones las riquezas, a los soberbios las honras, a los ambiciosos las dignidades, a los menguados las dichas, a las necias la hermosura, a los cobardes las victorias, a los ignorantes los aplausos, y a los embusteros todo: el más ruin jabalí se come la mejor bellota ...

5) H, 145 ff.

6) D, 211: todos los mortales frecuentan esta casa, y entran por una de estas dos puertas; pero es ley inviolable, y que con sumo rigor se observa, que el que entra por la una haya de salir por la otra ...

7) O, 89.

8) O, 72: No se rinde a la fortuna, que le se acabará de hacer intolerable...

9) H, 145: ... no es otra, hablando a lo cuerdo y aun católico, que aquella gran madre de contingencias y gran hija de la suprema Providencia, asistenta siempre a sus causas, ya queriendo, ya permitiendo.

10) D, 148: ... no son livianas variedades de mujer, sino alternativa de una justísima providencia.

11) II, 143 hija de la Providencia.
12) II, 147.
13) II, 148.
14) II, 149.
15) II, 142.
16) D, 260: ... a los más le va mal, porque les va bien.

[17] D, 260 ... que no hay más dicha ni más desdicha que prudencia o imprudencia.
[18]) II, 150: Una cosa os quiero confesar, y es, que los verdaderos sabios, que son los prudentes y virtuosos, son muy superiores a las estrellas.
[19]) III, Crisis XI.
[20]) Über den Fortunabegriff in der Renaissance vergl. A. Doren, Fortuna im Mittelalter und in der Renaissance, herausg. von Fritz Saxl, 1922/23, und Ernst Cassirer, Individuum und Kosmos in der Philosophie der Renaissance, Leipzig 1927, S. 77—83.
[21]) II, Crisis XII.
[22]) II, 258.
[23]) II, 262.
[24]) Sämtliche Werke, Ausg. Hartenstein, 1867—68, VIII 628. — Wie das Höfische in Deutschland allmählich der Kritik verfällt, erörtert Schopenhauer: „Die prosaische und die poetische Satire hatte sich bisher immer gehütet, Hof und Adel zu berühren. Rabener enthielt sich nach jeder Seite hin allen Spottes und blieb in seinem niederen Kreise. Zacharia beschäftigte sich viel mit Landedelleuten, stellt ihre ... Eigenheiten komisch dar, aber ohne Mißachtung. Thümmels „Wilhelmine" ... erwarb sich großen Beifall, vielleicht auch mit deswegen, weil der Verfasser, ein Edelmann und Hofgenosse, die eigenen Kreise nicht eben schonend behandelte. Den entschiedensten Schritt aber tat Lessing in der „Emilia Galotti" ... Von dieser Zeit an wählte man die theatralischen Bösewichter immer aus den höheren Ständen." (D. W. III, 13).
[25]) Filosofía Cortesana ist der Untertitel des „Criticón". Vgl. auch I, 97. — Cortesanos espíritus Co 457, ferner AA 7 und die AA 72 zitierten Verse des Onkels Pedro Gracián auf den Hlg. Francisco de Borja: Con nueva vida *nuevo cortesano*. Quiere ser de señor, que nunca yace.
[26]) I, 334 ff. Die Warnungen vor größten Verstößen gegen den Anstand werden auf geistvolle Art ins Moralische umgebogen.
[27]) So verfemt auch mitunter noch Gracián den „político" im Wechsel mit „estadista": I, 197: Pues ésto lo es (Caco) de la política: digo un caos de la razón de Estado. De este modo corren hoy los estadistas, al revés de los demás; así proceden en sus cosas para desmentir toda atención ajena, para deslumbrar discursos. — II, 256: Ateísta, digo un estadista.
[28]) In Wendungen wie O, 80: es un *político* modo de vender la cortesía a las perfecciones presentes. D. 219: *Política* contienda es que importe más la realidad o la apariencia ...
[29]) Der geschlossene Zusammenhang höfischer Existenz ragt in die Welt der deutschen Bildung in letzter Verdichtung und von karikierenden Zügen überlastet durch die beiden Hauptromane Jean Pauls, in Frankreich durch Stendhals „Chartreuse de Parme". Die Anwendung Graciánscher Lebensregeln läßt sich in allen Teilen des „Hesperus" und des „Titan" ausmachen. Die Graciánsche Maxime O, 5: Excusar victorias del patrón ist zum Gesetz des Anstands auch zwischen Gleichberechtigten geworden. Kammerherr und Kammerjunker mühen sich am Schachbrett, einander den Sieg zuzuschanzen. „... Noch dazu glich er jenen verschämten Seelen, die ihre Wohltaten gerne verborgen geben, und er konnte es nicht über sich erhalten, es seinem Schachgegner zu sagen, daß er ihm den Sieg zuschanze; er hatte fast größere Mühe, sich zu verbergen, wie ein Hofmann, als sich selber zu besiegen wie ein Christ." Die satirische Feder berührt den christlichen Ursprung der höfischen Bildung auch in dieser Betrachtung: „Wahrhaftig wenn der Hofmann Unglückliche flieht, weil ihm das Mitleiden zu heftig zusetzt, so drängt er sich gerne um Glückliche, weil er die Mitfreude genießen will. (Hesperus Hofpostille 16.) Gracián hatte sich nicht gescheut, eine seiner Maximen mit diesem Motto zu versehen: O, 15:

Conocer los afortunados para la elección y los desdichados para la fuga.
Dazu O, 70: Hay algunos que nunca van sino con los desdichados, y ladean
hoy por infeliz al que ayer huyeron por afortunado; arguye tal vez nobleza
del corazón, pero no sagacidad. — Die sublimere Eitelkeit versteht sich darauf, mit ihren Fehlern zu kokettieren. Diese Berechnung drängt sich in die
wundervollen Sätze des Spaniers H, 162: A más, de que una travesura de la
naturaleza suele ser perfección de toda una hermosura. Un lunar tal vez de
campo a los realces de la belleza. Hay defectos sin defecto. — In der „barockeren" Prosa des Deutschen Jean Paul: „Wie der Teufelsdreck zum Hautgoût
gebracht wird, so würzet man das feinste savoir vivre durch ein paar kühne
Unhöflichkeiten... er brachte es (obwohl mit Mühe und indem er sich immer das Muster der Hofleute vorhielt) fünfmal dahin, daß er gleichgültig zuhörte oder gar wegschaute, wenn ihm der andere erzählte, welches alles, wenn
nicht wesentlich, doch Nebenstücke der wahren Höflichkeit sind."
Graciánsche Grundsätze in bewährter Präzision gibt der Ritter seinem
Pflegesohn Albano auf den Lebensweg: Unglück ist Unverstand. Nur der Umgang mit Menschen bildet wirklich, nicht der mit Büchern. (Titan 1, 5). Und
wenn Jean Pauls Spanier sagt: „Man muß nicht seinen Wert auslegen, um
die Menschen zu gewinnen, sondern man muß sie gewinnen und dann erst
jenen zeigen" — so halte man dazu das XV. „Glanzstück" des „Héroe": Gran
realce es la simpatía activa, si es sublime, y mayor la pasiva, si es heroica...
Sea, pues, destreza en discreción, conocer y lograr la simpatía pasiva. Válgase el atento de este hechizo natural, y adelante el arte lo que comenzó
naturaleza. Tan indiscreta cuan mal lograda es la porfía de pretender sin este
natural favor y querer conquistar voluntades sin esta munición de simpatía.
Die flatterhafte Welt der Jean-Paulschen Höfe bewegt sich zwischen zwei Polen: dem Geschäftssinn des Ministers und der gekrönten Nichtigkeit des Regenten. Dieser ist ebenso fad wie allverbindlich im Verhehlen seiner niedrigen Gelüste, während jener, ein keuchender Titan der Arbeit, an den Wagen des Staates
geschirrt, selbst das Vergnügen als ein verpflichtendes Pensum erleidet. Jean
Paul kann übrigens nicht umhin, dem klugen Geschäftssinn eines Fronlay, der in
die freie Menschlichkeit Albanos nur Schatten werfen konnte, anläßlich dessen
Thronbesteigung Gerechtigkeit widerfahren zu lassen (35, 144). Die Kenntnis
der Geschäfte gilt auch für Gracián immer als der wirksamste Hebel des
Glückes: O, 57: Ponerse bien en las materias, tomar el pulso luego a los
negocios — und besonders D, 172: Pero la más ventajosa superioridad es la
que se apoya en la adecuada noticia de las cosas, del continuo manejo de los
empleos. Hácese uno primero señor de las materias, y después entra y sale
con despejo... Erst wenn der Glanz der Monarchie erblaßt ist, wagt man,
den Monarchen zu schildern. Selbst der etwas verwehte Charakter Philipps IV.
hatte noch Züge von echter Größe. Gracián schlägt einen Sternenmantel von
Attributen um das Ikon dieses Königs (H. 161 u. a.). Aber daneben wird doch
die Wirklichkeit der fürstlichen Existenz mit harten Zügen vermerkt: D, 186:
... muchos de los señores no llevan ventaja a los demás, sino en los objetos
de los sentidos, que es lo ínfimo del vivir, quedando tan pobre de entendimiento como ricos de pobres bienes. — D, 188: Es trivial achaque de soberanos
lo antojadizo, que como tienen tan exento el gusto, da en vaguear. En los
mayores suele niñear más y le parece que es ejercitar el señorío en ya querer,
ya no querer. Jean Pauls Jänner („Hesperus") ist aus diesen beiden Zügen
gemischt. Sie reichen aber nicht aus, um zu behaupten, daß auch die spanische
Loyalität das Gift des jesuitischen Antimonarchismus nicht hätte immun
machen können. Bei Jean Paul hat die Figur des Monarchen als letzten Schimmer ihrer verloren gegangenen Idealität, indem sie eine Art von Feinheit dem
schlechtesten Betragen aufsetzt (Hesperus, 4. Hauspostille). — Die Frauen,

die aus Graciáns Weltplan so gut wie verbannt sind, fallen bei Jean Paul so sehr aus dem höfischen Rahmen, daß sie die Dämmerung des barocken Hofes vollenden, um sein gesänftigtes Wesen in eine freie Humanität herüberzutragen und den fürstlichen Wüstling mit der ewigen Maske Don Giovannis noch einmal zur Hölle zu schicken. (Vgl. die arkadische Szene Titan 31, 125, wo der Erbprinz über die moralischen Gespräche der Frauen verstimmt „leicht aufbrach und dieses Schäferleben um den einzigen Wolf verkürzte, der darin schlich".)

Die noch ungebrochene Geltung der noch höfischen Spielregeln spricht aus beiden Romanen. Freilich tritt in beiden die Geltung des Hofes in ihre entscheidende Krisis. Hesperus wird durch die Standeserniedrigung aus seelenfremder Bedrückung gehoben, während die freie Bildung des Titan die höfische Dämmerung anbahnt, und auch diesem Bereich, dem die bürgerliche Revolution noch immer ein kostümiertes Randdasein belassen hatte, mit Kräften der Liebe durchflutet. Während das höfische Wesen bei Jean Paul den abgeschlossenen Schauraum eines Gespensterspiels einnimmt (von „Seelenleichen" bewohnt), leiht ihm Gracián noch die Flügel einer metaphysischen Sprache.

[30]) Auch in der üblichen Antithese Hof-Land erscheint der Hof als Kulturträger: I, 263: Si allí hay más *cultura*, aquí más bondad ...

[31]) Vgl. oben Anm. [25]). Umgekehrt werden zuweilen staatliche Verhältnisse vom Zentrum der Charakterlehre her beleuchtet, so O, 56: galantería, gala de la razón de Estado, oder O, 61: das Paradoxe, das die Staaten in den Abgrund führt.

[32]) H, 153: — dosel — caballo — cátedra.

[33]) D, 174: Brilla este superior realce en todos los sujetos, y más en los mayores. En un orador es más que circunstancia. En un abogado, de esencia. En un embajador es lucimiento. En un caudillo, ventaja: pero en un príncipe es extremo.

[34]) O, 44: Cada uno la majestad en su modo. Sean todas las acciones, sino de un rey, dignas de tal, según su esfera; el proceder real dentro de los límites de su cuerda suerte. Sublimidad de acciones, remonte de pensamientos, y en todas sus cosas represente un rey por méritos, cuando no por realidad ... ni tendrá que envidiar a la grandeza quien puede ser norma de ella ... Vgl. Schopenhauer, 103.

[35]) O, 9: Pero el que no pudiere alcanzar a tener la sabiduría en servidumbre, lógrela en familiaridad.

[35a]) H, 145: Son tan muchos los gustos como los empleos. A los más viles y aun infames no faltan apasionados. Y lo que no pudiera recabar la poderosa providencia del más político rey, facilita la inclinación. Si el monarca hubiera de repartir las mecánicas tareas, sed vos labrador y vos sed marinero, rindiérase luego a la imposibilidad. Ninguno estuviera contento aun con el más civil empleo, y ahora la elección propia se ciega aun por el más villano.

[36]) O, 29: Atención a que le salgan bien las cosas. Algunos ponen más la mira en el rigor de la dirección que en la felicidad del conseguir intento; pero más prepondera siempre el descrédito de la infelicidad que el abono de la diligencia. El que vence no necesita dar satisfacciones ... y así nunca se pierde reputación cuando se consigue el intento.

[37]) Die antischolastischen Strömungen haben den Begriff der „*sutileza*" in eine große Zweideutigkeit versetzt. Vgl. O, 40: Más vale un grano de cordura que arrobas de *sutileza*. — O, 101 ... las *sutileza* comúnmente quiebran. — H, 132: ... la *sutileza* con extraña contrariedad por liviana, abate ... H, 133: Son estériles por la mayor parte las *sutilezas* del discurso. — D, 229: No hay hidalguía como la del corazón, que nunca se abate a la *sutileza* ... — Dagegen AA 2: Es la *sutileza* alimento del espíritu. —

³⁸) D, 189: De la luna arriba no hay mudanza. En materia de cordura, todo altibajo es fealdad. Crecer en lo bueno es lucimiento, pero crecer y decrecer es sutileza, y toda vulgaridad desigualdad.
³⁹) O, 99: ¿De qué sirve el saber si no es prático? Y el saber vivir es hoy el verdadero saber.
⁴⁰) O, 8: . . . no se vive si no se sabe. —
⁴¹) . . . que harto sabe quien sabe vivir.
⁴²) O, 42: Está desacreditado el filosofar, aunque es ejercicio mayor de los sabios.
⁴³) O, 98: No todo sea especulación, haya también acción. Los muy sabios son fáciles de engañar . . .
⁴⁴) H, 143: . . . que lo seco de un concepto metafísico los atormenta y enfada.
⁴⁵) O, 11: Sabiduría conversable, valió les más a algunos que todas las siete (artes) con ser tan liberales . . . D, 185: Más sirvió a veces esta ciencia usual, más honró este arte de conversar, que todas juntas las liberales . . . y que tal vez aprovechó más saber escribir una carta, acertar a decir una razón, que todos los Bártolos y Baldos . . . D, 186: La unitad de la vida se pasa conversando.
⁴⁶) O, 59: Hasta en el entendimiento, hay vez que ninguno supo a todas horas; es ventura acertar a discurrir, como el escribir bien una carta . . .
⁴⁷) D, 254: Que el saber las cosas y no obrarlas, no es ser filósofo, sino gramático.
⁴⁸) D, 194: Califícase ya el decir verdades con nombre de necedades.
⁴⁹) B. A. E. 38, p. 371: Con presuroso vuelo / Subió en hombros de sí mismo al cielo. — Vergl. die sprichwörtliche Wendung: „la verdad se fué al cielo" und I, 202: y poco a poco, a empellones, la fueron todos echando tan lejos que aun hoy no parece ni se sabe dónde haya parado. —
⁵⁰) D, 263: Sola quedaba la verdad, mas ella ha muchos siglos que dió en cuerda, retirándose a su interior, sintiéndose acatarrada y aun muda.
⁵¹) III, 76: La verdad es como el río Guadiana, que aquí se hunde, y acullá sale . . .
⁵²) AA, 285: Quiero decir . . . que os hagáis política . . . usa de las invenciones, introdúcese por rodeos, vence con estratagemas, pinta lejos lo que está muy cerca . . .
⁵³) D, 257 . . . azucara con tanta destreza las verdades, que pasan plazas de lisonjas, y tal vez, cuando parece que lisonjea, desengaña, diciéndole a uno, no lo que es, sino lo que ha de ser.
⁵⁴) D, 183: Un modo de ciencia es este que no lo enseñan los libros ni se aprende en las escuelas; cúrsase en los teatros del buen gusto, y en el general tan singular de la discreción.
⁵⁵) O, 81.
⁵⁶) H, 131: Señaló pródigamente la filosofía dos potencias al acordarse y al entender. Súfrasele a la política con más derecho introducir división entre el juicio y el ingenio, entre la sindéresis y la agudeza. In der Abgrenzung des Ingenio gegen die höhere Geisteskraft liegt ein Hauptmotiv der Graciánschen Anthropologie. So z. B. O, 33: Conócese la prudencia en lo serio, que está más acreditado que lo ingenioso.
⁵⁷) O, 77: No todas las verdades se pueden decir: unas porque me importan a mí, otras porque al otro.
⁵⁸) O, 70: Hay algunos que nunca van sino con los desdichados, y ladean hoy por infeliz al que huyeron ayer por afortunado; arguye tal vez nobleza del natural, pero no sagacidad.
⁵⁹) O, 15: La infelicidad es de ordinario crimen de necedad. Vgl. dazu D, 260: . . . que no hay más dicha ni más desdicha que prudencia o imprudencia.

⁶⁰) O, 119: No perecer de desdicha ajena. — Conozca al que está en el lodo y note que le reclamará para hacer consuelo del recíproco mal.

⁶¹) O, 104: El excusarse antes de ocasión es culparse. La excusa anticipada despierta al recelo que dormía.

⁶²) O, 168: Hay a veces entre un hombre y otro casi otra tanta distancia como entre el hombre y la bestia . . .

⁶³) O, 102: Da pie el que pica a que le repiquen. Dazu O, 55: Nunca quejarse... u. O, 62: No descubrir el dedo malo...

⁶⁴) O, 14.

⁶⁵) O, 112: No ser malo de puro bueno. — Noch schroffer D, 223: Que alguna rara vez y con sobra de ocasión se destemple y aun se desazone uno, no será vulgaridad, que el nunca enojarse es querer ser bestia sempre. — Die letzte Wendung wiederholt Gracián des öfteren wörtlich. In derselben Gedankenverbindung III, 31: Permíteseles el encolerizarse tal vez con moderación, no dañando a la salud, por cuanto al nunca enojarse es de bestias. Der Kampf gegen die stoische Ataraxie ist ein beständiges Motiv Graciáns. FP, 412: Un Príncipe sensible, que le piquen, que le lastimen las pérdidas en lo vivo del corazón. Hicieron algunos paradoja razón de Estado de la indolencia, y magnanimidad de la insensibilidad. Sensibles formó la naturaleza próvida sus vivientes, medio único de su conservación; y sensibles quiere sus reyes la política. — III, 178 ff. wird die Insensibilität in einer Figur verkörpert, die den Umschlag des Stoischen zum Epikuräischen, der Unberührbarkeit zum behaglichen Selbstgenuß darstellt: Sabed que este... es uno de aquellos que se llaman insensibles, de los que nada les hace mella, nada les empece, ni los mayores reveses de la fortuna, ni los tajos de la propia naturaleza... no por eso dejan de comer, ni pierden el sueño, y dicen, que es indolencia, y aun magnanimidad. — Vergl. ferner II, 169 und 252. —

⁶⁶) O, 103 ... no quiera uno ser tan hombre de bien que ocasione al otro serlo de mal.

⁶⁷) III, 214... definición de la vida es moverse...

⁶⁸) O, 51: ... los varones, buenos parecen hechos al buen tiempo, pero siempro, amados, de suerte, que si algunos hay, no se usan ni se imitan.

⁶⁹) O, 8: no basta la sustancia, requiérese también la circunstancia.

⁷⁰) D, 240:... pues vemos hoy cortesana la santidad y santa la cortesía.

⁷¹) O, 51:... Viva el discreto como pueda, si no como querría.Tenga por mejor lo que le concedió la suerte, que lo que le ha negado.

⁷²) III, 260 f.: ... salían unas de nuevo, y escondíanse otras de viejo, y volvían a salir al cabo de tiempo, de modo, que siempre eran las mismas...

⁷³) III, 272: ¡ Pero buen ánimo! que todas las cosas vuelven a tener día, lo bueno y lo malo...

⁷⁴) D, 203: Poco o nada se inventa, y en lo que más importa se ha de tener por sospechosa cualquiera novedad. Estamos ya a los fines de los siglos. Allá en la edad de oro se inventaba; añadióse después, ya todo es repetir. Vense adelantadas todas las cosas, de modo que ya no queda qué hacer, sino elegir.

⁷⁵) III, 122: ... nada es cuanto se ha dicho, con lo que se queda por decir, y creedme, que todo cuanto hay escrito en todas las artes y ciencias, no ha sido más que sacar una gota de agua del Océano del saber: bueno estuviera el mundo, si ya los ingenios hubieran agotado la industria, la invención y la sabiduría; no sólo no han llegado las cosas al colmo de la perfección, pero ni aún a la mitad de lo que pueden subir.

⁷⁶) III, 201: De esta suerte están todo el día diciendo mal del siglo presente, que no sé como los sufre.

⁷⁷) II, 66f.: En cuál pensáis vivir ¿en el de oro, o en el de lodo? — Yo diría

... que en él de hierro; con tantos, todo anda errado en el mundo, y todo al revés, si ya no es él de bronce, que es peor con tanto cañón y bombarda ... que hasta las mismas entrañas parece se han vuelto de bronce. — No faltará quien diga ... que es el siglo de cobre, y no de pague: mas yo digo, que es él de lodo, cuando todo lo veo puesto de él, tanta inmundicia de costumbres: todo lo bueno por tierra; la virtud dió en el suelo con su letrero: aquí yace.

[78]) III, 270: Atendieron y oyeron que el primero decía „fillo", el segundo „fijo", el tercero „hijo", y cuarto ya decía „gixo" a lo andaluz, y el quinto de otro modo, sino que no lo percibieron.

[79]) III, 265—269: Der Vergleich des Sprachwandels mit dem Wechsel der Kleidermoden findet sich schon bei Autoren des 16. Jahrhunderts, so vor allem bei Antonio de Guevara, Viciana und Antonio de Torquemada. Dem letzteren zufolge verändert sich die Sprache alle 50 Jahre bis zur Unkenntlichkeit.

[80]) III, 267: ... fué de modo, que en poco rato que lo estuvieron mirando, contaron más de una docena de formas diferentes de solos sombreros ...

[81]) II, 32: ... van degenerando los hombres ... de suerte que cada siglo merman un dedo, y a este paso vendrán a parar en títeres y figurillas ... que también los corazones se les van achicando, y así se halla tanta falta de aquellos grandes sujetos, que contestaban mundos ... Durch die Erfindung des Pulvers sinkt die Werthaltung des Mutes, wie II, 180 f. mit den seit Don Quijotes Rede über Waffen und Wissen berühmten Argumenten aufgeführt wird.

[82]) III, 271: Estoy mirando si vuelven a salir aquellos Quintos tan famosos y plausibles en el mundo, un don Fernando el Quinto, un Carlos Quinto, y un Pío Quinto. ¡ Ojalá que eso fuese, y que saliese un don Felipe el Quinto en España!

[83]) III, 273: ¿ Cuándo volverá la reina doña Isabel la Católica a enviar recados? Decidle a doña Fulana, que se venga esta tarde a pasarla conmigo, y que traiga su rueca, y a la Condesa, que venga con su almohadilla.

[84]) III, 278: ... de un Santiago cogió el Rey Católico a Granada y su nieto Carlos Quinto toda la Alemania.

[85]) III, 278: ... que iban los mismos reyes en persona no en substituto, que hay gran diferencia de pelear el amo o el criado.

[86]) I, 185. Dazu I, 187: Al fin, no nos cansemos, que él no es siglo de hombres eminentes, ni en las armas, ni en las letras ... und III, 273 f.: ¡Oh! cuánto me holgaría ver salir aquellos siglos de oro, y no de lodo y basura ... aquellos hombres de bien . . . de mucha sustancia y de poca circunstancia, gente de apoyo, y no de tramoya, y de sola apariencia ...

[87]) III, 262 ff.: Die Goten erreichten den Scheitel mit Wamba und fielen mit Rodrigo; das spanische Mittelalter erhebt sich mit Pelayo, die Neuzeit mit Ferdinand dem Katholischen.

[88]) III, 271: ántes vuelven a salir los males, que los bienes: tardan éstos lo que se avanzan aquéllos ... detiénense, y mucho en volvor los siglos de oro, y adelántanse los de plomo, y de hierro: son las calamidades más ciertas en repetir que las prosperidades.

[89]) III, 264: ... más colorada se volvía entonces una mujer de ver un hombre, que ahora de ver un ejército ...

[90]) III, 270: Con lo que hoy se viste una mujer, se vestía antes todo un pueblo.

[91]) I, 286: „. . . más malicia alcanza hoy uno de siete años que antes uno de sesenta."

[92]) II, 10. —

[93]) PF, 408: Concurrió Fernando con príncipes de su genio, sagaces, atentos y políticos. Son eras de Reyes; acontece en un tiempo ser todos marciales,

y guerreros, compitiéndose el valor, emulándose la fama. Coincidieron de esta suerte en un tiempo el invicto Carlos Quinto en España, el belicoso Francisco en Francia, a el bravo Solimán en Turquía.... Hubiérase apoderado cada uno de ellos del mundo todo, a no haber tenido tales antagonistas: quebrantáronse recíprocamente el poder y enfrenáronse el esfuerzo ... PF, 409: Otras veces todos son justos, píos, religiosos ... otras deliciosos, y por lo consiguiente remisos.

[94]) O, 43: No se vive de un voto solo, ni de un uso, ni de un siglo.

[95]) H, 140: Son tenidos por imitadores de los pasados los que les siguen; y por más que suden, no pueden purgar la presunción de imitación.

[96]) Dazu O, 27: Alzanse los primeros con el mayorazgo de la fama, y quedan para los segundos pleiteados alimentos ...

[97]) O, 89: Todo lo pasado parece mejor y todo lo distante es más estimado.

[98]) D, 183: En todos los siglos hay hombres de alentado espíritu, y en el presente los habrá no menos valientes que los pasados, sino que aquéllos se llevan la ventaja de primeros; y lo que a los modernos les ocasiona envidia, a ellos autoridad: la presencia es enemiga de la fama. El mayor prodigio por alcanzado cayó de su estimación: la alabanza y el desprecio van encontrando en el tiempo y en el lugar, aquélla siempre de lejos y éste siempre de cerca.

[99]) O, 80: ... hacen política algunos de estimar más las medianías de hoy que los extremos de ayer.

[100]) O, 3: Todo está ya en su punto y el ser persona en el mayor; más se requiere hoy para un sabio que antiguamente para siete, y más es menester para tratar con un solo hombre en estos tiempos que con todo un pueblo en los pasados. — Mit einer ähnlichen Hyperbel III, 270: Con lo que gasta hoy una mujer, se vestía antes todo un pueblo. — Vgl. dazu I, 286: Más malicia, alcanza hoy uno de siete años que antes uno de sesenta. —

[101]) O, 93: Floreció en el siglo de oro la llaneza; en este de hierro, la malicia.

[102]) D, 190: ... y por temor de contingencia ... codicia ántes la estéril soledad y vive al siglo de oro interiormente.

[103]) H. 161: Aunque seguro el héroe del ostracismo de Atenas, peligra en el criticismo de España. — Zahlreich sind die Erwähnungen von Críticos und Critiques in der spanischen und französischen Literatur des 17. Jahrhunderts. Der „Crítico" tritt zuweilen in die Rolle des Renaissancepedanten, und von dieser Bedeutung her ist auch die von Lucien Paul Thomas, Le lyrisme et la préciosité ..., Beih. d. Zeitschr. f. Rom. Phil., Halle belegte Neubedeutung Crítico = kultistischer, manirierter Dichter zu verstehen. Daneben aber wird des Crítico häufige Erwähnung getan in dem modernen Sinn des Literaturkritikers, der sich durch sein beißendes Urteil in den künstlerischen Zirkeln ebenso unbeliebt wie unentbehrlich und gefürchtet macht. So bei Salas Barbadillo, Caballero puntual: Hallábase presente un crítico, con impertinente, y aun maliciosa censura, mordía todas las acciones ajenas, las más injustamente, y las que con razón, con tanta imprudencia, que más parecía su intento de ofender, que de corregir. Daß im „Crítico" sich der Humanismus zum Spezialistentum verengt hat, daß ihm insbesondere die Aufgaben der Textkritik obliegen, erhellt aus Antonio Lopez de Vega, Heraclito y Democrito, Madrid, 1651 p. 121—154. —

[104]) O, 76: Excusar llanezas en el trato ... — Con nadie es conveniente el allanarse, no con los mayores, por el peligro, ni con los inferiores por la independencia; menos con la villanía que es atrevida por lo necio, y no reconociendo el favor que se le hace presume obligación.

[105]) O, 93: El mayor artificio sea encubrir lo que se tiene por engaño.

[106]) D. 229: Pero así como a los unos los hace aborrecibles, y aun intratables

esta enfadosa afectación, que todos los cuerdos la silban, así a otros los hace singulares el no querer serlo y menos parecerlo ... Das Besondere besteht dann in einem „vivir a lo práctico", un acomodarse a lo corriente, un casar lo grave con lo humano.

[107]) So nannte der Humanist Mal Lara in seiner „Filosofía vulgar", 1568, im Anschluß an Erasmus die „refranes".

[108]) D, 194: Califícase ya el decir verdades con nombre de necedades. — Y aun por no parecer o niño o necio, ninguno la quiere decir, con que no se usa; solas quedan en el mundo algunas reliquias de ellas, y aun esas se descubren como misterio, con ceremonia y recato.

[109]) II, Crisis V: Suele ser la rabia vulgar, como la canina, que desconociendo la causa de su daño, revuelve contra el instrumento.

[110]) Lope de Vega schrieb die Autorität des Volkes in Ehrensachen dem Vorrecht der Majestät zu: „Tuve toda mi vida por opinión que las cosas de la honra tocan a la calificación del vulgo, y que no se yerra lo que aprueba, porque siendo cuerpo de muchas cabezas, es sin duda de acertamiento cuando para aprobar una cosa se convierte en una." (Epistolario, ed. Amezua II, 184).

[111]) O, 88 ... que cualquiera necedad es vulgaridad y el vulgo se compone de necios.

[112]) O, 54: Todos los hombres yerran, pero con esta diferencia: que los sagaces desmienten las hechas y los necios mienten las por hacer.

[113]) O, 96: Lo más y lo mejor que tenemos depende de respeto ajeno.

[114]) D, 197: No hay simple que no sea malicioso. — Y que siendo sencillo para sus faltas, no sea doblado para las ajenas. Vergl. dazu II, 111: no pocos de lobos siempre en la fábula del pueblo, pero los más de estólidos jumento muy a lo simple malicioso, u. II, 129 f.: Este es el hijo primogénito de la ignorancia, el padre de la mentira, hermano de la necedad, casado con su malicia: éste es el tan nombrado vulgacho.

[115]) O, 102: Hásele de hablar a cada uno en suo leuguaje: no es necio el que afecta la necedad, sino el que la padece ... Para ser bienquisto el único medio es vestirse la piel del más simple de los brutos. Besser aber ist es, nicht um Beliebtheit zu buhlen, sondern sich mit dem Respekt zu begnügen. (O 121).

[116]) D, 201. —

[117]) D, 245 f. —

[118]) D, 221: ... nunca se sujeta a *vulgares* peregrinas impresiones. — O, 97: ... arguye incapacidad el *impresionarse*.

[119]) S Cl, 133: Así en la Iglesia en los primeros siglos la juzgaban todos Cielo, porque no veían ni vecindades de tierra en ella. Ahora hay en sus orbes tantos meteoros, *impresiones* tantas, que no sólo no la tienen por región de aire, sino por tierra descaminada.

[120]) O, 107: Alaban muchos lo que preguntados no saben dar razón, porque todo lo recóndito veneran por misterio y lo celebran porque oyen celebrarlo. — O, 113: Algo hay bueno, pues satisface a tantos, y aunque no se explique, se goza. —

[121]) O, 92: Tener la declarativa es no sólo desembarazo, pero despejo en el concepto. —

[122]) O, 64: El destinar para solos entendidos, es picón general, porque todos se lo piensan, y cuando no, la privación espoleara el deseo ... todos pican en lo singular ...

[123]) D, 221.

[124]) „Amagos" ist ein Lieblingswort Graciáns für die vielsagende Gebärde des Herrschens.

[125]) Für die Verallgemeinerung des Vulgobegriffes ist auch der kultistische

Gebrauch zu bedenken, der sich auch in der zeitgenössischen Prosa der Predigt niederschlägt: un lucido vulgo de estrelleas. (S. C. LXXIII.)

[126]) O, 88: Sépase que hay vulgo en todas partes en la misma Corinto, en la familia más selecta.

[127]) D, 186: De aquí es que muchos de los señores no llevan ventaja a los demás, sino en los objetos de los sentidos que es el *ínfimo* del vivir. D, 188: Es *trivial* achaque de los soberanos lo antojadizo. Und mit einer Spitze gegen Philipp IV., der sich der Erlegung eines Ebers rühmte: D, 251: ... triunfaban tal vez por haber muerto un jabalí, que no era triunfo, sino porquería. — Dazu vor allem II, 118: ... y advierte, que aunque sea un Príncipe, en no sabiendo las cosas, y quererse meter a hablar de ellas, a dar su voto en lo que no sabe ni entiende, al punto se declara hombre *vulgar y plebeyo*, porque *vulgo* no es otra cosa, que una synagoga de ignorantes presumidos y que hablan más de las cosas, cuanto menos las entienden. — Vielsagend wurde die Vorliebe der Monarchen für die Unsterblichkeit im Porträt erklärt: III, 163: ... son obras materiales ¿ no sé si me has entendido? — Bastantemente, u. II, 272: Por la mayor parte los que son señores de más suelen serlo menos de sí mismo; y tal vez el que más manda más se desmanda.

[128]) O, 34: La necedad siempre entra de rondón; que todos necios son audaces.

[129]) D, 207 f: Esta es la ordinaria carcoma de las cosas, muy plausibles en todo género de eminencia, que naciendo de su mismo crédito y cebándose en su misma ostentación, viena a derribar y aun a abatir la más empinada grandeza.

[130]) D, 241 f.

[131]) I, 263.

[132]) I, 263.

[133]) D, 242: En España reina la curiosidad más en las personas que en lo material de las ciudades ...

[134]) Inwieweit der Wesensbegriff an „persona" und „personal" haftet, zeigen Sätze wie O, 78: La dignidad da autoridad aparente, pocas veces le acompaña la personal ... O, 97: ... los libros ... nos hacen personas ... O, 101: Fueran muchos muy personas, si no les faltara un algo, sin el cual nunca llegan al colmo del perfecto ser ... Zur Person gehört die Äußerung aus gesammelter Wesensmacht; daher geht in der Ataraxie die Person unter — O 112: tiene poco de personas los insensibles ... un sentimiento en ocasión es acto personal ... Die *Personen*kräfte werden durch die ergriffene Gelegenheit aus ihrer Latenz gehoben: O, 111: Un empeño en su ocasión hizo persona a muchos así como un ahogo saca nadadores. Aber im Ergreifen ihrer Gelegenheiten erweist sie sich gerade durch das, was sie von innen her darstellt und nicht durch den dargestellten Inhalt: O, 121: Por grande que sea el puesto, ha de mostrar que es mayor la persona. Vgl. über „persona" unten VI. a. b. S. 103 ff.

[135]) H, 164.

[136]) H, 127 passim.

[137]) H, 160: Son los varones eminentes textos animados de la reputación, de quienes debe el varón culto tomar lecciones de grandeza, repitiendo sus hechos y construyendo sus hazañas.

[138]) D, 237 f: ... sobre los favores de la naturaleza asienta bien la cultura, digo la estudiosidad, y el continuo trato con los sabios, ya muertos, en sus libros, ya vivos en su conversación; la experiencia fiel, la observación juiciosa, el manejo de materias sublimes, la variedad de empleos.

[139]) O, 28: Con la novedad de los asuntos se hicieron lugar los sabios en la matrícula de los heroicos.

[140]) H, 127: Culta propiedad fué llamar señorear al descubrir, alternando luego la victoria sujetos; si el que comprende señorea, el que se recata, nunca cede.

¹⁴¹) O, 38: Nace bárbaro el hombre; redímese la bestia, cultivándose. Hace personas la cultura, y más, cuanto mayor.
¹⁴²) O, 9: más consigue una medianía con aplicación, que una superioridad sin ella. Cómprase la reputación al precio de *trabajo;* poco vale lo que poco cuesta.
¹⁴³) O 24: Es pasión de necios la prisa. Dazu D, 178, wo in einer Schwadron von Monstren erscheinen „la aceleración imprudente" und „el vulgar atropellamiento"; „inconsideración" und „prisa". Ferner O, 25: ... lo que ha de durar una eternidad, ha de tardar otra en hacerse.
¹⁴⁴) O, 74: ... postillones del vivir que, a más del común correr del tiempo, añaden ellos, en atropellamiento genial. Querrían devorar en un día lo que apenas podrán digerir en toda la vida; viven adelantados en las felicidades, comense los años por venir y como van tanta priesa, acaban presto con todo ...
¹⁴⁵) III, 21: Apelábase un calvo, y otro cano, a sus pocos años. Eso tiene el vivir a priesa (le respondieron), que las tempranas mocedades ocasionan anticipadas vejeces: no hubierais sido tan mozos, y no estuvierais tan viejos.
¹⁴⁶) III, 317: Que mal gusto, el de los que lo llevan en el pecho, sisándose de la vida, é intimándose de continuo la muerte.
¹⁴⁷) Zufolge D, 242 ist Kultur nicht das Was (Wahl, Erfindung, Begabung), sondern das Wie (Schmuck, Anordnung, Harmonie der Teile). Das Erarbeiten der Kultur kann auf schmaler Basis glänzende Ergebnisse zeitigen. In diesem Sinne muß auch Graciáns „Arte de Ingenio" als Zeugnis seiner eigenen Sprachkultur aufgefaßt werden. Der Cultismo war über alle Ufer der Dichtung getreten und hatte besonders den Stil der gehobenen Predigt ergriffen. So lag es nahe, zur Ausarbeitung eines wirksamen Sprachstils die Wege der spanischen Dichtung systematisch zurückzugehen, wie dies schon Ximénez Patón in seiner „Elocuencia española" vorgezeigt hatte.

V. Kapitel: Altersstufen des Geistes und Stufengang der Bildung

¹) D, 233: Al modo .. que el generoso licor que es bueno, y más si es bueno el vino, tiene cuando comienza una ingratísima dulzura, una insuave rigidez, como no está aún hecho; pero en comenzando a hervir, comienza a desecarse, pierde con el tiempo aquella crudeza primitiva, corrige aquella enfadosa dulzura y cobra una suavísima generosidad, que hasta con el calor lisonjea y con su fragancia solicita, y ya en su punto es pasto de hombres y aun celebrado néctar.
²) O, 26: Con la edad y la experiencia viene a sazonarse del todo la razón, y llegan a un juicio muy templado; abominan de todo capricho ...
³) II, 270: Crece el cuerpo hasta los 25 años y el corazón hasta los 50 años, mas el ánimo siempre. Theorien der Altersstufen in verschiedenen Zusammenhängen: AA 328 f.: (Ingenio) depende también de la edad, niñea y caduca con ella; su extremado vigor está en el medio; hasta los 60 años es el crecer, desde allí adelante ya flaquea, y conócese bien en las obras de los más grandes hombres: hasta los 40 años no está del todo hecho, y aunque a veces más picante, pero no tan sazonado, que es gran perfección la madurez: de modo, que su florecer son 20 años, y si pereciere poco, sean 30. — Dazu ferner die im halben Ernst mitgeteilte astrologische Alterstheorie, der zufolge jedes Lebensjahrzehnt unter dem Gesetz eines Planeten steht (III, 254).
⁴) II, 3; ferner III, 281. Das Thema des Abgerufenwerdens aus der größten Fülle der Möglichkeiten wird auch von Lope de Vega mit einer sehr persönlichen Note in seinem Brief an Arguijo vorgebracht:

Mas cuando un hombre de sí mismo siente
Que sabe alguna cosa, y que podría
Comenzar a escribir más cuerdamente,
Ya se le acaba la edad, y ya se enfría
La sangre, el gusto y la salud padece
Avisos varios que la muerte envía. —

[5]) II, 15: Este es el pasadizo de la juventud a la varonil edad: en aquella puerta dejan la locura, la liviandad, la ligereza, la facilidad, la inquietud, la risa, la desatención . . . y en esta otra cobran el seso, la gravedad, la severidad, el sosiego, la pansa, la espera, la atención, y los cuidados con la virilidad.

[6]) Schopenhauer, der hier wie sonst seine Anschauungen durch Gracián ermächtigt fand, hat indessen zugestehen müssen, daß jedes Alter seine eigene Erfüllung besitzt: „Ich habe die Bemerkung gemacht, daß der Charakter fast jedes Menschen einem Lebensalter vorzugsweise angemessen zu sein scheint, so daß er in diesem sich vorteilhafter ausnimmt. Einige sind liebenswürdige Männer, und dann ist's vorbei. Andere kräftige, tätige Männer, denen das Alter allen Wert raubt; manche stellen sich am vorteilhaftesten im Alter dar, wo sie milder, weil erfahrener und gelassener sind (Aphorismen zur Lebensweisheit S. 210). Dagegen stimmt Schopenhauer mit Gracián vollständig überein, wenn er auf Seiten der Jugend hier die Anschauung, auf Seiten des Alters das Denken entwickelt findet (S. 213), bei der Jugend mehr Konzeption, im Alter mehr Urteil, Gründlichkeit und Penetration. Der Vorrang des Alters steht auch für Schopenhauer fest: „Denn, wenn nur der Kopf seine Kraft behalten hat, so machen jetzt die vielen erlangten Kenntnisse und Erfahrungen, die allmählich vollendete Durcharbeitung aller Gedanken und die große Übungsfertigkeit aller Kräfte das Studium jeder Art interessanter und leichter, als jemals. Man sieht klar in tausend Dingen, die früher noch wie im Nebel lagen. (144)

[7]) D, 234: Gran médico es el tiempo por lo viejo y por lo experimentado. — El sólo puede curar a uno de mozo, que verdaderamente es achaque.

[8]) D, 235: ¡ Pero qué tormento es para un hombre ya maduro y cuerdo, haberse de ajustar, o por necesidad o por conveniencia, a uno de estos desazonados y no hechos! . . . Revuelve después ya cuerdo sobre sus pasadas imperfecciones . . .

[9]) O, 4: Conocerse ha en lo . . . purificado del ingenio . . . en lo defecado de la voluntad.

[10]) Vergl. die Beschreibung Andrenios I, 108: . . . entre aquellas bárbaras acciones rayan como en vislumbre de la vivacidad del espíritu, trabajando el alma por mostrarse . . .

[11]) II, 2 f.: Es la niñez fuente risueña . . . Precipítase ya la mocedad en un impetuoso torrente, corre, salta, se arroja y se despeña . . . se enturbia y se enfurece: sosiégase ya río en la varonil edad; va pasando tan callado, cuan profundo, caudalosamente va garoso; todo es fondos; sin ruido, dilátase espaciosamente grave, fertiliza los campos . . . Mas ¡ ay! que al cabo viene a parar en el amargo mar de la vejez, abismo de achaques, sin que le falte una gota; allí pierden los ríos sus bríos, su nombre y su dulzura . . .

[12]) Negativ im Sinn der aufgeblähten Leere die Beschreibung II, 115 f.

[13]) D, 236: hasta un médico, que para levantar a uno de la cama echó ciento en la sepultura.

[14]) O, 5: Algunos nunca llegan a ser cabales, fáltales siempre un algo; tardan otros en hacerse. — D, 235: El mal es que algunos nunca llegan a estar del todo hechos, ni llegarán jamás a estar cabales.

[15]) D, 186: Vuelven algunos de los emporios del mundo, tan a lo bárbaro

como se fueron; que quien no llevó la capacidad no la puede traer llena de noticias; llevaron poco caudal, y así hicieron corto empleo de observaciones.

16) D, 188 ff.
17) Über die Schwierigkeiten des Willensbegriffes weiter unten, VIIb.
18) „Geist" im Sinn von „esprit", wie die zeitgenössischen Franzosen das span. „ingenio" zu übersetzen pflegten. —
19) O, 124: A los veinte años reina la voluntad, a los treinta el ingenio, a los cuarenta el juicio.
20) O, 4 f.
21) O, 97: Gástase la primera estancia del bello vivir en hablar con los muertos; nacemos para saber y sabernos, y los libros con fidelidad nos hacen personas. La segunda jornada se emplea con los vivos; ven y registran todo lo bueno del mundo. No todas las cosas se hallan en una tierra... La tercera jornada sea toda para sí, última felicidad el filosofar. — Vergl. Kant VIII, 516 f.: „Das Zeitalter der Gelangung des Menschen zum vollständigen Gebrauch seiner Vernunft kann in Ansehung seiner Geschicklichkeit etwa ins zwanzigste, das in Ansehung der Klugheit ins vierzigste, endlich das der Weisheit etwa ins sechzigste anberaumt werden, in welch letzterer Epoche sie aber mehr negativ ist, alle Torheiten der beiden ersteren einzusehen."
22) D, 265 ff.: Célebre gusto fué el de aquel varón galante, que repartió la comedia en tres jornadas; y el viaje de su vida en tres estaciones. La primera empleo en hablar con los muertos. La segunda, con los vivos. La tercera, consigo mismo.
23) D, 267.
24) So O 4, 110.
25) I, 268: La memoria atiende a lo pasado, y así se hizo tan atrás, cuanto el entendimiento adelante ...
26) I, 270.
27) Co., 428 führt die vier Seelenvermögen an, Co., 472 die drei „potencias" — sonst stehen nur Wille und Verstand, das „cherubische" und „seraphische" Prinzip, in deren Vereinigung das polare Wesen der Seele über sich selbst hinauswächst. Vergl. Co. 442, 448, 451 f.
28) D, 267: ... Va mucho de lo visto a lo imaginado.
29) u. a. D, 257.
30) So O, 23: muchos, de ingenio fecundo... en llegando a elegier se pierden.
31) H, 131: la sutileza de ingenio ... H, 130 f: ... fondo de juicio y elevación de ingenio. H, 135: ingenio sublime...
32) O, 124: Gran ventaja concebir bien , pero mayor discurrir bien.
33) Dementsprechend wird Naturphilosophie den „ingeniosos", Moralphilosophie den „juiciosos" zugeordnet (II, 254).
34) II, 25: si ha de preferir, sea los juiciosos a los ingeniosos.
35) Werke I, 130.
36) Vor allem wird der Zusammenhang der Mängel und der Vorzüge in der Struktur des Geistes gesehen. Vergl. dazu AA, 328: Dicen que naturaleza hurtó al juicio todo lo que aventajó el ingenio, en que se funda aquella paradoja de Séneca, que todo ingenio grande tiene un grano de demencia.
37) D, 226: ... sutilizando el ingenio engorda sustancialmente la prudencia. D, 225: ... suple la vivacidad del ingenio la profundidad del juicio... AA, 171: De la agudeza sentenciosa. Es esta la operación máxima del entendimiento, porque concurren en ella la viveza del ingenio, y el acierto del juicio. D, 226: ... (ingenio) tanto más estimable cuanto va de lo agudo a lo prudente, del ingenio al juicio.
38) D, 268: Comunicó con los primeros y mayores hombres del mundo eminentes, ya en letras, ya en valor, ya en las artes, estimando toda eminen-

cia; y todo esto con una juiciosa comprensión, notando, censurando, cotejando y dando a cada cosa su merecido precio.

[39] D, 269: Es destinada la madura edad para la contemplación, que entonces cobra más fuerzas el alma cuando las pierde el cuerpo...

[40] Rußland wurde seit den von den Jesuiten inszenierten Demetriaden als Interessengebiet beobachtet. Lope de Vega schrieb einen „Gran Duque de Moscovia", das Familiendrama Iwans des Gestrengen behandelnd.

[41] II, 84 f.: Discurrí por todas las más célebres Universidades, sin poder descubrirla; aunque muchos son sabios en latín, que suelen ser grandes necios en romance.

[42] III, 227: ... ya no hacen otro que traslador, y que volver a repetir lo que ya estaba dicho ... secos como esparto, que tejen lo que ha mil años que se estampó.

[43] III, 161.

[44] III, 227 und schon hier II, 98, bezüglich der Spanier: „Que no todas naciones... tienen Numen para la historia.

[45] II, 98: ... estas (historias) que son de cuervo en el picar, en el adivinar las intenciones, en desentrañar los más profundos secretos, esta del Comines, es la más plausible de todas.

[46] II, 99 f.

[47] II, 100.

[48] II, 100.

[49] II, 101: ... tan desabrida materialidad ...

[50] II, 101 ff.

[51] II, 104: ... la sabiduría más importante, porque es la que enseña a saber vivir.

[52] II, 256 wird Vives' Kunst des Briefschreibens gegen die Wissenschaftler ausgespielt. Schon Antonio de Guevara hatte in seinen „Epístolas familiares" geschrieben (ed. Anvers, 1592): para hablar no es menester más que viveza, mas para el escribir es necesario mucha cordura (p. 52) ... porque es ley de corte que en lo que se escribe se muestra la prudencia, y en la manera de escribir se reconozca la crianza. (p. 67). Una de las cosas que en un hombre es digno de loar, es saber bien una carta a notar, y al propósito escribir: porque alli es, ado los hombres muestran su habilidad, y aun su necedad.

[53] III, 322: porque en pasando de ahí, es bulla y confusión.

[54] Vergl. Lope de Vegas Lob auf den Conde-Duque: *A método político trujiste / La descompuesta edad* (B. A. E. XXXVIII, 498).

VI. Kapitel: Situation und Aufgabe des Menschen

[1] O, 39: Comprensión de sí: ... Hay espejos del rostro, no los hay del ánimo; séalo la discreta reflexión...

[2] H, 144: ¡ Oh, si hubiera espejos de entendimiento, como los hay de rostro! El lo ha de ser de sí mismo, y falsifícase fácilmente.

[3] D, 198: El primer paso del saber, es saberse. — ... Pero ese aforismo de conocerse a sí mismo, presto es dicho y tarde es hecho. — Por encargarlo fué uno contado entre los 7 sabios. — Por cumplirlo ninguno hasta hoy. Cuanto más saben algunos de los otros, de sí saben menos; y el necio más sabe de la casa ajena que de la suya, que ya hasta los refranes andan al revés.

[4] D, 197: No hay cosa más fácil que el conocimiento ajeno. — Ni mas dificultoso que al propio. Dazu I, 265: Die Natur verweigert die Gabe, sich selbst zu sehen, um den Menschen vor der Selbstliebe des Narziss zu bewahren. Vergl. auch Schopenhauer, der im Gegensatz zu Gracián, aber seine Argumente ge-

brauchend, das Primat der Selbsterkenntnis aufrichtet. Grundsätzlich heißt es: „Jeder sieht am andern nur soviel, als er selbst auch ist, denn er kann ihn nur nach Maßgabe seiner eigenen Intelligenz fassen und verstehen." (Aphorismen, p. 165.) Dagegen S. 177: man bemerkt nicht „die eigenen Fehler und Laster, sondern nur die der anderen. Dafür aber hat jeder am anderen einen Spiegel, in welchem er seine eigenen Laster, Fehler, Unarten und Widerlichkeiten jeder Art deutlich erblickt."

[5]) „muy persona" u. a. O, 101: III, 180 usw. (más hombre).
[6]) „personilla" schon im Don Quijote.
[7]) Vergl. auch das Verhältnis von „Gesellschaft" = „monde" und „gute Gesellschaft". Goethe kennt auch eine entsprechende Bedeutung von „Leute".

„Und was den Fuß betrifft, den ich nicht missen kann,
„Der würde mir bei *Leuten* schaden."

[8]) Anläßlich des antonomastischen Gebrauchs von „amado" führt ein Prediger aus: „ . . . a esto se satisface bastantemente con la grandeza de la antonomasia con que el Evangelista se llamó „el amado". Declárelo esto más el lenguaje español ordinario con que solemos decir: éste es letrado, donde hubiere letrados. No es mucho ser una mujer hermosa entre muchas feas, ni uno valiente, entre muchos cobardes, ni llamarle a uno hombre entre muchachos; pero ser hermosa donde hubiere hermosas, y valiente donde hubiere valientes, y ser hombre donde hubiere hombres, este es el encarecimiento que acá solemos hacer. (S. C. 37.)

[9]) Immermann gibt ein gutes Beispiel für das Entstehen dieser neuen Bedeutungsnote, wenn er die Heldin der Oberhofepisode in ihr selbstbereitetes Glück mit diesen Worten geleitet: „Mir will es so vorkommen, als ob Goethe, wenn er noch lebte und die Lisbeth sähe, sie eine Natur nennen würde." (VIII, 3.) Das Besondere der neuen Wendung wird noch so lebhaft empfunden, daß der empfehlende Hinweis auf ihren Schöpfer sich von selbst einstellen mußte. Wenn heutzutage von einer „Natur" die Rede ist, dann dürfte höchstens belehrende Absicht Goethe als Kronzeugen bemühen: „Eine Natur im Goetheschen Sinn!" Die neue Bedeutung von „Natur" gehört nun auch schon zum herrenlosen Sprachgut, das sich dem unbesehenen Zugriff jederzeit bietet. Bedenkt man aber die lange Wanderung von „Natur", wie dieses unerschöpfliche Wort in jedem neuen Weltbild als Leitstern aufglänzt, so wird jetzt eine bis dahin nie gewagte Anschauung deutlich: der Mensch gilt ihr nicht mehr als trüber Spiegel oder verkleinertes Abbild der großen Natur, sondern er stellt sie selbst in ursprünglicher und beispielhafter Wesenskraft vor das ermattete Dasein. Aus einer ähnlichen Lage des Geistes bildete „Kraft" die verwandte Bedeutung. Der spätere Sturz dieses Herderschen Erbes in unsern Alltag („eine tüchtige Kraft") gibt seinen Erfolg, wenn auch nicht sein Glück zu ermessen. Auch hier wurde ein wertfreies Sein auf den Kern und das Vermögen personenhaften Wesens bezogen; und dieser Akt der Übertragung führte auch hier zu demselben Ergebnis: zu einem individualisierenden Ausdruck von stärkster Potenz der Wertung.

[10]) Im Vordergrund stehen die Herleitungen von etrusk. phersu = Maske (I. Kutsch), * persum = Kopf (Wageningen) und indogerm. pesah = Gestalt. Die Etymologie von I. Kutsch übernimmt Rheinfelder. Das Wort *persona*, Halle 1928², in Verbindung mit * persum und ebenso Walde. Vergl. Wörterbuch d. Indogerm. Sprachen, 1927—32, wo Wageningen abgelehnt wird. Unbeweisbar ist die Vermutung Friedländers, daß etrusk. phersu von prosopon her beeinflußt worden wäre. Dagegen hat sich „pesah" auch im Slawischen ausgebreitet mit den Abkömmlingen pisatj = schreiben, pjstrz = bunt (im russ. pestryi und dazu pestuga = Forelle) und im Germ.: ahd. fihila =

Feile. Vergl. Vondrák, Vergl. Slaw. Grammatik, Göttingen, 1906 (I 27, 140, 279, 361 und 364).

[11]) Auch slaw. lizo = Person, Gesicht (von leko = Wange) trägt diese Bedeutung.

[12]) Eph. 5, 9 u. Col. 3, 25. Vgl. Schleiermacher in seiner ersten Rede über die Religion: „jenseits des Spiels seiner besonderen Kräfte und seiner *Personalität* faßt sie (die Religion) den Menschen und sieht ihn aus dem Gesichtspunkte, wo er das sein muß, was er ist, er wolle oder er wolle nicht."

[13]) Zahlreiche Beispiele bei Rheinfelder a. a. O. 44 ff.

[14]) Generaciones y semblanzas, ed. clás. cast. p. 65.

[15]) Ebenso p. 115. — In solcher Bedeutung auch Gracián III, 268: añadiendo de corcho lo que faltaba de persona.

[16]) Don Quijote II, 1.

[17]) II, 66

[18]) II, 274.

[19]) III, 235.

[20]) III, 4: ... persona, que es lo más difícil de la vida.

[21]) Vergl. dazu I, 161: ... comencé a saber y a ser persona.

[22]) I, 169: ... verás lo que cuesta el ser persona. — I, 194: .. muy pocos son los que llegan a ser personas.

[23]) III, 96: nunca verás que los muy alzados sean realzados, y aunque crecieron tanto, no llegaron a ser personas.

[24]) O, 111: Un empeño en su ocasión hizo personas a muchos, así como un ahogo saca nadadores.

[25]) Aphorismen 69 f.

[26]) Aphorismen 163. —

[27]) Aphorismen S. 69 f.

[28]) Aphorismen S. 173.

[29]) Werke VII, 614 f.

[30]) H, 138: Poco es menester para individuo, mucho para universal.

[31]) O. 95: No ser muy individuado, o por afectar, o por no advertir. Tienen algunos notable individuación con acciones de manía, que son más defectos que diferencias ... No sirve el individuarse sino de nota, con una impertinente especialidad, que conmueve alternativamente en unos la risa, en otros el enfado.

[32]) O, 38: Nunca se ha de individuar mucho en las cosas ... Hase de proceder de ordinario con una hidalga generalidad... Die Warnung vor dem Spezialistentum, vor der Fachsimpelei steht bekanntlich bei allen französischen Moralisten auf dem Repertoire.

[33]) O, 55: Las cosas no pasan por lo que son, sino por lo que parecen. Valer, saberlo y mostrar, es saber dos veces: lo que no se ve es como si no fuera.

[34]) O, 13: No consiste la perfección en la cantidad, sino en la calidad. Todo lo muy bueno fué siempre poco y raro; es descrédito lo mucho.

[35]) Werke II, 37.

[36]) III, 120: ... todo lo que más importa, no se conoce, cuando se tiene, ni se estima, cuando se gazo. y después pasada la ocasión, se suspira y se desea: la verdad, la virtud, la dicha, la sabiduría, la paz y ahora el desengaño.

[37]) Darin unterscheiden sich Crítilo und Andrenio. III, 89: A mí (dijo Crítilo) pocas cosas me satisfacen. — Pues a mí (dijo Andrenio) pocas dejan de contentarme ...

[38]) H, 136 f.: ... toda escasez en moneda de aplauso es hidalgo ...

[39]) H. Primor V.

[40]) O, 118.

[41]) Sea ántes avaro que pródigo de sí.

⁴²) D, 207: Achaque es de todo lo muy bueno, que su mucho uso viene a ser abuso. Codícianlo todos por lo excelente, con que se viene a hacer común, y perdiendo aquella primera estimación de raro, consigue el desprecio de vulgar; y es lástima que su misma excelencia le causa su ruina.

⁴³) D, 210: Das Beispiel der Poppäa.

⁴⁴) O, 118: El que ausente fué tenido por león, presente fué ridículo parto de los montes.

⁴⁵) O, 120: El mayor desdoro de un hombre es dar muestras de que es hombre; déjanle de tener por divino el día que le ven muy humano.

⁴⁶) Aphorismen S. 165. — Schon Shakespeare beschreibt diese berechnete Wirkung, wenn er Heinrich IV. (I. Teil, III, 2) sagen läßt:

> Doch selten nur gesehn, ging ich nun aus.
> So ward ich angestaunt wie ein Komet,
> Daß sie den Kindern sagten: das ist er,
> Und andere: Welcher: Wo ist Bolingbroke?
> ... So hielt ich die Person mir frisch und neu.
> Mein Beisein, wie ein Hohepriesterkleid
> Ward staunend nur gesehn, und so erschien
> Selten, doch kostbar wie ein Fest mein Aufzug,
> Das Ungewohnte gab ihm Feierlichkeit. —

⁴⁷) D, 110: Más se goza de ellas ajenas que propias: el primer día es lo bueno para su dueño, los demás para los extraños; gózanse las cosas ajenas con doblada fruición, esto es, sin el riesgo del daño, y con el gusto de la novedad, sabe todo mejor a privación ... el tener las cosas, a más de que disminuye la fruición, aumenta el enfado, tanto de prestarlas como de no prestarlas; no sirve sino de mantenerlas para otros, y son más los enemigos que se cobran que los agradecidos ... Vgl. auch II, 32 f.: Achtung der Dinge verträgt sich schlecht mit ihrer Nähe, und III, 135: Glücklosigkeit des Besitzenden.

⁴⁸) Aphorismen S. 153. —

⁴⁹) D, 267.

⁵⁰) H, 158: La mayor perfección, pierde por cotidiana, y los hartazgos de ella enfadan la estimación, empalagan el aprecio.

⁵¹) II, 214.

⁵²) D, 209: .... que siempre fué lo dificultoso estimado ... D, 232: Las cosas que presto llegan a ser perfección, valen poco y duran menos ... AA, 30: ... y toda noticia que cuesta es más estimada y gustosa. AA, 37: La verdad, cuanto más dificultosa, es más agradable; y el conocimiento que cuesta es más estimado. Aufgabe des Stils ist es dann vor allem, durch seine Komplikationen der mitzuteilenden Wahrheit den richtigen Preis zu geben.

⁵³) O, 81: Dijeron ser nada (el deseo) los filósofos y ser el todo los políticos. Estos la conocieron mejor ... Prométase más del conato de la pasión que de la tibieza de la posesión. — Dazu: O, 124: Dejar con hambre. Hase de dejar en los labios aun el néctar. Es el deseo medida de la estimación; hasta la material sed es treta de buen gusto picarla, pero no acabarla. Und O, 108: No es menester más para perder a muchos que obligarlos con demasía; por no pagar se retiran y dan en enemigos de obligados.

⁵⁴) O, 4: Hacer depender. — No hace el numen el que lo dora, sino el que lo adora. El sagaz más quiere necesitados de sed que agradecidos. Es robarle a la esperanza cortés, fiar del agradecimiento villano, que lo que aquélla es memoriosa, es éste olvidadizo. Más se saca de dependencia que de la cortesía; vuelve luego las espaldas a la fuente el satisfecho, y la naranja exprimida cae del oro al lodo. Acabada la dependencia acaba la correspondencia, y con ella la estimación. Sea lección, y de prima en experiencia, entretenerla, no satisfacerla, conservando siempre en necesidad de sí aun al coronado patrón;

pero no se ha de llegar al exceso de callar para que yerre ni hacer incurable el daño ajeno por el provecho propio.

⁵⁵) Das Orangenbild in dem Doppelsinn, daß die Frucht nicht nur aus dem Gold der Achtung, aus der goldenen Schale, sondern mit ihrer eigenen goldenen Farbe in den Schmutz fällt.

⁵⁶) O, 100, Sutil modo de transformar abligaciones que la que había de estar en el superior para premiar recae en el obligado para satisfacer.

⁵⁷) Dazu O, 114. —

⁵⁸) O, 100: Esto se entiende con gente de obligaciones, que para hombres viles más sería poner freno que espuela anticipando la paga del honor.

⁵⁹) O, 114: Verdad es que para el ruin es algarabía la galantería, porque no entiende los términos del buen término.

⁶⁰) O, 64: Saber vender las cosas. — No basta la extrinseca bondad de ellas; que no todos muerden la substancia ni miran por dentro; acuden los más adonde hay concurso: van porque ven ir a otros... El destinar para solos entendidos es picón general, porque todos se lo piensan, y cuando no, la privación espoleara el deseo. Nunca se han de acreditar de fáciles ni de comunes los asuntos, que más es vulgarizarlos que facilitarlos; todos pican en lo singular...

⁶¹) O, 87: ... no se hallan, comúnmente, cuando se buscan, y después al descuido se vienen a la mano. Como todas las de acá son sombras de las eternas, participa de la sombra aquella propiedad: huyen de quien las sigue y persiguen a quien las huye.

⁶²) II, 218. —

⁶³) O, 98: Procure, pues, el varón sabio tener algo de negociante, lo que baste para no ser engañado, ni aun reído: sea hombre de lo agible, que aunque no es lo superior, es lo más preciso del vivir. ¿ De qué sirve el saber sino es práctico? Y el saber vivir es hoy el verdadero saber.

⁶⁴) So z. B. in der Predigt S. C. 119, wo von der „señal", d. h. der Anzahlung, durch die man sich das Vorkaufsrecht sichert, die Rede ist. Während gemeinhin der Mensch als interessierter und begehrender Teil eine solche „señal", an Gott vorauszahlen müsse, habe der Heilige Benedikt von Gott ein solches Vorpfand erhalten.

⁶⁵) O, 105: Es esencial el método para saber y poder vivir.

⁶⁶) O, 82: ... No sólo viven los pacíficos, sino que reinan; hase de oir y ver, pero callar. —

⁶⁷) So O, 58: Bástese...

⁶⁸) Vergl. O, 44: Tener tomado el pulso a los empleos. — O, 49: Nunca competir. O, 52: No hacer negocio del no negocio:.... ni es la peor regla del vivir el dejar estar.

⁶⁹) AA, 252: Donde prevalecen los *estratagemas*, es en el Arte Militar.

⁷⁰) AA, 251: Otras acciones hay, que ponen todo el artificio de su invención en el ardid, y se llaman comúnmente *estratagemas*, extravagancias de la inventiva: ... consiste su primor en una ejecución no esperada, que es un sutilísimo medio para vencer, y salir con el intento. Vergl. Schopenhauer, D. W. IV, 20: ... daß wir die *Strategie* gewöhnlich erst einsehen, wenn der Feldzug vorbei ist.

⁷¹) O, 61: Entrar con la ajena para salir con la suya. Es *estratagema* del conseguir. Auch die Schießkunst wird herangezogen: O, 83: El destreza asestar algo más alto para ajustar el tiro, pero no tanto que sea desatino al comenzar los empleos.

⁷²) O, 32: Saber usar del desliz... Hurtásele el cuerpo airosamente con una sonrisa a la más dificultosa contienda.

⁷³) O, 7: ... pelea la sagacidad con estratagemas de intención...

⁷⁴) O, 18: Tanto importa una bella retirada come una bizarra acometida. Dazu auch III, 22: „No fué mal visto, ni mal tratado otro, que realmente tenía años, y no canas, averiguando el secreto, que era sabérselas quitar, con las ocasiones que quitaba.
⁷⁵) O, 7.
⁷⁶) O, 9· Fácil es de matar al vuelo el ave, que le tiene seguido, no así la que le tuerce. O, 71: Cazar las aves con luz es el verdadero encandilar.
⁷⁷) Reiten: O, 66; an anderer Stelle vgl. über Schwimmen.
⁷⁸) O, 9; 18; H, 147 f.: D, 247.
⁷⁹) La discreción en el hablar importa más que la elocuenia. Dazu O, 99: ... piensan otros entretener con su elocuencia y aporrean el alma con su locuacidad.
⁸⁰) O, 87.
⁸¹) O, 86:... las palabras son sombra de los hechos.
⁸²) O, 31· Llene de cortesía el vacío del favor y suplan las buenas palabras la falta de las obras.
⁸³) O, 64. —
⁸⁴) AA, 315: Preñado ha de ser el verbo, no hinchado, que signifique, no que resuene; verbos con fondo, donde se engolfe la atención, donde tenga en que cebarse la comprehensión.
⁸⁵) D, 193: Las verdades que más nos importan vienen siempre a medio decir. — Die Sprache soll die Geste der Herrschenden nachahmen durch Zeichen, Winke (ceño, amago). Vergl. D, 195.
⁸⁶) O, 69:... la arcanidad tiene visos de divinidad: el fácil hablar cerca está de ser vencido y convencido.
⁸⁷) Der Zensor des II. Criticón, Juan Francisco Andrés, setzte sich mit dem Lakonismus tadelnd auseinander:... todo lo que no es breve, y muy picante le juzga por disgustado, estilo en que han dado algunos genios modernos, procurando introducir el *laconismo* pareciéndoles que sólo es plausible la concisión ... Der antikonzeptistische Prediger G. Pérez de Ledesma scheidet in seiner „Censura de elocuencia" von den überkommenen drei richtigen Stilarten (grandilocuo, templado, sumiso) vier moderne Stilarten: hinchado, pueril, *lacónico* und afectado (S. Cl. XIV).
⁸⁸) AA, 321: Siempre insisto en que lo conseptuoso es el espíritu del estilo.
⁸⁹) AA, 6:
⁹⁰) AA, 222: De los problemas conceptuosos ... consiste su artificio en una pregunta curiosa ... empéñase en ella el discurso, y después de bien ponderada la dificultad, dásele la gustosa solución. — AA, 240: Comienza a empeñarse el concepto, deslumbra la expectación, o la lleva pendiente, y deseosa de ver donde va una ponderación impensada ...
⁹¹) AA, 35: Cuando más escondida la razón y cuesta más, hace más estimado el concepto ...
⁹²) AA, 35 ... despiértase con el raparo la atención, solicítase la curiosidad, luego lo exquisito de la solución desempeña sazonadamente el misterio.
⁹³) AA, 37: La verdad, cuanto más dificultosa, es más agradable; y el conocimiento que cuesta es más estimado.
⁹⁴) AA, 245: Hay labirintos del discurso, que el mental Teseo, con el precioso ovillo de una acertada perspicacidad mide, y vence.
⁹⁵) Vergl. J. Mª. de Cossío. Gracián crítio literario in: Notas y estudios de crítica literaria. Siglo XVII. (p. 57—72).
⁹⁶) II, 29 ... la materia de que se componía, debiendo ser de un marfil terso, de un ébano bruñido, era de haya y aun más común.
⁹⁷) II, 103:... que estas hojas de Quevedo son como las del tabaco, de más vicio que provecho, más para reír que aprovechar:...

⁹⁸) AA, 322: Mateo Alemán ... el mas *clásico* español.
⁹⁹) AA, 322: Es el estilo natural, como el pan, que nunca enfada; gústase mas dél, que del violento, por lo verdadero, y claro, ni repugna la elocuencia, ántes influye con palabras castas, y proprias ...
¹⁰⁰) AA, 322, nach dem ein Brief als Muster geboten wurde: „Sea el primer ejemplar del estilo grave, *conceptuoso, y natural*..."
¹⁰¹) AA, 267 ff: De la composición de la agudeza en común: ¿Cuál sea más perfecto empleo del ingenio, la Agudeza libre o la ajustada a un discurso? La suelta es aquella en la cual, aunque se levanten tres, y cuatro, y muchos asuntos de un sujeto ya en encomio, ya en ponderación, pero no se unen unos con otros sino que libremente se levantan, y sin correlación se discurren... — La encadenada... es aquella, en que los asuntos... se unen entre sí... para componer un todo artificioso mental. So im vorigen Zeitalter Valderrama und andere Prediger, im Gegensatz zu der allgemeinen Haltung der Spanier: En España siempre hubo libertad de ingenio, o por gravedad, o por nativa cólera de la nación, que no por falta de inventiva... Un ingenio anómalo siempre fué mayor; porque se deja llevar del connatural ímpetu en el discurrir, y de la valentía en el sutilizar; que el atarse a la prolijidad de un discurso y a la dependencia de una traza, le embaraza y le limita. Zu diesem freien Stil rechnet Gracián die Predigt des Hl. Augustin, des Ambrosius und Chrysologus, im Gegensatz zu den frostigen Allegorien des Origenes und der Neueren: Crueldad es, que no arte, condenar una hora entera al que oye, o al que lee, a la enfadosa cárcel de una metáfora, digo a estar pensando en una Aguila, Carroza, o Nave, aunque sea un Sol. — Vergl. dazu die Kritik der Predigt III, 276: Dejaron la sustancial ponderación del sagrado Texto, y dieron su alegorías frías, metáforas cansadas, haciendo soles, y águilas los Santos, mares las virtudes, teniendo toda una hora ocupado el auditorio, pensando en un ave o una flor.
¹⁰²) AA, 186: De la agudeza por paronomasia, retruécano, y jugar del vocablo.
¹⁰³) AA, 191: La primorosa equivocación, es como una palabra de dos cortes, y un significar a dos luces.
¹⁰⁴) AA, 180 f.: De la agudeza nominal. — Esta especie de concepto suele ser fecundo orígen de las otras .. Es como hidra vocal una dicción, pues a más de su propria, y directa significación, si la cortan, o la trastuecan, de cada sílaba renace una sutileza ingeniosa, y de cada accento un concepto... Anklänge ähnlicher Lautbilder können durch den trügerischen Anschein etymologischer Verwandtschaft das Gewahren eines echten Sinnzusammenhangs erleichtern: *malicia — milicia* (O, 7; II, 198); tiene su *gusto*, y su *gesto* cada uno (III, 239); *perecían*, porque no *parecían* (III, 330); ... no hay mayor *desaire* que el continuo *donaire* (D 200); No hace el numen el que lo *dora*, sino el que lo *adora* (O, 4); requiérese más la *benevolencia* que la *beneficencia*. Altérnanse la *calidez* de la serpiente con la *candidez* de la paloma. (O, 103); ... que si los sabios mueren como cisnes, éstos como *grajos*, gracejando mal y porfiando (D, 203); hace *gala de igualar* (D, 212); *falcifícase fácilmente* (H, 144); para el ruin es *algarabía* la *galantería* (O, 114); los *gordos* y los *godos* (III, 136); déjenme estar en mi *gustos, y mis gastos* (III, 220); no gustaba de esto el *mal carado,* y menos el *mascarado* (III, 118); echar menos la *gala y la gula* (III, 143); vacío de *importancia* y relleno de *impertinencia (III, 187);* meter la *mano* en la *masa* (III, 133 f.); calzábanse el sombrero de *castor, a costa* del menos *casto* (III, 135); *comunidad — comodidad* (III, 22); *consumido* antes que *consumado* (III, 4); *pisados — pasados* (II, 4); gente de *apoyo* y no de *tramoya;* oder der Bedeutungsgegensatz verwandter Etyma wird ausgespielt: *patrimonio — matrimonio* (II, 6). Homonymik liegt vor, wenn ein Phonema

sich in zwei verschiedene Bedeutungen gabelt: que no todos los ridículos audentes salieron de la *Mancha,* antes entraron en la de su descrédito (D, 249). Ein Grundwort wird durch ein Präfix oder durch verschiedene Präfixe weitergeleitet: *corren,* porque no *discurren; vencida y convencida* (O, 91); la verdad que es *traviesa atraviesa* el corazón (III, 73); vestido de *gala se regala* (Co. 430); mozo *absoluto y disoluto* (III, 3); con tanta *resolución* como *disolución* (III, 218); *atenciones — intenciones* (II, 5); *debata* con la razón para que no le *combata* la desdicha; causando diferentes *efectos y afectos* (III, 295). Oft verbindet Gracián zwei Begriffe durch einen sprachlichen Zusammenhang, der im Lichte der modernen Wissenschaft eine „falsche Etymologie" darstellen würde: *corazón* wird von *cura* abgeleitet (III, 125); *jovial* von *juventud; combite* von *convivir* (II, 60); *moneda* von *monendo* (II, 74); *mercadería* von *Mercurio* (II, 120). Sprachbilder werden in ihrer eigenen Sphäre weitergeführt: *Cásanse* (verbinden, eigentl. vermählen) algunos con la primera información de suerte que las demás son *concubinas. — Soñó dioses* a muchos la *inhumana* gentilidad: das Heidentum verkörpert den Begriff der Humanität, aber die Vielgötterei widerlegt den Schein des Humanen. Die Symbolik der Zahlen verknüpft sich mit gewissen Begriffen: pertenece este aviso a los de la *segunda* intención, que todos son de la *quinta sutileza* (O, 62) (Hintergedanken — Quintessenz der Subtilität). Die Glücksbedeutung des Fünften heftet sich an die Regenten mit dieser Zahl eines Namens: „*Estoy* mirando si vuelven a salir aquellos Quintos tan famosos y plausibles en el mundo, un Don Fernando Quinto, un Carlos Quinto, y un Pío Quinto Ojalá que eso fuese, y que saliese un Don Felipe el Quinto en España." (III, 271.) Vergl. dazu AA, 253: ... Rey Católico Don Fernando, que era el Quinto de Castilla, y la quinta esencia de los Fernandos, y por eso de todos los Reyes. — Zu der populären Wendung „saber cuanto son cinco". „etwas los haben", vgl. die negative Vorstellung, die Covarrubias erklärt: „No sabéis cuanto son cinco" „dícese del hombre muy simple que no sabe cuanto tiene en la mano".

[105]) In gnomischen und sprichwortähnlichen Wendungen ist auch die Kopula entbehrlich: der Gedanke entzündet sich durch die unmittelbare Berührung der Nomina. Typus: „Ciencia sin seso locura doble" (D, 9). Zuweilen tritt auch die gnomische Wahrheit ins Relief der Erzählung durch ein einfaches Präteritum des Hilfsverbs: „El varón cuerdo siempre fué el mismo en todo lo perfecto" (D, 31). Mit diesem Stilmittel wird die Geltung des Sprichworts oder der Maxime zurückverlegt auf die mythische Situation der Entstehung: „Muchas cosas que eran algo, dejándolas, fueron nada, y otras que eran nada, por haber hecho caso de ellas, fueron mucho" (D, 52). Ferner: „El que ligeramente se movió, hállase después corrido" (D, 66) und: „Formidable fué un río hasta que se le halló vado, y venerado un varón hasta que se le conoció término" (H, 127). —

Gegen das Zurücktreten der verbalen Stoßkraft hebt sich die verstärkte Funktion des Nomens ab. Hier gebietet der Stil Graciáns über die größte Vielfalt der Ausdrucksmittel, durch Gebrauch von Artikel, Zahl usw. Der fehlende Artikel charakterisiert die Qualitätsbegriffe: „Aseguran *fecundidad* de aciertos" (D, 9): arguye *eminencia* de caudal y concluye *superioridad* (H, 129); multiplicó *cosecha* de prontitudes y *abundancia* de agudezas (H. 133); todo héroe participó *exceso* de ingenio (H, 131); ser eminente en *hidalgo* (H, 144). — Eine besondere Note konzeptistischer Prosa ergibt die Verwendung des unbestimmten Artikels für die Konkretisierung abstrakter Substantiva. Die Madrider Umgangssprache und das Andalusische kennen diesen Gebrauch: „una pequeñez", „una nimiedad" usw.; hierzu bei Graziân: „una humanidad" (D, 257), „una ira" (O, 66), „una nada" (D, 253), „una poquedad" (D, 250), „una prolijidad" (O, 20), „una simpatía" (H, 155), „un temor" (D, 173). Daß der Konzeptismus die Wege der Volkssprache nicht verschmäht, verraten die typischen kollektiven Singulare nach Art von „mucho enemigo" (II, 145). Hier ist das Vorbild der kultistischen Dichtung Góngoras zu beachten. Die Gegner Góngoras, vor allem Juan Jáuregui, warfen diesem Dichter die stilwidrige Mischung volkssprachlicher Wendungen mit dem latinisierenden Pathos seiner Verse vor, wozu die Apologeten des Kultismus ihrerseits Stellung nahmen: Vergl. Francisco de Córdoba, Examen del Antídoto, apud Miguel Artigas, Góngora, Al. VII, ŗ. 436. —

[106]) Vergl. vor allem E. R. Curtius, Schrift und Buchmetaphorik in der Weltliteratur (Deutsche V. J f. Litw. u. Geistesgesch. XX, 1942, S. 359—411) und dazu die reich belegte Besprechung von Fritz Schalk in Romanische Forschungen LVII, 1943, S. 136—141. — Weiteres spanisches Material findet sich auch in den beiden Bonner Dissertationen von E. Brockhaus, Góngoras Sonettendichtung, 1935 und Irmhild Schulte, Buch- und Schriftwesen in Calderóns weltlichem Theater. Hermann Brunn hat im Vorwort zu seiner Übersetzung „Die Soledades des Don Luis de Góngora y Argote", München, 1934, S. 33, die Erscheinung noch besonders hervorgehoben: „Góngora war sicher nicht in dem Sinne naiv, daß er sich seiner Kunstmittel, z. B. gerade auch seiner Periodenbaukunst nicht vollkommen bewußt gewesen wäre. So ist es nicht merkwürdig, wenn sich ihm sogar beim Dichten Vergleiche grammatischer Natur für sinnliche Gegenstände aufdrängten". Einige Beispiele folgen, in denen Strominseln „Parenthesen", eine Baumgruppe „Interposition" genannt werden. Lope de Vega liebte diese Metaphorik nicht weniger als Gracián und die Kultisten älteren und neueren Datums, so z. B.: adjetivar, anfibiológico, consonante, gramática, paréntesis, prólogo, punto, renglón, rúbrica. Unter der ständigen Einwirkung Góngoras ging dieser metaphorische Gebrauch auf den Symbolismus Ruben Daríos und die Vertreter der modernen poesía pura über; in der heutigen Prosa setzt er die konzeptische Tradition Graciáns fort. Beispiele aus neuester Zeit: „No basta pensar a la proeza pura y *sustantiva* de nuestra División Azul" (Escorial XV), „Un valor *adjetivo*", „Ya al rosicler abrían *Bibliotecas* de su olor" (Rafael Laffon), „horizonte *esdrújulo*" (Guillermo de Torre), „hemos vivificado las *letras de molde* que dormían...", „no se ciñó a lo *minúsculo*", „Aquella estrella blanca no tiene *ortografía*" (Adriano del Valle), „*Plural* ha sido la celeste Historia de mi corazón" (Ruben Darío), „Y el sol purificado en los ponientes Se *pluraliza* en las vocinglerías De las torres del Kreml" (J. L. Burges). Góngora und Rubén Darío vergleichen den Schwanenhals mit einem Fragezeichen. Die Ausbeute bei Gracián ist nicht weniger ergiebig. Hier nur ein paar Beispiele: „En la escuela del querer, es ésta (sc. la correspondencia) el A B C donde la primera *lección* es de simpatía" (H. 158), „*ablativo absoluto* que me rige" (III, 76), no le hallan otros méritos para su *antonomasia* sino la benevolencia" (H, 161), ferner: diptongo, diminutivo, escuela, epílogo, eses, paréntesis, rúbrica, superlativo, texto, tilde usw. Mag auch im Untergrund der von Curtius so stark hervorgehobene biblische Auffassung der Welt als der Offenbarung zugrundeliegen, so tritt entscheidend hinzu die Überzeugung von der Identität der sprachlichen, logischen und ontischen Kategorien. Diese Anschauung fundiert geradezu den späthumanistischen konzeptistischen Stil. Durch die Rückstrahlung des grammatischen Vergleiches erhält der Gegenstand der Aussage nicht nur eine schärfere Präzision, sondern eine zusätzliche Sinnkraft aus der lebenheckenden Fülle der Begrifflichkeit.

[107]) Vergl. Anm. 105.

VII. Kapitel: Die Lebenskunst

[1]) D, 213: ... todo comenzar es con felicidad.
[2]) D, 211: El mismo aplauso de los principios hace más ruidoso el murmullo de los fines. No está el punto en el vulgar consentimiento de una entrada, que esas todas las tienen plausibles; pero sí en el sentimiento general de una salida ... Und fast wortgleich O, 26: No está el punto en el vulgar aplauso de una entrada, que esas todas las tienen plausibles, pero sí en el general sentimiento de vana salida. ...
[3]) O, 98: Todos los principios son informes y queda después la imaginación de aquella deformidad ... antes de ser todo es nada, y en el comenzar a ser se está aún muy dentro de su nada ...
[4]) O, 62: ... la verdad siempre llega la última y tarde, cojeando con el tiempo.
[5]) I, 276: Finalmente, dos son los oídos para que pueda el sabio guardar el uno virgen para la otra parte; haya primera y segunda información, y procure que si se adelantó a ocupar la una oreja la mentira, se conserve la otra intacta para la verdad, que suele ser la postrera.
[6]) O, 68: ... saberlos conservar es más que hacerlos amigos ...
[7]) O, 102 f: Todo se les va a algunos en comenzar y nunca acaban; inventan, pero no prosiguen ... todo pára en parar ...
[8]) Die Einbildungskraft steht unter den Seelenvermögen, wie bei Montaigne, Huarte de San Juan usw., auf der niedrigsten Stufe. Erst Fichte und Schiller begründen ihren neuen Vorrang für das idealistische Zeitalter. Vergl. O, 12: Imaginación macht sich zum Herrn, wenn ihr nicht Sindéresis zur Seite tritt, und O, 78: La imaginación se adelanta siempre y pinta las cosas mucho más de lo que son.
[9]) D, 206: El mal es que las resoluciones más importantes se forman en la primera edad destituida de ciencia y experiencia, cuando aun no fueran bastantes la mayor prudencia y la más sazonada madurez.
[10]) H, 157: Concibe altamente el que mira, porque le cuesta menos de imaginar las hazañas que al que ejecuta de obrarlas.
[11]) O, 78: El tesón ha de estar en la voluntad, no en el juicio.
[12]) O, 60: Nunca por tema seguir el peor partido ... vulgaridad de temáticos no reparar en la verdad por contradecir.
[13]) O, 93: Nunca obrar por tema, sino por atención. Toda tema es por tema, gran hija de la pasión, la que nunca obró cosa a derechas.
[14]) D, 190: ... Sísifos de la conversación, que apedrean con un tema ...
[15]) O, 78: Hay cabezas de hierro, dificultosas de convencer ... cuando se junta lo caprichoso con lo persuadido, cánsanse indisolublemente con la necedad ...
[16]) S. Cl., 126: ... que los finos necios, perderse quieren ántes por sí que remediarse por otro ...
[17]) O, 87: Lo fácil se ha de emprender como dificultoso y lo dificultoso como fácil. Allí porque la confianza no descuide, aquí porque la confianza no desmaye ... Los grandes empeños aun no se han de pensar, baste ofrecerse, porque la dificultad advertida no ocasione el reparo.
[18]) O, 76: ... retentiva ... sello de la capacidad.
[19]) O, 68 f: Siempre hay tiempo para enviar la palabra, pero no para volverla.
[20]) O, 79: Nunca exponer el crédito a prueba de sola una vez, que si no sale bien aquélla, es irreparable el daño ... siempre ha de haber recurso a la mejoría y apelación a más ...
[21]) Hierüber H, 155 f.

[22]) O, 95.
[23]) O, 108: Nunca llegar a rompimiento, que siempre sale de él descalabrada la reputación. Cualquiera vale para enemigo, no así para amigo.
[24]) O, 73.
[25]) O, 20.
[26]) Entrase por el afecto en el concepto.
[27]) O, 13: Hallarle su torcedor a cada uno. Es el arte de mover voluntades; más consiste en destreza que en resolución; un saber por dónde se le ha de entrar a cada uno. No hay voluntad sin especial afición, y diferentes, según la afición de los gustos. Todos son idólatras: unos de la estimación, otros del interés, y lo más del deleite; la maña está en conocer estos ídolos para el motivar, conociéndole a cada uno su eficaz impulso; es como tener la llave del querer ajeno. Hase de ir al primer móvil, que no siempre es el supremo; las más veces es el íntimo porque son más en el mundo los desordenados que los subordinados. Hásele de prevenir el genio primero, tocarle el verbo, después cargarle con la afición, que infaliblemente dará mate al albedrío.
[28]) O, 46.
[29]) O, 51.
[30]) O, 114.
[31]) D, 200.
[32]) O, 114.
[33]) O, 34.
[34]) O, 34
[35]) Vergl. D, 253 f. die Kontrastierung französisch-spanischen Wesens, die auf die berühmte Schrift des Dr. Carlos García zurückgeht, und oben Kap. II.
[36]) O, 20 und besonders H, 155 f. —
[37]) D, 168 wird Genio als „inclinación" bestimmt. Vergl. unten Anm. [39]).
[38]) D, 167: Hermanados el genio y el ingenio.
[39]) O, 5: Bien se hallará quien quiera ceder en la dicha y en el genio; pero en el ingenio ninguno ...
[40]) O, 34: wird gesprochen von „genio en gustos". — O, 28: Cabe cultura en él (gusto) ...
[41]) D, 168: Pero el galante genio se vió sublimado a deidad ... los que más moderadamente erraron lo llamaron inteligencia asistente al menor de los universos. (Diese aristotelische Interpretierung des Geniusbegriffes hatte auch Fernando de Herrera in seinem unten erwähnten Garcilasokommentar 1580 übernommen.) Cristiano ya el filosofar, no le distingue de una tan feliz cuanto superior inclinación.
[42]) O, 28: Cabe cultura en él (gusto), así como en el ingenio.
[43]) „templanza", „temple" wird dem Genius häufig verschrieben, aber auch Verjüngung, Erneuerung: O, 115: Saber renovar el genio con la naturaleza y con el arte. —
[44]) H, 1: Renuncia el hombre inclinaciones de siete en siete años; cuanto más alternara genios en cada una de sus cuatro edades.
[45]) H, 58: ... que de las alhajas de una casa se colige el genio de su dueño.
[46]) III, 236: Es el Embajador Príncipe de bizarro *genio*, originado de su grandeza, que así como otros Príncipes ponen su *gusto* en tener buenos caballos ... otros en lebreles ... en tablas y en lienzos muchos ..., en estatuas mudas, en piedras preciosas ... Este señor *gusta* de tener cerca de sí hombres entendidos y discretos ...
[47]) III, 236: Llegaron al *genial* algergue ... Allí apreciaron mucho el ver y conocer los mejores *ingenios* de nuestros tiempos.
[48]) So scheidet schon Garcilaso de la Vega in seiner II. Ekloge: ein Hirte

verfällt aus enttäuschter Liebe der Umnachtung seines „*genio*", *während* „el curso acostumbrado del ingenio" weiter räsonniert. Fernando de Herrera gibt einen philosophischen Kommentar der Stelle: „genio" ist auch für ihn der Daimon: er waltet über den Werken der Dichter und überläßt sie, wenn das Werk getan ist, der Kälte und Ernüchterung, der Selbstentfremdung, und stößt sie zurück in die Grenzen ihrer Natur. — In diesem Sinn wird „*genio*" auch den Naturgewalten zugeschrieben, so S. Cl. 183: Todos perciben los rayos, y muchos no penetran sus „*genios*". —

49) O, 3: Los dos ejes del lucimiento de prendas; el uno sin el otro, facilidad a medias; no basta lo entendido; deséase *lo genial;* infelicidad de necio, errar la vocación en el estado, empleo, región, familiaridad.

50) D, 167: Plausible fué siempre lo entendido, pero infeliz sin el realce de una agradable *genial* inclinación; y al contrario, la misma especiosidad del *genio* hace más censurable la falta del *ingenio*.

51) O, 34: Un grano de donosidad todo lo sazona.

52) Más se pierde en un día *genial* que se ganó en toda la seriedad ...

53) O, 24: El brío del ánimo excede al del cuerpo: es como la espada; ha de ir siempre envainada en su cordura, para la ocasión. Es el resguardo de la persona: más daña el decaimiento del ánimo que él del cuerpo.

54) O, 78: El tesón ha de estar en la voluntad, no en el juicio.

55) D, 189: Donde no hay disculpa es en la voluntad, que es crimen de albedrío, y su variar no está lejos del desvariar.

56) O, 31: ... y no sólo gasta la voluntad este exceso, sino que se atreve al juicio, alterando el querer y el entender.

57) O, 32: Hay hombres indeterminables, que necesitan de ajena promoción en todo; y a veces no nace tanto de la perplejidad en el juicio, pues lo tienen perspicaz, cuanto de la ineficacia.

58) O, 92: ... lo que es la resolución en la voluntad, es la explicatión en el entendimiento ...

59)) II, 182 f.: Siempre oí decir, que desde que riñeron la valentía, y la cordura, nunca más han hecho paz; aquélla salió de sus casillas a campaña, y ésta se apeló al juicio. — No tienes razón, dijo el Valeroso. ¿qué hiciera la fortaleza sin la prudencia? ...

60) II, 195: ... por eso la sabia naturaleza dispuso que el corazón y el cerebro en la formación del hombre comenzasen a la par, para que fuesen juntos el pensar y el obrar.

61) D, 244: Todo grande hombre fué juicioso, así como todo juicioso grande; que realces en la misma superioridad de entendido, son extremos del ánimo.

62) II, 195: ... aunque concurran en un varón todas las demás ventajas de sabiduría, nobleza, gracia de las gentes, riqueza, amistad, inteligencia, si el valor no las acompaña, todas quedan estériles y frustradas; sin valor nada vale, todo es sin fruto ...

63) O, 94: Más cosas ha obrado la maña que la fuerza ... — Daß Schopenhauer hier eine ganz einseitige Entscheidung treffen mußte, ergibt sich aus seiner ganzen Konzeption. So Aphorismen, S. 102: „Demnach ist es ein schlechtes Kompliment, wenn man, wie heutzutage Mode ist, Werke dadurch zu ehren vermeint, daß man sie Taten tituliert. Denn Werke sind wesentlich höherer Art. Eine Tat ist immer nur eine Handlung auf Motiv, mithin ein Einzelnes, Vorübergehendes ... Ein großes oder schönes Werk hingegen ist ein Bleibendes ...

64) O, 13: Es el arte de mover voluntades; más consiste en destreza que en resolución.

65) H, 129: Arguye eminencia de caudal penetrar toda voluntad ajena, y concluye superioridad saber celar la propia ...

⁶⁶) H, 129: Son los achaques de la voluntad desmayos de la reputación, y si se declaran muere comúnmente. El primer esfuerzo llega a violentarlos, a disimularlos el segundo. Aquello tiene más de lo valeroso, esto de lo astuto ... Atienda, pues, el varón excelente, primero a violentar sus pasiones, cuando menos a solaparlos con tal destreza, que ninguna contratreta acierte a descifrar su voluntad.
⁶⁷) D, 251 ff.: Diligente é inteligente. O, 96: Conténtanse algunos con tener la razón de su parte, pero no basta, que es menester ayudarla con la diligencia.
⁶⁸) D, 252: ... corren, porque no discurren ...
⁶⁹) D, 252: ... son buenos para mandados ... más no valen para mandar.
⁷⁰) D, 253: ... los que gobiernan ... los que pelean ...
⁷¹) D, 254: ... la temeridad en el francés es lustre de su increíble diligencia. Daß der Verstand von Süden nach Norden abnimmt und der Wille wächst, ist eine alte, schon von den Aristotelikern besessene Überzeugung. Vergl. ihre mittelalterliche Fassung in einem sogen. dicho de Catón aus dem Ende des XIV. Jahrhunderts: „... las gentes, cuanto más son lejos del Sol, son más fuertes de corazón y más menguados de ingenio" (Bibliografía Nacional IV, 3, p. 286).
⁷²) Scheinbarer Widerspruch zur Sondierung eines fremden Gedankens. O, 90: Es gran treta del tentar, no para empeñarse, sino para empeñar.
⁷³) O, 70: Echar al aire algunas cosas ... Para examinar la aceptación, un ver cómo se reciben .. tantéanse las voluntades de esta suerte.
⁷⁴) O, 76: ... no es cordura salir a recibir los males, pero sí el salirles al encuentro para vencerlos.
⁷⁵) O, 61: Entrar con la ajena para salir con la suya. Es estratagema del conseguir; aun en las materias del cielo encargan esta santa astucia los cristianos maestros.
⁷⁶) O, 60: Nunca por tema seguir el peor partido, porque el contrario se adelantó y escogió el mejor.
⁷⁷) O, 77: Nunca regirse por lo que el enemigo había de hacer. El necio nunca para lo que el cuerdo juzga, porque no alcanza lo que conviene; si es discreto, tampoco, porque querrá desmentirle al intento penetrado, y aun prevenido.
⁷⁸) Vergl. O, 7: Obra de intención, ya segunda, ya primera. Milicia es la vida del hombre contra la malicia del hombre; pelea la sagacidad con estratagemas de intención. Nunca obra lo que indica, apunta sí para deslumbrar; amaga al aire con destreza, y ejecuta en la impensada realidad atenta siempre a desmentir.
⁷⁹) Vergl. O, 7 f.: Echa una intención para asegurarse de la émula atención, y revuelve luego contra ella, venciendo por lo impensado; pero la penetrante inteligencia la previene con atenciones, la acecha con reflejos, entiende siempre lo contrario de lo que quiere que entienda, y conoce luego cualquier intento de falso; deja pasar toda primera intención y está en espera a la segunda, y aun a la tercera. Auméntase la simulación al ver alcanzado su artificio, y pretende engañar con la misma verdad. Muda de juego, por andar de treta y hace artificio del no artificio, fundado su astucia en la mayor candidez.
⁸⁰) II, 148: entre astutos, donde más se engaña con la misma verdad, cuando ninguno cree que otro la diga.
⁸¹) O, 52: ... y todo lo natural fué siempre más grato que lo artificial.
⁸²) O, 52: ... cuanto mejor se hace una cosa se ha de desmentir la industria, porque se vea que se cae de su natural la perfección ...
⁸³) O, 21: ... toda arte se ha de encubrir, que es sospechosa, y más la de cautela, que es odiosa.
⁸⁴) O, 36: Permitirse algún venial desliz; que un descuido suele ser tal

vez la mayor recomendación de las prendas. Dazu H, 162: Hay defectos sin defecto.

85) Dazu etwa I, 229: Nada creas de cuanto te dijeren, nada concedas de cuanto te pidieren, nada hagas de cuanto te mendaren. Y en fe de esta lección, echemos por esta calle, que es la del callar y ver para vivir.

86) O, 41: Incomprensibilidad de caudal. Excuse el varón atento sondarle el fondo ... permítase al conocimiento, no a la comprensión.

87) O, 69: Cada felicidad es un apretón de cordeles al mal afecto, y es un infierno del émulo la gloria del emulado. Este castigo se tiene por el mayor; hacer veneno de la felicidad. No muere de una vez el envidioso, sino tantas cuantas vive a voces de aplausos el envidiado, compitiendo la perenidad de la penalidad del otro: es inmortal éste para sus glorias y aquél para sus penas.

88) D, 184: ... actual *tragicomedia* de todo el universo ... dazu O, 90; D, 192 und III, 36: pasar a la última jornada de la tragicomedia de su vida.

89) O, 54 f.: (alteza del ánimo) revienta por campear.

90) O, 53: ... se note que el cargo le hubo menester a él y no él al cargo. — O, 45: ... hasta un rey se ha de venerar más por la persona ... O, 78: La dignidad da autoridad aparente, pocas veces la acompaña la personal, que suele vengar la suerte la superioridad del cargo en la inferioridad de los méritos.

91) D, 241: Allí lucen lo ingenioso de los que escriben y lo hazañoso de quienes escriben, compitiéndose la valentía de los ánimos de unos y la de los ingenios de los otros.

92) D, 195: | Qué es de ver en una encendida competencia la detención de un recatado y la atención de un advertido ...

93) II, 206 f.: Lado por lado estaban otros dos monstruos tan confinantes, cuan diferentes, para que campeasen más los extremos ...

94) Co, 451: y sea émula tu preparación de los Cherubines en el conocer y de los Serafines en el amar.

95) Co, 474: Compítense lo infinito bueno con lo comunicativo mucho, y lo padre con lo Rey poderoso.

96) AA, 99: Superioridad es de discurso no rendirse a la agudeza dél que la provoca, sino aspirar al vencimiento con otro igual, y aun mayor.

97) Vergl. O, 109: Es gran destreza hacer confidente dél que había de ser émulo.

98) O, 87. —

99) Vergl. Fray Hortensio Paravicini in SCl 125: ... religiosa emulación (¡ ah si la librásemos de porfía!) 'a tan debido culto ...

VIII. Kapitel: Die Tugendkrone und die Krontugenden

1) O, 116: Gran destreza suya no descubrir toda la perfección de una vez, sino por brújula irla pintando y siempre adelantando. Que un realce sea empeño de otro mayor y el aplauso del primero nueva expectación de los demás.

2) O, 118: El que ausente fué tenido por león, presente fué ridículo parto de los montes.

3) H, 127: Formidable fué un río hasta que se halló vado, y venerado un varón hasta que se le conoció término a la capacidad ...

4) H, 128: Todos te conozcan, ninguno te abarque. — O, 41: Incomprensibilidad de caudal. Excuse el varón atento sondarle el fondo ... permítase al conocimiento, no a la comprensión.

⁵) H, 121: ... no ser muy amado para conservar el respeto; más atrevido es el amor que el odio: ... Sea amado ántes apreciativamente que afectivamente ...

⁶) H, 120: El mayor desdoro de un hombre es dar muestras de que es hombre, déjanle de tener por divino el día que le ven muy humano.

⁷) H, 128: Más es la mitad que el todo, porque una mitad en alarde y otra empeño, es más que un todo declarado.

⁸) H, 128: ... lo moderado parecerá mucho, y lo mucho infinito, y lo infinito más ...

⁹) H, 138: ... con ambiciones de infinidad aspirar a una universalidad plausible.

¹⁰) D, 191: Grandes hombres los indefinibles, por su grande pluralidad de perfecciones, que repite a infinidad.

¹¹) Im Schlußkapitel des „Discreto".

¹²) D, 181.

¹³) H, 133: Gran cabeza es de filósofos... Gran corazón de reyes. ¿Qué importa que el entendimiento se adelante, si el corazón se queda? Dazu H, 144: En unos reina el corazón, en otros la cabeza ... und H, 154: ... la eminencia del entendimiento y la grandeza del corazón.

¹⁴) H, 156: Gran realce es la simpatía activa, si es sublime, y mayor, la pasiva, si es heroica. Dazu O, 115: „Tener la atractiva".

¹⁵) II, 38: ... cadenillas de Hércules, que procediéndole a él de la lengua, aprisionaban a los demás de los oídos; y quieren decir las hubo de Antonio Pérez. Esa es una gran curiosidad, ponderó Crítilo, garabato para llevarse al mundo trás sí. O gran gracia de las gentes ! Vergl. Anm. (100).

¹⁶) Dazu den Abschnitt im „Discreto": „hombre de espera".

¹⁷) D, 180: Así que mi esfera es la generosidad, blasón de grandes corazones, y grande asunto mío; hablar bien del enemigo y aun obrar mejor, máxima de la divina fe, que apoya tan cristiana galantería.

¹⁸) O, 56: ... Galantería supone magnanimidad. Dasselbe gilt von „alteza del ánimo". (O, 55).

¹⁹) D, 181: ... y lo que se condenara por descuido del decoro se disimula por galantería de condición ...

²⁰) D, 182: Toda prenda campea mucho en el varón grande ...

²¹) O, 27: Eminencia en lo mejor: Una gran singularidad entre la pluralidad de perfecciones. No puede haber héroe que no tenga algun extremo sublime.

²²) II, 154: Componían al hombre todas las demás criaturas, tributándole perfecciones, pero de prestado; ... Si todo es de prestado, ¿qué me quedará ?
— Respondiéronle que la virtud: ésa es bien propio del hombre; nadie se la puede repetir. Todo es nada sin ella, y ella lo es todo.

²³) S. Cl., 134: Los bienaventurados en el cielo, aunque ven a Dios, no ven todas las cosas en El; ven los atributos y perfecciones divinas (las cosas que están formalmente en aquella divina esencia ...), y éstas, no hay que negarlo, todas las ven; no empero las eminencias todas (las cosas o criaturas que están en El eminentemente ....), porque fuera comprender a Dios, y así limitarle, si le penetran la infinidad de su Omnipotencia ...

²⁴) SCl, 89 ff.

²⁵) AA, 278: El horizonte del ingenio es comúnmente la Panegyri: aquí es donde despliega la rueda de sus rayos, digo, de su sutileza, y aludiendo, ya proporcionando, ya transfiriendo.

²⁶) So vor allem AA, 267 ff.

²⁷) Charakteristisch die Sätze in dem Sermón auf Javier, S. Cl., 152: Poco ardiente llama de padecer a quien avivó la esperanza de conseguir: Villana sed de tormentos a quien lisonjeó el interés, pues llega a descontar tanto en los

aumentos con que crece, de la calidad con que nace, que la que vivió en su origen fineza, vino a degenerar en codicia. Y así, fervores a quien alentaron premios, en sus mismas creces experimentaron sus menguas, pues desdijeron de finos cuanto tuvieron de interesados; no fueron glorioso incendio de amar, sino ambicioso ardimiento de pretender . . .

28) H, 152:
29) H, 152: El despejo, alma de toda prenda, vida de toda perfección, gallardía de las acciones, gracia de las palabras y hechizo de todo buen gusto, lisonjea la inteligencia y extraña la explicación. Es un realce de los mismos realces y es una belleza formal. Las demás prendas adornan la naturaleza; pero el despejo realza las mismas prendas. De suerte que es perfección de la misma perfección, como transcendente beldad, con universal gracia.

30) D, 255: Es también de las bellezas transcendentales a todas las acciones y empleos.
31) D, 257: . . . no se puede definir porque no se sabe en que consiste . . .
32) D, 263: . . . brilla un sol de los realces, lucimiento de las prendas, esplendor de la heroicidad, y de la discreción complemento.
33) D, 204: Es transcendental su importancia porque no sea menos su extensión que su intención . . . porque ella es el complemento de la perfección, origen del acierto, sello de la felicidad, y donde ella falta, aunque sobre el artificio, el trabajo y las cosas todas se deslucen y todas se malogran.
34) FP. 410 f.: Su mayor prenda, y el sol de las demás, fué una prodigiosa capacidad, fundamento seguro de una real grandeza . . . El primario real constitutivo es una gran capacidad, y Rey de mucha capacidad, Rey de mucha sustancia. Llamóse la cabeza así, no de la material cavidad, sino del comprehender . . . La capacidad constituye personas, la incapacidad monstruos . . . Es la capacidad seno de la prudencia . . . la otra columna, que ladeada del valor, aseguran entrambos la reputación . . . Consiste esta nunca asaz encarecida prenda, en dos facultades eminentes: prontitud en la inteligencia y madurez en el juicio: precede la comprehensión a la resolución, y la inteligencia, aurora es de la prudencia.
35) I, 272: . . . ellos suplen todos los demás sentidos, y todos juntos no bastan a suplir su falta . . .
36) II, 5. . . . que estamos en tiempos, que es menester abrir el ojo, y aun no basta, sino andar con cien ojos; nunca fueron menester más atenciones, que cuando hay tantas intenciones, que ya ninguna obra de primera . . .
37) II, Crisis 8.
38) So z. B. in den „Dichos de Catón" aus dem Ende des XIV. Jahrhunderts: „esfuerzo sin seso non puede estar en personas de servidumbre" (Bibliografía Nacional, IV, 3, p. 286). —
39) Neben den „boticas" und „oficinas de seso" wird III, 157 passim von „boticas de cordura" gesprochen.
40) III, 156: Así que todo el hombre para bien ir, habría de ser de sesos.
41) III, 157: Tiendas hay, donde es feria el entendimiento y el juicio.
42) III, 155: . . . y todo él se veía hecho de sesos, de modo que tenía cien corduras, cien esperas, cien advertencias, y otros tantos entendimientos.
43) Kritik der reinen Vernunft, 1781, S. 153.
44) Anhang zum „Titan".
45) III, 158: escuelas de ser personas.
46) III, 158 . . . y para sola una onza hay que hacer toda una vida.
47) O, 40: . . . más vale un grano de cordura que arrobas de sutilezu.
48) más malicia alcanza hoy uno de siete años que antes uno de sesenta.
49) III, 30: . . . que monta más el voto de un solo viejo chapado que los de cien mozos caprichosos.

⁵⁰) I, 297: ... que más dice aquí una mujer en una palabra que en Atenas un filósofo en todo un libro.
⁵¹) II, 63: También vale uno de ella (España) por ciento de otras naciones.
⁵²) II, 178: ... estiman más una onza de plata, que un quintal de honra.
⁵³) H, 146: Estiman algunos más una onza de ventura que arrobas de sabiduría, que quintales de valor ...
⁵⁴) D, 218: De la ostentación diría yo lo que otros de la ventura que vale más una onza de ella que arrobas de caudal sin ella.
⁵⁵) O, 5: ... fáltales siempre un algo ... D, 233: ... que aun les falta un algo, y a veces lo mejor ...
⁵⁶) O, 96: no hay alhaja tan vil en esta gran casa del universo que una vez al año no sea menester, y aunque valga poco hará gran falta ...
⁵⁷) D, 248: ... pero hay algunos (defectos) tan disimulados por revestidos de capa de perfección, que pretenden pasar plaza de realces, especialmente cuando se ven autorizados.
⁵⁸) O, 77: Un grano de audacia con todo, es importante cordura. Vgl. auch D, 172, wo „audacia discreta" und „intrepidez cuerda" empfohlen werden.
⁵⁹) Un grano de donosidad es plausible realce en el más autorizado ... déjase caer como al descuido, un grano de esta sal, que se estimó más que una perla, raras veces, haciéndole salva la cordura, y pidiéndole el decoro la venia. Mucho vale una gracia en su ocasión.
⁶⁰) A, 118: ... ¿ cuál sería (el ingenio) sin el grano de demencia? Dazu Fälle wie II, 233, wo eine Untugend, vanidad, die moralische Schlüsselstellung beansprucht: ... no sale obra perfecta sin algo de vanidad ...
⁶¹) AA, 132: Las paradojas han de ser como la sal, raras y plausibles ... y muchos arguyen destemplanza en el ingenio.
⁶²) D, 248: Por una pequeña travesura de una facción fué condenado todo un rostro, a no parecer, y toda la belleza de los demás no es bastante a absolverlo de feo.
⁶³) Auch diese Züge sind indessen wegen ihres „metaphysischen" Ursprungs gefährdet. Von „natural imperio" z. B. wird H, 153 gesagt: Empéñase este primor en una prenda tan sutil, que corriera riesgo por lo metafísico ...
⁶⁴) II, 224: ¿ Y toda virtud? — En el medio.
⁶⁵) O, 24: ... ha de ir siempre envainada (das Schwert des Willens) en su cordura. — O, 25: ... en los conceptos, sutileza; en las obras cordura. — D, 238: ... sabio en dichos, cuerdo en hechos ..
⁶⁶) O, 36: Dormite pues, tal vez, Homero, y afecte algún descuido en el ingenio o en el valor, pero nunca en la cordura ...
⁶⁷) O, 108: Encuéntranse muchos (necios), y la cordura está en no encontrarse con ellos.
⁶⁸) D, 172: Entre estos dos extremos de imprudencia se halla el seguro medio de cordura; y consiste en una audacia discreta, muy asistida de la dicha. No hablo aquí de aquella natural superioridad, que señalamos por singular realce al héroe, sino de una cuerda intrepidez, contraria al deslucido encogimiento, fundada, o en la comprensión de las materias, o en la autoridad de los años, o en la calificación de las dignidades.
⁶⁹) O, 34: ... que todos los necios son audaces.
⁷⁰) III, 155 ff.: ... convinieron en dejar cada uno el extremo por donde había echado, el uno de la astucia, el otro de la sencillez; y poniendo la mira en el medio, descubrieron la Corte del saber prudente ... Aquí pareció estarles esperando un raro personaje, de los portentosos que se encuentran en la jornada de la vida: porque así como algunos suelen hacerse lenguas, y otros ojos, éste se hacía sesos, y todo él se veía hecho de sesos, de modo que tenía cien corduras, cien esperas, cien advertencias ...

⁷¹) H, 158: Desproporcionados extremos, si se juntan, declaran monstruosidad.
⁷²) II, 111: Todos eran hombres a remiendos, y así cual tenta garra de león, y cual de oso en pie; hablaba uno por boca de ganso, y otro murmuraba con hozico de puerco; éste tenía pies de cabra, y aquel orejas de Midas ...
⁷³) O, 72: Toda monstruosidad del ánimo es más diforme que la del cuerpo, porque desdice de la belleza superior.
⁷⁴) III, 27: Llamó acertadamente el divino filósofo el compuesto humano sonoro, animado instrumento, que cuando está bien templado hace maravillosa harmonía; más cuando no, todo es confusión, y disonancia.
⁷⁵) U. a. O, 103: Sea un mixto de paloma, no monstruo, sino prodigio.
⁷⁶) O, 116: ... ostentación, ... prodigio muy al canto de la vanidad .., und fast wortgleich D, 220.
⁷⁷) So u. a. O, 108: Es dificultoso el rumbo del humano rato por estar lleno de escollos del descrédito. — D, 247, „acierto", zwischen den „escollos" von „engaño" und „pasión".
⁷⁸) O, 45: Viva ni descontento, que es poquedad, ni satisfecho, que es necedad.
⁷⁹) O, 13: La extensión sola nunca puede exceder de medianía ...
⁸⁰) O, 65: para hacerse, vaya con los eminentes, para hecho entre los medianos.
⁸¹) H, 139: Muchas medianías no bastan a agregar una grandeza ...
⁸²) PF, 424: No hay medianía en los Reyes.
⁸³) II, 177: No se conocen tontos entre ellos, ni doctos, que nunca pasan de una medianía. — Andererseits wird derselben Nation vorgeworfen II, 178: ... pasan de extremo a extremo, sin medio, de humanos a insolentísimos.
⁸⁴) O, 46: Es muy eficaz el trato, — comunícanse las costumbres y los gustos; péguese el genio y el ingenio, sin sentir.
⁸⁵) O, 46: Procure, pues, el pronto juntarse con el reportado, y así en los demás genios ... La alternación de contrariedades hermosea el universo, y le sustenta, y si cause harmonía en lo natural, mayor en lo moral. —
⁸⁶) O, 44: ... pégueseles algo de la verdadera superioridad ...
⁸⁷) O, 15.

IX. Kapitel: Ausblick: Das Ende des Humanismus

¹) O, 86: Hase de hablar lo muy bueno, y obrar lo muy honroso; la una es perfección de la cabeza, la otra del corazón ...
²) O, 76: Creer al corazón, y más cuando es de prueba. Nunca le desmienta que suele ser pronóstico de lo que más importa; oráculo casero. —
³) Komischer Anhang II, Titan.
⁴) Auch der junge Hegel schließt sich hierin unter Schillers Einfluß an Fichte. Vergl. Justus Schwarz, Hegels philosophische Entwicklung, Frankfurt a. M. 1938; 8, 52 ff. Freilich gilt dieser Vorrang nur auf der Grundlage einer totalen Zusammenfassung der Seelenvermögen: a. a. O., S. 14, Anm. 2.
⁵) Vergl. jetzt die Marburger Diss. von Hubert Sommer ......
⁶) H, 135: Péganse los gustos con la comunicación ...
⁷) Gusto sei „común con los demás hombres, y aun con los brutos" (D, 228).
⁸) Unter den wenigen diesbezüglichen Bemerkungen ist diese charakteristisch: O, 115: Lo mejor de un hombre es parecerlo, que la mujer puede afectar con perfección lo varonil, y no al contrario. — Misogyne Auffassungen u. a. III, 90, 291. —
⁹) Fray Hortensio Paravicini sieht einen neuen Abschnitt des spanischen Lebens beginnen, seit sich als Schutzherrin zu Santiago die Heilige Theresa

gesellt hat: Luego hoy que no nos quita Dios el patrón varonil, que se Santiago, el hombre valiente, sino que el femenil nos añade, la mujer fuerte, que buscaba Salomón también, gran felicidad se pueden dar a tener nuestras esperanzas. (S. Cl. 146).

[10]) So bemerkt z. B. Dostojewski im Tagebuch eines Schriftstellers, 1. 1. 1870, die Planung der geistigen Art Stawrogins betreffend:

„Die Masse des Volkes lebt unvermittelt, still, gleichmäßig und wurzelhaft; kaum aber tritt bei ihr ein Streben in die Erscheinung, d. h. eine einfache Lebensrichtung, so werden immer diese Typen auftauchen" (d. h. Typen von der in Bewegung versetzten Grundkraft wie Stawrogin).